Wirtschaftliche und gesellschaftliche Auswirkungen des
technischen Fortschritts

WIRTSCHAFTLICHE UND GESELLSCHAFTLICHE AUSWIRKUNGEN DES TECHNISCHEN FORTSCHRITTS

Herausgegeben vom
VEREIN DEUTSCHER INGENIEURE
VDI-Hauptgruppe Mensch und Technik

 VDI-Verlag GmbH
Verlag des Vereins Deutscher Ingenieure · Düsseldorf

Titelaufnahme für eine Schrifttumskartei

DK 62 : 008 : 330. 341. 1 : 308

Wirtschaftliche und gesellschaftliche
Auswirkungen des technischen Fortschritts.
Hrsgg. v. VEREIN DEUTSCHER INGENIEURE,
VDI-Hauptgruppe Mensch und Technik
Düsseldorf: VDI-Verlag 1971
248 Seiten, 20 Bilder, 4 Tabellen.

Gesamtherstellung: Butzon & Bercker GmbH, Kevelaer

ISBN 3-18-40 0245-4

Vorwort

Dem Phänomen des technischen Fortschritts wird nicht gerecht, wer sich von ihm nur blenden läßt oder wer nur große Einzelleistungen zur Kenntnis nimmt oder wer in blinder Technikstürmerei übersieht, daß wir gar nicht mehr die Wahl haben, ohne die Technik und ihren Fortschritt zu leben. Heute müssen entschieden stärker als zu früheren Zeiten auch die wirtschaftlichen und gesellschaftlichen Auswirkungen des Fortschritts der Technik mitbedacht werden; sie müssen sogar schon vorausschauend erkannt werden, damit eine vernünftige Steuerung möglich wird, bei der nicht partielle und kurzfristige Gewinnmaximierung, sondern Optimierung des gemeinsamen Nutzens als Aufgabe und Sinn der technischen Entwicklungen im Vordergrund steht.

Im Verein Deutscher Ingenieure ist die Hauptgruppe Mensch und Technik berufen, den Kontakt zwischen den ingenieurwissenschaftlichen und anderen Disziplinen zu fördern; sie soll besonders das Gespräch mit den Sozial- und Geisteswissenschaften suchen. In öffentlichen Tagungen und in den Sitzungen ihrer Ausschüsse trägt sie zur Analyse und zum besseren Verständnis der Auswirkungen der Technik und des technischen Fortschritts bei. Sie will auch über den Kreis der Ingenieure hinaus das Bewußtsein wecken und wachhalten, daß die Technik in allen ihren Entwicklungen in erster Linie dem Menschen dienen soll.

Der Verein Deutscher Ingenieure entschloß sich angesichts der immer dringlicher werdenden Problematik, eine erste Tagung über »Wirtschaftliche und gesellschaftliche Auswirkungen des technischen Fortschritts« zu veranstalten. Diese Tagung fand vom 19. bis 21. November 1970 in Ludwigshafen statt und wurde vor allem in den Publikationsmedien sehr stark beachtet. Zehn der zwölf Vorträge dieser Tagung legen wir hier einer breiteren Öffentlichkeit zur Diskussion vor.

Die Ingenieure haben ihre gesellschaftspolitische Aufgabe erkannt, und sie sind bereit, diese wahrzunehmen. Mit diesem Beitrag zur Klärung der Fragen, denen sich die jetzt lebende Generation stellen muß, will der Verein Deutscher Ingenieure auch zur Diskussion von notwendigen politischen Entscheidungen zur Techniksteuerung beitragen.

Professor Dr. *Gert v. Kortzfleisch*
(Wissenschaftlicher Tagungsleiter)
Professor Dr. Dr. *K. Tuchel*
(Vorsitzender der VDI-Hauptgruppe Mensch und Technik)

Inhalt

Erläuterungen zum Programm der Tagung

Von *Gert v. Kortzfleisch*

Meine Erläuterungen zu dem Programm, das Ihnen vorliegt, müssen kurz sein können, wenn bei der Programmgestaltung gute Arbeit geleistet worden ist. Wie die Disposition einer wissenschaftlichen Arbeit, so muß auch das Programm einer wissenschaftlichen Tagung für sich selbst und damit für den Autor sprechen.

Dieser Vergleich zwingt jedoch schon zu einer Erklärung an Sie, die Sie aus der Praxis mit Ihren Sorgen von heute und morgen zu dieser Tagung gekommen sind, deren Thematik von der alltäglichen Ingenieurarbeit und auch von der alltäglichen Verwaltungsarbeit doch ziemlich weit entfernt ist. Es muß Ihnen ja aufgefallen sein, daß als Referenten nur Professoren, also Wissenschaftler, die an den Hochschulen tätig sind, gebeten wurden. Das gilt auch für Herrn Dr. *Bartocha* von der National Science Foundation; er ist seit Jahren nebenberuflich Hochschullehrer an einer Fakultät für Chemie.

Das exklusive Aufgebot an Wissenschaftlern und damit der Verzicht auf Referenten aus der Wirtschaft und aus der Politik hat vor allem zwei Gründe:

1. Bei den Diskussionen über die wirtschaftlichen und gesellschaftlichen Konsequenzen des technischen Fortschritts, die außerhalb der Universitäten geführt werden, wird spürbar, daß die wissenschaftlichen Grundlagen dieser Phänomene noch keineswegs abgeklärt sind. Das hat für die diskutierenden Politiker und Tarifpartner den großen Vorteil der

unbelasteten Argumentationsfreiheit im Streit für die – im jeweiligen Sinne – gute Sache.

Andererseits wissen wir aber auch, daß Ergebnisse von politischen und wirtschaftlichen Entscheidungsprozessen, die technische Entwicklungen betreffen, zu gesellschaftlichen Konsequenzen geführt haben, die alles andere als wünschenswert sind. Die Beispiele dafür sind in unserem Lande ganz sicher noch nicht so zahlreich wie dort, wo die wissenschaftliche Erkenntnis über unser Phänomen vielleicht weiter fortgeschritten, deren Beherzigen in Politik und Wirtschaft aber offensichtlich weniger verbindlich ist als bei uns.

Weil wir also der Ansicht sind, daß den Diskussionen in Politik und Wirtschaft die bestmöglichen wissenschaftlichen Erkenntnisse über den technischen Fortschritt mit seinen Konsequenzen zugrunde liegen sollten, halten wir deren wissenschaftliches Behandeln, frei von politischen Leidenschaften und losgelöst von wirtschaftlichen Interessen, für erforderlich.

2. Der zweite Grund dafür, daß die Referenten alle Hochschullehrer sind, ist mehr pragmatischer Art. In keinem Bereich des öffentlichen Lebens wird heute so ausdauernd und engagiert über Wirtschafts- und Gesellschaftsformen der Vergangenheit, der Gegenwart und der Zukunft diskutiert wie an unseren Hohen Schulen.

Für die außeruniversitäre Öffentlichkeit ist das ganz sicher ein Glück. Was ihr dadurch erspart bleibt, daß solche Auseinandersetzungen, wie sie heute an den Universitäten üblich sind, dort und nicht z. B. in den politischen Parteien, den Parlamenten und Gewerkschaften geführt werden, läßt sich nur ahnen angesichts des Porzellans, das von einigen wenigen bei ihren seltenen Auftritten auf der politischen Bühne zerschlagen wird.

Auch für die Universitäten sind Diskussionen über Wirtschafts- und Gesellschaftsformen kein Unglück. Solche Diskussionen sind ex officio kein Unglück im Bereich der Wirtschafts- und Sozialwissenschaften. Hier werden aber zwei sehr verschiedene Positionen offenbar: Der Gelehrte wird sich immer seiner Lage bewußt bleiben, daß er nur in bestimmten Bereichen materiell kompetent ist; er kann daraus folgernd aber auch auf den Gebrauch von Schlagworten aller Art, die den wirklichen Zusammenhang von Technik, Wirtschaft und Gesellschaft mehr verschleiern als erhellen, verzichten. Der Laie, der noch in keinem Fachbereich zu einem breiteren Wissen und damit zu einem tieferen Verständnis einer spezifischen Materie gekommen ist, kann unbelastet Behauptungen und Utopien als Beweise und Realitäten formulieren. Beide Positionen sind im Raume der Universität legitim und für die Weiterentwicklung der Wissenschaften erforderlich. Schwierigkeiten entstehen immer dann und dort, wenn und wo Utopien oder unbewiesene Behauptungen ihren Anspruch auf Wissenschaftlichkeit daraus herleiten, daß ein Gelehrter sie ausspricht und an eine begeistert-engagierte, aber eben doch mehr gläubige als skeptische Studentenschaft weitergibt.

Wer die wissenschaftliche Diskussion über den Gegenstand unserer Tagung kennt, der muß zugeben, daß die Wirtschafts- und Sozialwissenschaften das Phänomen, das wir technischen Fortschritt nennen, noch keineswegs erschöpfend behandelt haben, ja daß Abhandlungen über den technischen Fortschritt relativ selten sind. Das liegt sicher nicht nur an der Lokalisation dieses Phänomens zwischen den etablierten Fächern: den Naturwissenschaften, den Ingenieurwissenschaften, der Betriebswirtschaftslehre, der Nationalökonomie und der Soziologie. Vertreter aller dieser Fachrichtungen kommen in diesen Tagen zu Wort und darüber hinaus vor allem auch Vertreter der Philosophie als der Wissenschaft, von der die anderen Disziplinen sowohl Anstöße als auch Kritik zu ihrer Arbeit erwarten.

3

Für die relativ unbedeutende Rolle des technischen Fortschritts in der bisherigen wissenschaftlichen Arbeit gibt es m. E. einen weiteren wichtigen Grund, der uns zugleich veranlaßte, eine Tagung wie diese anzuregen und durchzuführen: Der technische Fortschritt ist bislang als eine Erklärung für wirtschaftliche und gesellschaftliche Entwicklungen analysiert und herangezogen worden. Das mag in der Vergangenheit bis zu unseren Tagen für wissenschaftliche Fragestellungen angemessen gewesen sein. Heute aber und in Zukunft sind wir gezwungen, den technischen Fortschritt nicht als bloßes Erklärungsphänomen, sondern als Gestaltungsphänomen zu begreifen. Wir müssen uns über die Richtungen, in die der technische Fortschritt gehen soll, und über die Weite der einzelnen Fortschritte Gedanken machen; wir können den technischen Fortschritt nicht mehr dem blinden Zufall überlassen. Damit ist nicht der Zufall unerwarteter Erfindungen gemeint; alle Erfindungen vergrößern lediglich die potentiellen Möglichkeiten der Technik und gehören insoweit dem Bereich der Technologie an. Gemeint ist der Zufall gesellschaftlicher Konsequenzen, die sich daraus ergeben können, daß neue Technologien von der Wirtschaft aufgegriffen und zu technischen Fortschritten gemacht werden. Nicht wie die Technik Fortschritte macht, sondern wohin die Technik fortschreitet! Nicht wie die Technik gesellschaftliche und wirtschaftliche Verhältnisse geschaffen hat, sondern was die Technik tun soll, damit sie wünschenswerte Auswirkungen haben wird! Das sind Fragen, die hinter dem Tagungsthema und jedem der Beiträge stehen.

Man wird zugeben müssen, daß damit ein sehr hoher Anspruch des Tagungsprogramms formuliert ist. Selbstverständlich ist allen, die dieses Programm gestaltet haben, bewußt, daß in dem angeschnittenen Problemkomplex viele Fragen während der nächsten Tage überhaupt nicht aufgegriffen und viele Standpunkte nicht beleuchtet werden können. Deshalb wird sicher davon auszugehen sein, daß diese Tagung nicht die einzige ihrer Art bleibt, die der VDI veranstaltet, und deshalb sind ausgiebige Diskussionen in kleinen Gruppen vorgesehen.

Zur Durchführung einer Tagung über einen Gegenstand, zu dem die wissenschaftliche Diskussion noch nicht abgeschlossen, ja kaum in Gang gekommen ist, gehört Mut. Der Mut, sich Mißverständnissen auszusetzen, und die Bereitschaft zum Risiko einer auf Mißverständnissen beruhenden Berichterstattung müssen erst recht vorhanden sein, wo Themen im Programm stehen, an deren Behandeln eine aufgeschreckte Öffentlichkeit ein fast modisches Interesse hat.

So danke ich denn am Beginn der Tagung den verantwortlichen Herren des VDI und den Herren Referenten für ihren Mut.

Allen Teilnehmern an dieser Tagung, den Referenten und den Diskussionsleitern ebenso wie den Zuhörern und Diskussionsteilnehmern, wünsche ich geistige Bereicherungen bei persönlichen Kontakten unter dem aktuellen Thema: Wirtschaftliche und gesellschaftliche Auswirkungen des technischen Fortschritts.

Zur ökonomischen Theorie des technischen Fortschritts

Von *Alfred E. Ott*

I

Vor nahezu 40 Jahren hat *Emil Lederer* den technischen Fortschritt als eines »der dunkelsten Probleme der kapitalistischen Dynamik« bezeichnet. In diesem Referat gilt es zu untersuchen, ob sich das Dunkel in der dazwischen liegenden Zeit wenigstens etwas erhellt hat. Dabei empfiehlt es sich, von vornherein auf das Folgende hinzuweisen: Die Flut nationalökonomischer Veröffentlichungen über den technischen Fortschritt ist vor allem in den letzten Jahren derart angeschwollen, daß ein einzelner nicht mehr alle Arbeiten kennen kann. Andererseits scheint sich in der jüngsten Zeit ein gewisses Abklingen dieser Flut anzudeuten; gleichzeitig wird das Bemühen erkennbar, die bisherigen Untersuchungen zu resumieren und zu systematisieren und sich über den erreichten Stand der Forschung klar zu werden. Dabei fehlen auch höchst kritische Stimmen nicht, nach denen die bisherigen wirtschaftstheoretischen Bemühungen um den technischen Fortschritt in eine Sackgasse geführt haben.[1] Wie dem auch immer sei, die Forschung dürfte jedenfalls an einem Punkt angekommen sein, bei dem neue Arbeiten eher akzidentelle als substantielle Fortschritte hervorzubringen scheinen.

---

1) Vgl. dazu die Referate von *E. Helmstädter* und *H. Walter* anläßlich der Tagung im IFO-Institut für Wirtschaftsforschung, München, vom 17.–19. 3. 1970: »Innovation in der Wirtschaft«; Referate und Diskussionsbeiträge, zusammengest. und bearb. von *O. Hatzold*, München 1970.

II

Da der technische Fortschritt seit geraumer Zeit zum Forschungsgegenstand verschiedener wissenschaftlicher Disziplinen geworden ist, dürfte es angebracht sein, als erstes danach zu fragen, welches die *ökonomischen* Probleme des technischen Fortschritts sind. Welche Aspekte des technischen Fortschritts sind es, die die Nationalökonomie, speziell die Wirtschaftstheorie angehen? Wie mir scheint, sind es insbesondere vier Fragen, die der Nationalökonom zu stellen hat, nämlich:

1. Wie ist der technische Fortschritt von anderen Phänomenen abzugrenzen, wie ist er zu definieren, damit er einen für die Wirtschaftswissenschaft relevanten Tatbestand darstellt?

2. Von welchen ökonomischen Faktoren hängt der technische Fortschritt ab, d. h. im einzelnen: sein Ausmaß, seine eventuelle Beschleunigung oder Verlangsamung, seine Konzentration in bestimmten Wirtschaftszweigen etc.? Dazu gehört auch die Frage, welcher Art diese Abhängigkeit ist.

3. Auf welche ökonomischen Größen wirkt der technische Fortschritt seinerseits ein? Auch hierbei ist wieder ergänzend zu fragen, welcher Art die Wirkungen sind, die vom technischen Fortschritt ausgehen.

4. Schließlich interessiert die quantitative Bedeutung, d. h. die Messung des technischen Fortschritts.

Im kommenden soll versucht werden, auf diese vier Fragen einige Antworten zu geben.

III

Über die Definition des technischen Fortschritts besteht in der Wirtschaftswissenschaft weitgehende Einigkeit.[2]) Zunächst: Der technische Fortschritt wird als ein natural-öko-

nomisches Phänomen angesehen. Er hat es zu tun mit der
Besserstellung, mit Erfolgen des Menschen in der Auseinandersetzung mit der Natur. Er mag von noch so vielen
sozial-ökonomischen Faktoren abhängen und diese wiederum
beeinflussen; dies ändert nichts daran, daß es sich beim technischen Fortschritt um κτῆσις κατὰ φύσιν, um den Erwerb
von der Natur, und nicht um κτῆσις ἀπ' ἀνθρώπων, um Erwerb vom anderen Menschen, handelt.[3]

Der technische Fortschritt als naturalökonomisches Phänomen bedeutet nun im einzelnen:
- die Schaffung neuer Produkte und neuer Qualitäten schon
  bekannter Produkte;
- den Übergang zu produktiveren, realkostengünstigeren
  Produktionsverfahren.

Den ersten Fall bezeichnet man auch als Produktinnovation, den zweiten als Prozeßinnovation. Dabei muß die Produktinnovation auf die Schaffung neuer Konsumgüter bzw.
neuer Konsumgüterqualitäten beschränkt werden, da sie
sonst auch die Prozeßinnovation umfassen würde.

Eine Produktinnovation bedeutet entweder die Schaffung
eines neuartigen Gutes, das ein schon bekanntes Bedürfnis
besser als die anderen Güter bzw. ein völlig neues Bedürfnis
befriedigt, oder die Schaffung einer neuen Güterqualität. Eine Prozeßinnovation liegt vor, wenn mit niedrigerem Fak-
toreinsatz die gleiche Produktmenge bzw. mit gleichem Fak-
toreinsatz eine höhere Produktmenge hergestellt werden

---

2) Abweichend neuerdings *H. E. Heyke*, Über den Begriff des
technischen Fortschritts. In: Jahrbuch für Sozialwissenschaft, Bd.
21 (1970), S. 99–126. Auf den kritischen Teil kann hier nicht eingegangen werden; der positive Lösungsvorschlag *Heykes* (S. 115 ff.,
vor allem S. 117 ff.) läuft meines Erachtens eher auf die Messung
des Auslastungsgrades als auf eine Messung des technischen Fortschritts hinaus.

3) Vgl. *E. Preiser*, Gestalt und Gestaltung der Wirtschaft. Eine
Einführung in die Wirtschaftswissenschaften. Tübingen 1934, S. 11.

kann. Die Prozeßinnovation ist mit dem Übergang zu einer neuen Produktionsfunktion gleichzusetzen: »the setting up of a new production function«, wie es bei *J. A. Schumpeter* 1939 und »any kind of shift in the production function«, wie es bei *R. M. Solow* 1957 heißt.[4]) Gleichbedeutend damit ist jedoch die Aussage, der technische Fortschritt bewirke den Übergang zu einer neuen Aufwands- bzw. Realkostenfunktion. Dies kann graphisch wie folgt gezeigt werden (vgl. Bild 1).

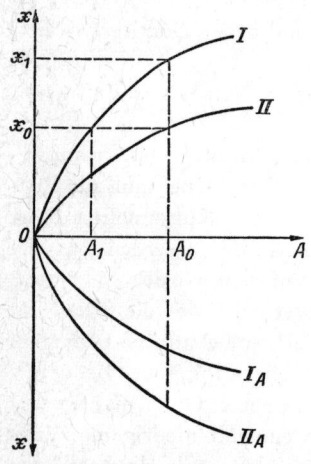

Bild 1.

Übergang zu einer neuen Aufwands- bzw. Realfunktion im Gefolge eines technischen Fortschritts.

In der oberen Hälfte der Abbildung stellt die Funktion I die ursprüngliche, II die neue Produktionsfunktion nach Realisierung des technischen Fortschritts dar. Die ursprüngliche Produktionsmenge x_0 kann also mit geringerem Faktor- bzw. Arbeitseinsatz – A_1 gegenüber A_0 – bzw. die neue, größere

---

4) *J. A. Schumpeter*, Business Cycles. Vol. 1, London 1939, S. 87; *R. M. Solow*, Technical Change and the Aggregate Production Function. In: The Review of Economics and Statistics, Vol. XXXIX (1957), S. 312.

Produktionsmenge x_1 mit dem gleichen Arbeitseinsatz wie
früher – A_0 – hergestellt werden. Der untere Teil der Abbildung enthält die um den positiven Abszissenast gespiegel-
ten Produktionsfunktionen I und II, die jetzt mit I_A und
II_A bezeichnet werden. I_A und II_A sind Aufwandsfunktionen,
was man sofort erkennt, wenn man die Abbildung um 90°
entgegengesetzt dem Uhrzeigersinn dreht. Der technische
Fortschritt bedeutet also eine Senkung der Aufwandsfunk-
tion.

Bei den Definitionsfragen, mit denen wir uns hier befassen,
muß noch die Unterscheidung von invention und innovation
erwähnt werden. Invention, die eigentliche Erfindung, bedeutet den potentiellen technischen Fortschritt, als Beispiel:
der Prototyp des Wankelmotors. Innovation meint dann die
Realisierung dieses potentiellen technischen Fortschritts, d.
h. um im Beispiel zu bleiben, die Verwendung des Wankelmotors im NSU-Spider und später im RO 80.

IV

Nach der Klärung dieser definitorischen Fragen gehen wir
zu unserem zweiten Problemkreis über: Von welchen ökonomischen Faktoren hängt der technische Fortschritt ab? Es ist
selbstverständlich in der zur Verfügung stehenden Zeit
unmöglich, auf diese komplexe Frage eine erschöpfende Antwort zu geben; es kann sich um nicht mehr als einige Hin-
weise handeln. Dabei beginnen wir mit einigen wirtschaftshistorischen Überlegungen.[5]

---

5) Die weiteren wirtschaftshistorischen Ausführungen basieren
weitgehend auf *H. Dietzel*, Technischer Fortschritt und Freiheit der
Wirtschaft. Bonner Staatswissenschaftliche Untersuchungen, Heft 7,
Bonn und Leipzig 1922.

Die letzten 200 Jahre sind durch ein außerordentliches Tempo des technischen Fortschritts und seiner wirtschaftlichen Anwendung gekennzeichnet. Die erste industrielle Revolution, die mit dem »großen Jahrzehnt« 1760–1770 und mit der Erfindung der doppeltwirkenden Dampfmaschine durch *J. Watt* im Jahre 1782 in England begann, hat gegenüber der Antike und dem Mittelalter, aber auch gegenüber der Renaissance, eine ungeheuere Beschleunigung des technischen Fortschritts gebracht. Zwar war in der Zeit vor der ersten industriellen Revolution das »inducement to invent«, die Erfindungslust, nicht gering, aber sie erschöpfte sich in der Kriegstechnik, wo immer auch mit staatlicher Förderung zu rechnen war, und in der Kunstmechanik, dem Erfinden von Spielautomaten. Weder der Zunftgeist noch die mannigfache Gängelung und Bevormundung des Wirtschaftslebens durch das »System der landesfürstlichen Wohlstandspolizei« *(A. Oncken),* durch den Merkantilismus, waren dazu angetan, Erfinder zu ermuntern und die wirtschaftliche Anwendung von Erfindungen zu begünstigen. Drei Beispiele seien als Beweise angeführt, zunächst für die ältere Zeit ein Satz aus der Thorner Zunfturkunde von 1523: »Niemand soll etwas Neues erdenken oder erfinden oder gebrauchen, sondern soll aus bürgerlicher oder brüderlicher Liebe seinem Nächsten folgen.« Rd. 50 Jahre später lehnte Königin Elisabeth von England ein Gesuch von *Maclee* um Patentierung seines Strumpfwirkstuhles mit der Begründung ab, »sie habe die armen Leute, welche jetzt ihr Brot mit Stricken erwerben, viel zu lieb, um eine Erfindung zuzulassen, die sie an den Bettelstab brächte«.[6]) Und schließlich noch ein Beispiel aus der Mitte des 18. Jahrhunderts: Von Friedrich dem Großen wird berichtet, daß er eine allzu weit gehende Anwendung

---

6) *H. Dietzel,* Technischer Fortschritt (vgl. Anm. 5), S. 13 und 15.

von Maschinen ablehnte, weil er, ganz wie Elisabeth von England, die Freisetzung von Arbeitskräften befürchtete.[7]

Wie *Heinrich Dietzel* in dem brillanten Essay »Technischer Fortschritt und Freiheit der Wirtschaft« nachgewiesen hat, bewirkte der wirtschaftliche Liberalismus den Durchbruch durch die Widerstände, die bis dahin die Realisierung des technischen Fortschritts in größerem Umfang verhindert hatten. Die Aufhebung der Zünfte, die Einführung der Gewerbe- und Vertragsfreiheit, die Ablösung der binnen- und außenwirtschaftlichen Handelshemmnisse durch den Freihandel, das Konkurrenzsystem und dergleichen schufen die freiheitliche Atmosphäre, in der Erfinder gedeihen und ihre Erfindungen wirtschaftlich anwenden konnten. Ja, das Konkurrenzsystem erlaubte nicht nur, wie *A. Rüstow* ausführt, die Anwendung technischer Neuerungen, sondern erzwang sie geradezu. »Denn da dieser Liberalismus den Grundsatz der freien Konkurrenz vertrat und durchsetzte, so war jeder, der nicht Gefahr laufen wollte, niederkonkurriert zu werden, zur Anwendung des technischen Fortschritts gezwungen: Ein konkurrenzgepeitschter Wettlauf der Wirtschaft um den technischen Fortschritt war die Folge.[8]

Aber es wäre verfehlt, eine monokausale Erklärung des wirtschaftshistorischen Geschehens in dem Sinne vorzulegen, als sei es allein der ökonomische Liberalismus gewesen, der dem technischen Fortschritt zum Durchbruch verholfen hätte.[9] Vielmehr muß als weitere Bedingung die folgende ge-

---

7) *A. Oncken,* Geschichte der Nationalökonomie. Erster Teil: Die Zeit vor Adam Smith. Leipzig 1902, S. 236.

8) *A. Rüstow,* Kritik des technischen Fortschritts. In: Ordo, Jahrbuch für die Ordnung von Wirtschaft und Gesellschaft, Vierter Band, Düsseldorf und München 1951, S. 382 f.

9) Vgl. *H. Dietzel,* Technischer Fortschritt (vgl. Anm. 5), S. 44 f.

nannt werden: Die Technik mußte über eine exakte naturwissenschaftliche Grundlage verfügen. Diese Grundlage wurde durch den Übergang zur experimentellen Methode und
durch die Verwendung der Mathematik schon im 16. und
17. Jahrhundert geschaffen, war also zu Beginn der ersten
industriellen Revolution vorhanden. Dabei erscheint es mü-
ßig zu fragen, ob dem wirtschaftlichen Liberalismus oder der
Basierung der Technik auf der exakten Naturwissenschaft
die größere Bedeutung für den Durchbruch des technischen
Fortschritts zukomme. Jeder der beiden Tatbestände war für
sich allein eine notwendige, aber keine hinreichende Bedingung; nur zusammen konnten sie das Maschinenzeitalter
heraufführen.

Bleiben wir noch einen Augenblick bei dem Konkurrenzsystem, von dem wir gesagt hatten, daß es den technischen
Fortschritt nicht nur erlaube, sondern erzwinge. Jeder An-
bieter, der seine Konkurrenten überflügeln will, muß entweder Produkt- oder Prozeßinnovationen durchführen, um in
den temporären Genuß eines Pioniergewinns im Sinne
Schumpeters zu gelangen. Dabei tritt nun die folgende, etwas
paradox erscheinende Situation ein: Sicher ist es die Konkurrenz, die zur Durchführung technischer Neuerungen ansta-
chelt, aber eben diese Durchführung technischer Neuerungen
durch den Pionierunternehmer ist es gleichzeitig, die die Konkurrenz temporär verletzt und durch Patentschutz etc. – eine
temporäre monopolähnliche Stellung schafft. Die Konkurrenz
bringt also, um es pointiert zu formulieren, den technischen
Fortschritt hervor, aber der technische Fortschritt setzt eben
diese Konkurrenz jedenfalls für eine Zeit lang außer Kraft.
Die Gewinne des Pionierunternehmers verschwinden offenbar umso schneller, je eher seine Wettbewerber Abwehrwaf-
fen gegen die Innovation des Pioniers, d. h. eigene Produkt-
oder Prozeßinnovationen entwickeln können, und die
Wettbewerbsintensität kann dann nach *J. Niehans* an der

Geschwindigkeit gemessen werden, »mit der Vorsprungsgewinne, die der technische Fortschritt den Unternehmern einbringt, von der Konkurrenz wieder weggefressen werden«.[10]

An dieser Stelle setzt nun die moderne Forschung an, und zwar auf mehreren Wegen der Beweisführung. Einmal: Wenn, wie später noch zu zeigen sein wird, das wirtschaftliche Wachstum maßgeblich vom technischen Fortschritt abhängt, dann muß man offenbar den technischen Fortschritt fördern, falls man ein rasches wirtschaftliches Wachstum anstrebt. Wenn es aber die Konkurrenz ist, die den technischen Fortschritt antreibt, so bedeutet das gleichzeitig, daß man das Aufkommen und die Erhaltung derjenigen Marktformen fördern muß, bei denen die Konkurrenzintensität hoch und damit die Wahrscheinlichkeit der Realisierung technischer Neuerungen ebenfalls hoch ist. Bis dahin ist diese Beweisführung, die insbesondere von *E. Kantzenbach* vorgetragen wurde, schlüssig, wenn man allerdings auch Bedenken dagegen anmelden kann, daß die Wettbewerbspolitik hier zur Magd der Wachstumspolitik degradiert wird.[11] Gegen den positiven Lösungsvorschlag, der die optimale Konkurrenzintensität im weiten Oligopol ansiedelt, also bei einer Marktform mit nicht zu wenigen, aber auch nicht zu vielen Anbietern, sind ebenfalls Bedenken anzumelden: Läßt sich das weite Oligopol genau abgrenzen? Stimmt es wirklich, daß die Konkurrenzintensität bei dieser Marktform optimal ist? Und trifft es schließlich zu, daß das weite Oligopol die meisten technischen Neuerungen hervorbringt und für ihre

---

10) *J. Niehans*, Das ökonomische Problem des technischen Fortschritts. In: Schweizerische Zeitschrift für Volkswirtschaft und Statistik, Bd. 90 (1954), S. 156.

11) *E. Kantzenbach*, Die Funktionsfähigkeit des Wettbewerbs. Wirtschaftspolitische Studien aus dem Institut für europäische Wirtschaftspolitik der Universität Hamburg, Heft 1, Göttingen ²1967.

schnellstmögliche Diffusion sorgt? Wir können diesen Fragen hier nicht nachgehen, sondern nur anmerken, daß sich sowohl theoretische als auch empirische Argumente gegen diese Hypothesen anführen lassen.[12])

Einen anderen Gesichtspunkt hat unlängst *M. Neumann* in die Diskussion eingebracht.[13]) Das *Schumpetersche* Innovationsmodell, wie wir es oben skizziert haben, beruht auf der Voraussetzung, daß die Erfindung und ihre wirtschaftliche Anwendung in ein und derselben Unternehmung stattfinden. Nun zeigt aber die Wirklichkeit, daß Erfindung und Anwendung auch derart auseinanderfallen können, daß eine »Erfindungsindustrie« ihre Produkte an die »Anwendungsindustrie« verkauft. *Neumann* nennt als Beispiele für die Erfindungsindustrie einmal den Maschinenbau, ferner Unternehmungsberatungsfirmen und schließlich die in den USA aufkommenden selbständigen wissenschaftlichen Forschungsinstitute, »die auf kommerzieller Basis arbeiten und ihre durch Patente geschützten Kenntnisse an die Anwendungsindustrie verkaufen«.[14]) Nach *Neumann* bietet die Ausglie-

---

12) Vgl. dazu die Diskussion zwischen *E. Hoppmann, E. Kaufer* und *E. Kantzenbach* in den Jahrbüchern für Nationalökonomie und Statistik, Bd. 179 (1966) und Bd. 181 (1967/68). Vgl. ferner *H. Petry,* Technischer Fortschritt, Integration, internationale Wettbewerbsfähigkeit und Unternehmensgröße. In: Jahrbücher für Nationalökonomie und Statistik, Bd. 183 (1969), S. 271–299, sowie *W. Weber,* Wettbewerb und Wachstum. In: Beiträge zur Wachstumspolitik, hrsg. *H. K. Schneider,* Schriften des Vereins für Socialpolitik, Gesellschaft für Wirtschafts- und Sozialwissenschaften, N. F. Bd. 55, Berlin 1970, S. 158–221.

13) *M. Neumann,* Wachstumsorientierte Wettbewerbspolitik. In: *H. K. Schneider* (Hrsg.), Beiträge zur Wachstumspolitik (vgl. Anm. 12), S. 222–239; *M. Neumann,* Die Erfindungsindustrie – eine Alternative zum Schumpeterschen Innovationsmodell. In: Jahrbuch für Sozialwissenschaft, Bd. 20 (1969), S. 310–317.

14) *M. Neumann,* Wachstumsorientierte Wettbewerbspolitik (vgl. Anm. 13), S. 239.

derung der Forschungsaktivitäten aus der Anwendungsindustrie und die Entstehung einer selbständigen Erfindungsindustrie bestimmte Vorteile: »Wettbewerbspolitisch gesehen besteht der größte Vorteil einer selbständigen Erfindungsindustrie darin, daß es auf Grund des technischen Wissens in der Anwendungsindustrie keine Eintrittsbarrieren mehr geben kann, die eine vertikale Integration gewöhnlich mit sich bringt. Durch die Verselbständigung der Erfindungsindustrie wird deshalb auch der Wettbewerbsgrad in der Anwendungsindustrie erhöht. Darüber hinaus verschwindet die temporäre Lokalisierung des technischen Fortschritts. Es wird eine maximale Diffusion des technischen Wissens erreicht«.[15])

Der Ansatz *Neumanns* ist meines Erachtens außerordentlich originell. Allerdings wird man etwas skeptisch sein müssen, ob die Ausgliederung der Forschung aus der Anwendungsindustrie und die Entstehung selbständiger Erfindungsindustrien in der Zukunft in wesentlichem Umfang stattfinden werden – unter Umständen gefördert durch staatliche Subventionen an die Erfindungsindustrie, die *Neumann* wohlfahrtsökonomisch begründet. Vermutlich ist die Forschung in der Anwendungsindustrie doch schon in einem solchen Umfang etabliert, daß ihre Ausgliederung, jedenfalls in größerem Maße, als unrealistisch erscheinen muß.

Wir wollen nun noch einige neuere Entwicklungen streifen, die mit dem Vorangehenden, der Bedeutung der Konkurrenz als Stimulans des technischen Fortschritts, nur wenig zusammenhängen. Die neuere, vor allem die makroökonomische Wirtschaftstheorie hat immer wieder versucht, die Bestimmungsgründe des technischen Fortschritts und die Fortschrittsrichtung herauszufinden. Dabei hat man zwei Begriffspaare entwickelt, nämlich die Unterscheidung von autonomem und

---

15) *M. Neumann,* Wachstumsorientierte Wettbewerbspolitik (vgl. Anm. 13), S. 239.

induziertem technischen Fortschritt einerseits sowie die von unverkörpertem (unembodied) und verkörpertem (embodied) technischen Fortschritt andererseits.

Die Unterscheidung von autonomem und induziertem technischen Fortschritt ist zweideutig:

– autonomer technischer Fortschritt bedeutet einen von der Faktorpreisrelation (Lohn-Zins-Relation) unabhängigen, induzierter einen von ihr abhängigen technischen Fortschritt *(J. R. Hicks);*
– autonomer technischer Fortschritt bedeutet allgemeiner einen von anderen ökonomischen Größen unabhängigen, induzierter technischer Fortschritt einen von anderen ökonomischen Größen abhängigen Fortschritt.

Die Relevanz der ersten Begriffsfassung für die wirtschaftliche Wirklichkeit dürfte unbestritten sein. Die zweite Begriffsfassung hat zwar zu manchen Einzelerkenntnissen geführt, z. B. zu der des »learning by doing« *(K. J. Arrow),* aber nicht vermocht, den technischen Fortschritt zu endogenisieren.

Ebenso brachte die Unterscheidung von unverkörpertem (unembodied) und verkörpertem (embodied), an das Kapital oder die Ausbildung gebundenem technischen Fortschritt neue Einsichten und ein größeres Maß an Realitätsnähe: Es ist sicher zutreffend, daß technischer Fortschritt durch die Vornahme von produktiveren Ersatz- und Neuinvestitionen eingeführt wird und nicht den gesamten Kapitalstock verändert (kapitalgebundener technischer Fortschritt), und daß »Investitionen im menschlichen Kapital« (ausbildungsgebundener technischer Fortschritt) produktivitätssteigernd wirken. Die Messung solcher Effekte scheitert jedoch bis zur Stunde beim Kapital an dem Fehlen von Statistiken über den Altersaufbau des Kapitalstocks; bei der Arbeit, beim ausbildungsgebundenen technischen Fortschritt, dürfte den bisherigen Quantifizierungsversuchen ein nicht geringer Grad von Spekulation anhaften.[16]

V

Gehen wir nun zu unserer dritten Frage über: Auf welche ökonomischen Größen wirkt der technische Fortschritt seinerseits ein und welcher Art sind diese Wirkungen? Auch hier müssen wir uns wieder beschränken und können nur wenige Größen herausgreifen, auf die der technische Fortschritt einwirkt.

Erinnern wir uns zunächst noch einmal an die Definition des technischen Fortschritts: Technischer Fortschritt bedeutet
- die Schaffung neuer Produkte und neuer Qualitäten schon bekannter Produkte,
- den Übergang zu produktiveren, kostengünstigeren Produktionsverfahren.

Wenn wir die Produktinnovationen für einen Augenblick außer Betracht lassen, so bewirkt der technische Fortschritt, d. h. die Prozeßinnovationen, offenbar zweierlei: Er erhöht auf der einen Seite die Gütermenge, die in einer Volkswirtschaft produziert wird, führt also zu einem Wachstum des realen Sozialprodukts. Auf der anderen Seite bringt er eine Faktorersparnis mit sich. Wenn der technische Fortschritt in einer Senkung des mengenmäßigen Kapital- und/oder Arbeitseinsatzes bei konstanter Produktionsmenge besteht, so muß im Ausmaß dieser Faktorersparnis eine Freisetzung von Kapital und/oder Arbeit eintreten. Diesen beiden Konsequenzen des technischen Fortschritts, dem wirtschaftlichen

---

16) Vgl. dazu etwa W. *Vogt*, Why Growth Rates Differ. In: Jahrbücher für Nationalökonomie und Statistik, Bd. 183 (1969), S. 319–323.

Wachstum und der Freisetzung von Produktionsmitteln, wollen wir nun getrennt nachgehen.

Um die Wachstumswirkung des technischen Fortschritts isoliert hervortreten zu lassen, ist es zweckmäßig, von einer stationären Volkswirtschaft ohne Bevölkerungswachstum auszugehen. Das Nettosozialprodukt ist also gleich dem volkswirtschaftlichen Konsum, es finden nur Ersatzinvestitionen statt. Eine solche Volkswirtschaft verharrt ein für allemal auf ihrem Niveau, und man hat ihren Zustand deshalb nicht zu Unrecht mit dem ersten Newtonschen Gesetz, dem Trägheitsgesetz verglichen.

In dieses Modell soll ein einmaliger technischer Fortschritt eingeführt werden, der in einer Produkt- wie in einer Prozeßinnovation bestehen kann. In einer Übergangsphase müssen dabei positive Nettoinvestitionen zugelassen werden, damit sich die in aller Regel mit Investitionen verbundene Innovation überhaupt durchführen läßt.

Der reinste Fall einer Produktinnovation läge dann vor, wenn ein Konsumgut durch ein neues, besseres Konsumgut (oder auch durch eine neue, bessere Qualität) ersetzt würde, ohne daß die Menge der produzierten Gütereinheiten dabei anstiege.

Durch diese Art des technischen Fortschritts – Produktinnovation ohne Mengenwirkung – erfährt die Volkswirtschaft einen qualitativen Sprung.

Ein quantitativer Sprung ergibt sich in mehreren Fällen. Erstens nämlich dann, wenn die Produktinnovation mit einer Erhöhung der Produktion verbunden ist, also eine Prozeßinnovation mit der Produktinnovation einhergeht. Zweitens, wenn die Lebensdauer der dauerhaften Konsumgüter, der Gebrauchsgüter, oder der volkswirtschaftlichen Produktionsausrüstung steigt, die Abschreibungsrate also sinkt. In diesem Fall werden Produktionskapazitäten in der Gebrauchsgüter- bzw. Reinvestitionsgüterindustrie frei und können zur Ausweitung der Produktion bei anderen Gütern verwandt werden. Und schließlich ergibt sich ein quantitativer Sprung für unsere Volkswirtschaft, wenn Prozeßinnovationen stattfinden, die es gestatten, mit dem gleichen Produktionsmitteleinsatz eine größere Gütermenge herzustellen. Bezeichnet man mit Produktinnovation nur die Schaffung neuer Konsumgüter, so könnte man diesen dritten Fall als Prozeßinnovation ohne Produktinnovation bezeichnen.

Eine stationäre Volkswirtschaft erfährt also durch einen einmaligen technischen Fortschritt einen qualitativen oder quantitativen Sprung, d. h. sie gelangt auf ein qualitativ oder quantitativ höheres Niveau. Ein stetiges Wachstum erfordert demnach einen andauernden Strom von Innovationen.

Wenden wir uns jetzt in der gebotenen Kürze dem Freisetzungsproblem zu. Seitdem *D. Ricardo* in die dritte Auflage seiner »Principles of Political Economy and Taxation« das Kapitel »On Machinery« eingefügt hatte, ist die Diskussion über Freisetzung und Kompensation nicht mehr erloschen. Ja man kann sogar fast behaupten, man habe es hier mit einem Thema zu tun, bei dem zwei Nationalökonomen mindestens zwei Ansichten vertreten. Aber befürchten Sie bitte nicht, ich würde hier auf diese Diskussion in der Literatur zwischen Freisetzungs- und Kompensationstheoretikern eingehen; das kann man alles nachlesen, wobei aus der Literatur nur das heute noch lesenswerte Buch von *Alfred Kähler,* »Die Theorie der Arbeiterfreisetzung durch die Maschine« genannt sei.[17])

Wie *Ricardo* unter dem Eindruck der ersten industriellen Revolution sein Kapitel »On Machinery« schrieb und damit die Freisetzungs- und Kompensationsdiskussion auslöste, so

---

17) *A. Kähler,* Die Theorie der Arbeiterfreisetzung durch die Maschine. Leipzig 1933. In diesem Werk hat *Kähler* übrigens als erster eine Input-Output-Tabelle entwickelt.

führt auch heute die zweite industrielle Revolution zu einer Wiederbelebung dieser Diskussion. Wird die zweite industrielle Revolution, so fragt man sich besorgt, eine Flut von Arbeiterentlassungen auslösen, und wie soll man dieser drohenden Arbeitslosigkeit wirtschafts- und sozialpolitisch begegnen? Vor diesem Hintergrund sind auch die folgenden Ausführungen zu sehen.

Im Anschluß an die Terminologie des IFO-Instituts wollen wir zwischen Freisetzung und Einsparung unterscheiden, die beide als theoretische, potentielle Größen definiert werden. Um die theoretische Freisetzung abzuleiten, geht man von der folgenden Fragestellung aus: Welcher Faktor- bzw. Arbeitskräfteeinsatz wäre notwendig, um die alte Produktionsmenge mit der neuen Produktivität, also mit der Produktivität nach Realisierung des technischen Fortschritts, zu erstellen? Für die relative Freisetzungsquote läßt sich dann der folgende Ausdruck ermitteln:

$$\frac{A^* - A_0}{A_0} = \frac{-w_\pi}{1 + w_\pi}$$

wobei A^* den fiktiven, A_0 den ursprünglichen Arbeitseinsatz und w_π die Steigerungsrate der Arbeitsproduktivität bedeuten.

Der Konzeption der Einsparung liegt die folgende Fragestellung zugrunde: Welcher Faktor- bzw. Arbeitskräfteeinsatz wäre notwendig, um die neue Produktionsmenge mit der alten Produktivität herzustellen? Für die relative Einsparungsquote läßt sich errechnen:

$$\frac{\hat{A} - A_1}{A_1} = w_\pi$$

wobei $\hat{A}$ den fiktiven und A_1 den neuen Arbeitseinsatz bedeuten. Die Zusammenhänge erläutert Bild 2.

In Bild 2 gibt tg α die ursprüngliche, tg β die neue Arbeitsproduktivität nach Durchführung des technischen Fortschritts an. A^* ist der fiktive Arbeitseinsatz, der bei der

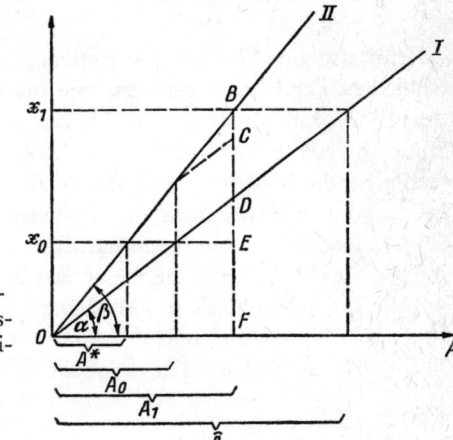

Bild 2.

Arbeitsproduktivität und Arbeitseinsatz bei technischen Fortschritten.

alten Produktionsmenge, aber der neuen Produktivität erforderlich wäre (Freisetzung); $\hat{A}$ ist der fiktive Arbeitseinsatz, der bei der alten Produktivität, aber der neuen Produktionsmenge erforderlich wäre (Einsparung). Bild 2 zeigt keine tatsächliche Freisetzung, da das ursprüngliche Arbeitsvolumen A_0 wie sein Zuwachs A_1-A_0 voll zur Produktion der neuen Menge x_1 eingesetzt wird. Die Bedingung für diese vollständige Kompensation der theoretischen Freisetzung lautet, wenn für den Anfangszustand Vollbeschäftigung vorausgesetzt wird:

$$w_x = w_A + w_\pi + w_A w_\pi$$

wobei w_x die Wachstumsrate der Produktionsmenge und w_A die des Arbeitspotentials angibt. Graphisch bedeutet diese Beziehung:

$$\frac{BE}{EF} = \frac{DE}{EF} + \frac{CD}{EF} + \frac{BC}{EF}.$$

Wenn also eine bestimmte Freisetzungsrate auf Grund des technischen Fortschritts existiert, wie sie u. a. vom IFO-Institut und vom Institut für Angewandte Wirtschaftsforschung in Tübingen errechnet wurde, so läßt sich eine ihr entsprechende Wachstumsrate des Sozialprodukts angeben, die genau zur Absorption der freigesetzten Arbeitskräfte führt.[18]) Der Freisetzung kann natürlich auch durch die Verkürzung der Arbeitszeit begegnet werden. Wirtschaftspolitisch wird man wohl einer »Mischung« zuneigen, also versuchen, die Freisetzung teils durch Arbeitszeitverkürzungen, teils durch eine Steigerung der Produktion aufzufangen.

VI

Unsere letzte Frage betrifft die quantitative Bedeutung, die Messung des technischen Fortschritts. Sie kann prinzipiell für beide Arten des technischen Fortschritts, also für die Produktinnovation wie für die Prozeßinnovation erfolgen.[19])

---

18) Vgl. dazu *D. Schwarz* und *A. Wagner*, Technischer Fortschritt, Freisetzung und Arbeitsmarkt in Baden-Württemberg. Eine regionale und sektorale Analyse. Institut für Angewandte Wirtschaftsforschung Tübingen. Schriftenreihe Band 14, Tübingen 1970.

19) Vgl. dazu den Vortrag des Verfassers anläßlich der in Anm. 1 genannten Tagung.

Die Messung der volkswirtschaftlichen Produktinnovation steckt noch in den Anfängen. Eine enumerative jährliche Erfassung aller neuen Güter ließe alle Güter als gleich wichtig erscheinen und dürfte deshalb unzweckmäßig sein. Wegen der Möglichkeit, neue Güter mit einem hohen und einem niedrigen Preis einzuführen (skimming bzw. penetration price policy) müßte, um Verzerrungen zu vermeiden, der Sozialproduktsanteil ermittelt werden, der auf neue Güter zurückgeht, die nicht älter als eine bestimmte Anzahl von Jahren, z. B. drei Jahre, sind.

Die Messung von Prozeßinnovationen kann einmal mit Hilfe von Produktivitäten als einfachen Verhältniszahlen erfolgen (Arbeits-, Kapital- und Totalproduktivität). Für dieses Vorgehen spricht der relativ geringe Rechenaufwand, dagegen, daß man bei den Teilproduktivitäten den Fortschrittseffekt zu hoch ausweist und bei der Gesamtproduktivität mit Annahmen rechnen muß, die teilweise der Realität widersprechen. Ein anderes Vorgehen besteht darin, von einer Produktionsfunktion auszugehen, wobei die Art des technischen Fortschritts entweder vorgegeben oder zusammen mit der Funktion geschätzt wird. Die Güte der Schätzungen nimmt dabei erfahrungsgemäß mit der Realitätsnähe der angenommenen Produktionsfunktion ab, d. h. das statistische Material erlaubt bis jetzt nicht die Zugrundelegung als realitätsnah angesehener Produktionsfunktionen. Beiden Verfahren zur Messung der Prozeßinnovation ist gemeinsam, daß der technische Fortschritt nur indirekt gemessen wird, nämlich als diejenige Steigerung des realen Sozialprodukts, die nicht auf Vergrößerung des Arbeits- und/oder Kapitaleinsatzes zurückgeführt werden kann.[20]

20) Vgl. dazu T. *Ihlau* und L. *Rall,* Die Messung des technischen Fortschritts. Institut für Angewandte Wirtschaftsforschung Tübingen. Schriftenreihe Band 15. Tübingen 1970.

Zerlegung der Wachstumsrate der Produktion in Komponenten

$$w_Y = w_T + w_A + (1-\alpha)(w_K - w_A)$$
$$w_Y = w_T + w_A + w_S$$

Gesamtwirtschaft

	Komponenten der Wachstumsrate der Produktion				Relative Beiträge der Komponenten zum Wachstum in v.H.			
	w_Y	w_T	w_A	w_S	w_Y	w_T	w_A	w_S
1953	8,04	4,51	5,03	-1,50	100,00	56,09	62,56	-18,66
1954	7,97	-0,83	6,13	2,67	100,00	-10,41	76,91	33,50
1955	13,12	5,61	5,98	1,53	100,00	42,76	45,58	11,66
1956	7,31	2,59	3,17	1,55	100,00	35,43	43,37	21,20
1957	5,89	3,78	-0,48	2,59	100,00	64,18	- 8,15	43,97
1958	2,94	2,46	-0,24	0,72	100,00	83,67	- 8,16	24,49
1959	6,22	2,94	2,85	0,43	100,00	47,27	45,82	6,91
1960	9,01	5,55	2,03	1,43	100,00	61,60	22,53	15,87
1961	5,08	2,34	2,12	0,62	100,00	46,06	41,73	12,20
1962	3,50	2,66	0,20	0,64	100,00	76,00	5,71	18,29
1963	3,11	2,31	0,34	0,46	100,00	74,28	10,93	14,79
1964	6,48	5,62	0,11	0,75	100,00	86,73	1,70	11,57
1965	5,07	4,46	0,17	0,44	100,00	87,97	3,35	8,68
1966	1,25	2,73	-0,80	-0,68	100,00	218,40	-64,00	-54,40
∅ ¹)	6,04	3,29	1,96	0,79	100,00	54,47	32,45	13,08

¹) Die durchschnittliche Wachstumsrate wurde nach der Formel $X_t = X_0(1+w_X)^t$ berechnet.

Nach: *T. Ihlau* und *L. Rall*, Die Messung des technischen Fortschritts. Institut für Angewandte Wirtschaftsforschung Tübingen, Schriftenreihe: Bd. 15, Tübingen 1970, Tab. 39 a, S. 168. – w_Y Wachstumsrate der Produktion, w_T Rate des technischen Fortschritts, w_A Wachstumsrate der Arbeit, w_K Wachstumsrate des Kapitals, $(1-\alpha)$ Produktionselastizität des Kapitals, w_S Substitutionskomponente.

Zerlegung der Wachstumsrate der Arbeitsproduktivität in Komponenten

$$w_{Y/A} = w_T + (1-\alpha)\,(w_K - w_A)$$

$$w_{Y/A} = w_T + w_S$$

Gesamtwirtschaft

	Komponenten des Wachstums der Arbeitsproduktivität			Relative Beiträge der Komponenten zum Wachstum in v.H.		
	$w_{Y/A}$	w_T	w_S	$w_{Y/A}$	w_T	w_S
1953	2,84	4,27	−1,43	100,00	150,35	−50,35
1954	1,73	−0,79	2,52	100,00	−45,66	145,66
1955	6,72	5,27	1,45	100,00	78,42	21,58
1956	4,02	2,52	1,50	100,00	62,69	37,31
1957	6,40	3,79	2,61	100,00	59,22	40,78
1958	3,18	2,46	0,72	100,00	77,36	22,64
1959	3,29	2,87	0,42	100,00	87,23	12,77
1960	6,82	5,42	1,40	100,00	79,47	20,53
1961	2,91	2,30	0,61	100,00	79,04	20,96
1962	3,28	2,64	0,64	100,00	80,49	19,51
1963	2,76	2,30	0,46	100,00	83,33	16,67
1964	6,60	5,79	0,81	100,00	87,73	12,27
1965	3,47	3,45	0,02	100,00	99,42	0,58
1966	2,28	2,90	−0,62	100,00	127,19	−27,19
ϕ [1]	4,01	3,24	0,77	100,00	80,80	19,20

[1] Die durchschnittliche Wachstumsrate wurde nach der Formel $X_t = X_0\,(1 + w_X)^t$ berechnet.

Nach: *T. Ihlau* und *L. Rall*, Die Messung des technischen Fortschritts, a.a.O., Tab. 67 a, S. 197. $w_{Y/A}$ Wachstumsrate der Arbeitsproduktivität.

Arten des technischen Fortschritts in der Bundesrepublik Deutschland 1953 bis 1966, Gesamtwirtschaft

Jahr	Veränderungsrichtung			Fall
	der Kapital-intensität	des Kapital-koeffizienten	des Arbeits-koeffizienten	
1952				
1953	−	−	−	überwiegend kapitalsparender techn. Fortschritt
1954	+	+	−	arbeitsparender techn. Fortschritt bei Kapitalmehraufwand
1955	+	−	−	überwiegend arbeitsparender techn. Fortschritt
1956	+	+	−	arbeitsparender techn. Fortschritt bei Kapitalmehraufwand
1957	+	+	−	arbeitsparender techn. Fortschritt bei Kapitalmehraufwand
1958	+	const.	−	ausschließlich arbeitsparender techn. Fortschritt
1959	+	−	−	überwiegend arbeitsparender techn. Fortschritt
1960	+	−	−	überwiegend arbeitsparender techn. Fortschritt
1961	+	−	−	überwiegend arbeitsparender techn. Fortschritt
1962	+	−	−	überwiegend arbeitsparender techn. Fortschritt
1963	+	−	−	überwiegend arbeitsparender techn. Fortschritt
1964	+	−	−	überwiegend arbeitsparender techn. Fortschritt
1965	const.	−	−	neutraler technischer Fortschritt
1966	−	−	−	überwiegend kapitalsparender techn. Fortschritt

Nach: T. Ihlau und L. Rall, Die Messung des technischen Fortschritts, a.a.O., Tab. 1 A, S. 127.

Soziale Konsequenzen von technischen Fortschritten

Von *M. Rainer Lepsius*

Es ist eine Binsenweisheit zu sagen, wir lebten in einem technischen Zeitalter. Natürlich leben wir in einer technisch geformten Umwelt; natürlich ist die Basis unserer äußeren Lebensstellung und unseres inneren Lebensschicksals vom Stand der technischen Entwicklung bestimmt und in ihrer zukünftigen Entwicklung von weiteren technischen Neuerungen abhängig. Dies alles ist nichts Neues, auch wenn heute eine epochale Verschärfung dieser technisch konstruierten Lebensbedingtheit des Menschen allgemein sichtbar wird. Der Mensch ist homo faber; daß er Technik hervorbringt und von Techniken abhängig ist für sein Überleben, ist allen anthropologischen Definitionen des Menschen gemein.

Dennoch ist das Verhältnis zur Technik und ihren Einrichtungen von einer charakteristischen Ambivalenz geprägt, dem Ergebnis einer tiefen Ungewißheit in der Beurteilung der Folgen technischer Einrichtungen und Verfahren. Technische Neuerungen haben, wie alle Neuerungen, die störende Folge, daß ein bisheriger und bekannter Zustand plötzlich verändert wird, vertraute Verhaltensweisen und Vorstellungen nicht mehr angemessen erscheinen und die unbeabsichtigten Konsequenzen einer solchen Änderung sich erst im Laufe der Zeit zeigen. Technische Neuerungen sind insofern Quellen der Unsicherheit und der Zerstörung des Bekannten. Andererseits sind die menschlichen Bedürfnisse nie erfüllt, und die Konflikte zwischen sozialen Interessen und kulturellen Wertvorstellungen sind in jedem bestehenden gesellschaftlichen Zustand unübersehbar. Das Bestreben, sie zu überwinden, ist das Ergebnis der Unzufriedenheit mit dem je Erreichten und seinen Unvollkommenheiten. Technische Erfindungen waren bisher und sind auch in Zukunft entscheidende Mittel zur Erfüllung solcher Bedürfnisse.

An die Entwicklung der Technik knüpfen sich daher große Hoffnungen und Erwartungen. Diese Ambivalenz von Erwartung und Befürchtung begleitet uns seit jeher, wobei zu verschiedenen Zeiten der Pessimismus oder der Optimismus überwogen.

Pessimismus oder Optimismus richten sich dabei nicht auf die einzelne Erfindung, ihr gilt fast immer die Bewunderung der Laien. Sie gelten den vermuteten sozialen Folgen. Jede Veränderung des sozialen Verhaltens bedingt stets auch einen teilweisen Umbau unserer Vorstellungen von der Sinnbedeutung dieses Verhaltens und damit Anpassungen, Umdefinitionen, Revisionen in der sozialen Konstruktion der Wirklichkeit. Neue Verhaltensweisen müssen normiert, sanktioniert und in einen Sinnbezug gestellt, legitimiert werden. Prinzipiell ist die Gesamtheit der neuen Verhaltenselemente, die durch eine technische Neuerung ausgelöst wird, durch diese nicht determiniert. Es gibt alternative Regelungsmöglichkeiten, auch wenn die Variationsbreite begrenzt ist. Die Ausarbeitung solcher Alternativen, die Prognose ihrer offen sichtbaren und verdeckten, manifesten und latenten Wirkungen, die Entscheidung zwischen solchen Alternativen unter Bezugnahme auf Wertpräferenzen sind allerdings höchst unvollkommen entwickelt. So stehen wir bei allen solchen Verhaltensänderungen stets vor einem Ausmaß von Unsicherheiten, das bei der Entwicklung von technischen Neuerungen undenkbar ist. Zumeist begnügen wir uns mit ad hoc-Regelungen, die aus bekannten Regelungselementen kombiniert werden, wobei wir nur selten mehr bezwecken als die rasche Überwindung eines akuten Notstandes.

Die sozialen Folgen von technischen Neuerungen sind also stets verursacht durch die Art der technischen Neuerung selbst *und* die Art, wie sie in die bestehenden Verhaltensmuster und in die herrschenden kulturellen Konstruktionen der sozialen Realität einbezogen werden. Es gibt keine sozial und kulturell nicht vermittelte technische Neuerung. Wie tiefgreifend und komplex diese durch ein neues technisches Objekt ausgelösten Eingriffe in die soziale Organisation und Kultur sein können, möge folgendes Beispiel aufweisen. Gewiß, der Fall ist exotisch, aber daher vielleicht deutlicher als manch anderes Beispiel aus unserem Alltag.

Christliche Missionare im nördlichen Australien sahen sich Stämmen auf steinzeitlicher Zivilisationsstufe gegenüber. Sie suchten nach einem Objekt, das sowohl zum Besuch der Missionsveranstaltungen motivieren wie auch zur Verbesserung der Lebensbedingungen dienen konnte. Sie entschieden sich für moderne Stahläxte, da die Eingeborenen nur primitive Steinäxte als wesentliches Werkzeug hatten. Allen, die regelmäßig zur Missionsstation kamen, wurde nach einiger Zeit eine Stahlaxt geschenkt. Wie es so zu sein pflegt, kamen am regelmäßigsten Frauen und Kinder, und so erhielten sie die neuen Äxte. Die Folgen kann man nur als eine Kulturkatastrophe bezeichnen. Waren bislang Steinäxte sehr wertvoll und selten, so waren jetzt die viel besseren Stahläxte kostenlos und relativ häufig. Hatte früher die seltene Steinaxt in der Verfügung der älteren Männer und Familienoberhäupter gelegen, ihnen als Symbol des Ansehens und als Mittel der Macht über Frauen und Jugendliche, die sich für ihre Arbeit stets die Axt ausleihen mußten, gedient, so lag nun die Stahlaxt in der Verfügungsgewalt von Frauen und Jugendlichen. Eine tiefgreifende Verwirrung der Statusbeziehungen und der Binnenorganisation des Stammes war die Folge. Zudem hatte die Steinaxt als Stammestotem fungiert, was nach ihrer Entwertung nicht mehr möglich war. Die symbolische Identität des Stammes und seine Beziehungen zu anderen Stämmen in einer totemistischen Kultur wurden schwer gefährdet.[1])

Die sozialen Konsequenzen technischer Neuerungen sind unübersehbar und betreffen jeden Aspekt des menschlichen Lebens. Einige sind uns kaum mehr bewußt, wie etwa die Erfindung der Technologie des Ackerbaues und der Viehzüchtung. Der durch diese erste epochale technische Revolution veränderte Mensch gilt uns heute als der »natürliche Mensch«. Andere Folgen der Technik sind uns heute große Probleme, scheinen uns das Wesen des Menschen zu bedrohen, weil wir die durch diese Erfindungen veränderten Lebensbedingungen des Menschen noch nicht sozial und kulturell so strukturiert haben, daß uns das Leben unter diesen Bedingungen als normal und selbstverständlich erscheint. Nur selten weist eine technische Einzelerfindung sofort und unübersehbar ihre sozialen Konsequenzen aus, wie es etwa bei der Atombombe der Fall war. Zumeist liegen die sozialen Folgen technischer Neuerungen in ihrer Aggregation, in der Auslösung vieler einzelner, jeweils kleiner sozialer Veränderungen, die bedeutsam nur werden in ihrer Summierung und Multiplizierung. So sind wir zumeist auch durchaus in der Lage, uns an die technische Einzelerfindung anzupassen, sie sozial zu strukturieren und kulturell zu deuten, spontan und ohne umfängliche Veranstaltungen. Die Durchsetzung einer technischen Neuerung bedarf ja auch jeweils der Rechtfertigung, und die bedient sich der aufweisbaren Vorteile, nicht der vermutlichen Nachteile. Die geforderten Anpassungsleistungen werden von denjenigen, die über die Einführung entscheiden, bereitwillig vorgenommen.

---

1) Vgl. *L. Sharp*, Steel Axes for Stone Age Australians. In: *E. H. Spicer* (Hrsg.), Human Problems in Technological Change. New York 1951, S. 69–90.

Die Hauptprobleme liegen in der Aggregation, wie ich schon sagte, und eben die multiplizierten Anpassungsforderungen schaffen dann die Probleme, die von allgemeiner Bedeutung sind, auch für diejenigen, die von der Einführung der einzelnen technischen Neuerungen keinen Vorteil sich versprechen können. Für sie erscheint die geforderte Verhaltensänderung dann als Zwang, ausgelöst durch die Anonymität der technischen Apparate und Verfahren, unvermittelt mit ihren Interessen und ohne Sinnbezug. So zweckmäßig es sein kann, eine technische Anlage vierundzwanzig Stunden zu fahren, so werden dadurch doch nicht nur die entsprechend belohnten Schichtarbeiter betroffen. Auch ihre Familien kommen in einen unregelmäßigen Lebensrhythmus, der nur noch als äußerer Zwang verstehbar wird.

Ein zweiter Prozeß der Ausweitung sozialer Folgen technischer Neuerungen entsteht durch die nicht beabsichtigten Folgen technischen Wandels. Auch dazu ein Beispiel: Mit der Einführung von Werkzeugmaschinen, die an die Energiequelle von Dampfmaschinen gebunden waren, mußte die Güterproduktion typischerweise in Betrieben konzentriert werden. Folge dieser betriebsmäßigen Produkterstellung war die Trennung von Familie und Betrieb. Ihr verband sich die scharfe und sozial fast unvermittelte Trennung von Arbeitszeit und Freizeit. Damit wiederum verband sich eine zunehmende Funktionsverarmung des Familienverbandes, dem nur noch konsumtive Wirtschaftsaufgaben verblieben. Weitere Folge war die soziale Isolierung der Hausfrauen, die aus dem Arbeitsleben und der mit ihm verbundenen Öffentlichkeit gelöst wurden. Die Definition der Frau verengte sich auf emotionale Werte, die Familie wurde schließlich zu einem Verband umgeformt, in dem die Menschen ihre emotionalen Bedürfnisse erfüllen sollen, während im Betrieb Emotionalität unterdrückt und instrumentales Verhalten prämiiert wurden. Das Problem der Frauenemanzipation ist nicht zuletzt aus dieser Entwicklung entstanden, die die Frauen im Gegensatz zu den Männern und über ihre geschlechtsspezifischen Besonderheiten hinaus in eine sehr einseitige, sozial isolierte und abhängige Lebenslage gebracht hat. Obwohl die Trennung von Betrieb und Familie nun schon über 100 Jahre die typische Lebenssituation der überwiegenden Mehrzahl der Menschen in den Industrieländern ist und als selbstverständlich hingenommen wird, treten die unbeabsichtigten Folgen damaliger technischer Neuerungen vielleicht erst heute in aller Schärfe in unser Bewußtsein. Das Ausmaß von Unzufriedenheit, das man heute bei Hausfrauen aller Bildungsschichten antreffen kann, ist erschütternd. Würde ein solches Maß offener Unzufriedenheit unter einem anderen Bevölkerungsteil herrschen, hätten wir längst ein gravierendes politisches Problem vor uns. Daß dies noch nicht der Fall ist, ist gleichermaßen Resultat der Sonderlage der Frauen. Ihre Isolierung erschwert die Organisation einer Interessenvertretung, die ihre Unzufriedenheit politisch relevant machen würde. Noch werden diese Unzufriedenheiten auf der Ebene der individuellen Anpassungsanstrengungen und des Ressentiments politisch neutralisiert. Tatsächlich aber führt erst heute die Trennung von Betrieb und Familie zu einer ernsten Problematisierung der Institution der Familie.

Ich habe dieses Beispiel gewählt, um deutlich zu machen, daß soziale Folgen technischer Neuerungen keineswegs nur Folgen sind, die unmittelbar mit der Erfindung einer neuen technischen Anlage verbunden sind, mit der Veränderung etwa der Qualifikationen, die für die Bedienung solcher Anlagen erforderlich sind, mit der Um- und Freisetzung von Arbeitskräften, mit der Planung des Absatzes von großen Serien usw. In der Summierung und Multiplizierung der Folgen einzelner technischer Neuerungen und der von ihnen bewirkten, aber nicht gewollten Veränderung der Gesellschaftsstruktur im Ganzen liegt die besondere Problematik, die auch die Beurteilung der Konsequenzen technischer Neuerungen *ex ante* so schwer macht.

Lassen Sie mich in der wenigen Zeit, die mir zur Verfügung steht, einige Aspekte solcher makrosoziologischer Folgen aufgreifen und beispielsweise darstellen. Ich bin mir bewußt, daß die Auswahl der Aspekte große Bereiche ungebührlich vernachlässigt, und ich habe doch nur die Wahl zwischen gleich bedenklichen Auslassungen.

I. Die Wandlung der Beschäftigungsstruktur

Wir haben uns daran gewöhnt, die Gegenwart als Industriegesellschaft zu bezeichnen, und doch leben wir kaum hundert Jahre in einer Gesellschaftsordnung, die diesen Namen verdient. Es gibt schon Leute, die das Ende der Phase der Industriegesellschaft als nahe bevorstehend prognostizieren und uns am Übergang zur post-industriellen Gesellschaft lokalisieren, die dann auch als Dienstleistungsgesellschaft bezeichnet wird. In der Tat befinden wir uns an einem dramatischen Punkt in der Entwicklung der Gesellschaftsordnungen, soweit es sich um die Beschäftigungsweisen und Arbeitsformen, die Qualifikationsansprüche und die Sozialordnung des Arbeitslebens handelt. Technische Neuerungen sind dafür primär verantwortlich, technische Neuerungen, die in ihrer Summierung die Grundbedingungen der Existenzsicherung des Menschen bestimmen.

Die Sicherung der Nahrungsmittelversorgung ist die primäre Basis für die weitere Differenzierung der Beschäftigungsstruktur. Insoweit war die Produktionssteigerung der Landwirtschaft bei abnehmender Beschäftigung von Menschen die Ausgangskonstellation für alle Industrialisierung. Die Versorgung einer wachsenden Zahl von Menschen durch einen beständig sinkenden Teil der Beschäftigten setzte den Teil der

Arbeitskraft frei, der im Verlauf der Industrialisierung in die Güterproduktion einströmen konnte. Und weiter: Die zunehmende Arbeitsproduktivität der Gütererzeugung kraft technischer Fortschritte setzt wiederum jenen Teil der Beschäftigten frei, der in den tertiären Wirtschaftssektor wechseln kann.

Mit der Unterscheidung in die großen Kategorien der Agrar-, der Industrie- und der Dienstleistungsgesellschaft werden in groben Strichen jeweils charakteristische Lebensverhältnisse der Menschen, wie sie von den Beschäftigungsweisen geprägt werden, deutlich hervorgehoben. Während für die von *Colin Clark* geprägten Begriffe des primären, sekundären und tertiären Wirtschaftssektors jeweils die Zuordnung der Beschäftigten zur Agrarwirtschaft, zur Güterproduktion und zu den Dienstleistungen maßgeblich ist, gilt unser Interesse weniger der Zuordnung der Menschen zu diesen Wirtschaftssektoren als vielmehr ihrer typischen Arbeitssituation. Dabei unterscheiden wir gleichermaßen nur in groben Strichen Situationen, in denen Menschen in ihrem Arbeitsergebnis abhängig sind von den Naturverhältnissen, von den Maschinensystemen und von der Kooperation anderer Menschen. Zwar durchdringt die Technik und mit ihr die Benützung von Ma-

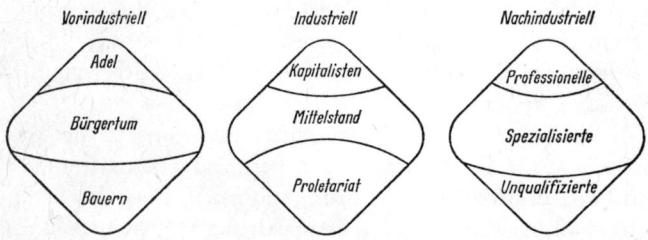

Bild 1. Wandel der Beschäftigungsstruktur nach Wirtschaftssektoren in Deutschland 1882 bis 1966.
Quelle: Statistisches Jahrbuch 1967, S. 138.

schinen und Apparaten heute alle Beschäftigungen, doch scheint es auch heute noch zweckmäßig zu sein, diese Gliederung zu benützen, gerade auch dann, wenn im Rahmen der Industrie zunehmend Menschen arbeiten, die mit der maschinellen Produktion nichts zu tun haben, während im sogenannten Dienstleistungssektor die Arbeit an und mit Maschinen zunimmt. Mangels besserer Daten greifen wir jedoch zurück auf die Einteilung der Beschäftigten nach Wirtschaftssektoren, um ein Bild von der umgreifenden Entwicklung vor Augen zu haben, wobei wir davon ausgehen können, daß die Masse der Arbeit mit und an Maschinensystemen in der Güterproduktion und die Masse der Arbeit mit und an Menschen im Dienstleistungssektor eingeschlossen sind.

War noch um 1800 die Beschäftigung in der Landwirtschaft und damit eine dörflich-ländliche Siedlungsweise und lokale, auf kleine Personengruppen bezogene soziale und politische Organisation für 75–80 % der Menschen die Regel, so hat der technische Fortschritt diese Lebensform radikal abgebaut. Auf die Dauer werden wir in den entwickelten Industrieländern nur noch mit etwa 10 % der Erwerbstätigen in der Landwirtschaft zu rechnen haben. Die Beschäftigten in der Güterproduktion sind hingegen von etwa 15 % um 1800 auf knapp 50 % gestiegen. Sie leben in Arbeits- und Beschäftigungssituationen, die für die Industriegesellschaft im engeren Sinne charakteristisch sind. Der Tendenz nach fällt der Anteil derjenigen, die in der Güterproduktion beschäftigt sind, so daß der Dienstleistungssektor die vorherrschende Arbeitssituation bestimmen wird. In den USA ist dieser Zustand bereits eingetreten. Man braucht nicht der Prognose von *Jean Fourastié* zu folgen und anzunehmen, daß in Zukunft nur noch 10 % der Erwerbstätigen sich mit der Güterproduktion beschäftigen und 80 % im Dienstleistungssektor tätig sein werden und kann dennoch davon ausgehen, daß in den nächsten 50 Jahren die Dominanz der industriellen Arbeitsverhältnisse stark abgebaut werden wird und wir, wenn schon nicht in einer post-industriellen, so doch in einer dominant von Dienstleistungssituationen bestimmten Gesellschaft leben werden. Die gegenwärtige Phase ist insofern von größter Dramatik, als in ihr sich ein bestimmter Umbruch vollzieht mit allen sozialen und politischen Folgen, die mit grundlegenden Wandlungen in der Lebens- und Arbeitsorganisation verbunden sind: die in Deutschland etwa von 1870 bis 1910 bestehende Dualität von Agrar- und Industriegesellschaft wird überführt in eine die Gesellschaftsstruktur prägende Dualität von Industrie- und Dienstleistungsgesellschaft.[2])

Die politischen Konsequenzen liegen auf der Hand. Die politische Organisation der agrarischen Interessen, ihr Kampf gegen die tendenziell schrumpfende Geltung ihrer ökonomischen, sozialen und kulturellen Ansprüche hat die innenpolitische Szene des Kaiserreichs bestimmt und ökonomisch wie politisch entwicklungshemmend gewirkt, hat zugleich auch eine konservativ-ständische Mentalität entstehen lassen, die auch vom Bildungsbürgertum getragen antiindustrielle und antidemokratische Affekte aufwies. Diese politische und kulturelle Grundorientierung eines Teils der Bevölkerung hat dann in der Weltwirtschaftskrise zum Zusammenbruch der Weimarer Demokratie nicht unerheblich beigetragen.[3]) Die Bundesrepublik verdankt ihre Stabilität zu einem wesentlichen Teil der Auflösung der Dualität von Agrar- und Industriegesellschaft. Dies zeigt sich gerade auch an der Störung dieser politischen Stabilität durch die NPD-Welle, die we-

---

2) Vgl. neben vielen anderen Darstellungen: *M. R. Lepsius*, Extremer Nationalismus. Stuttgart 1966.

3) Vgl. dazu u. a. *J. Fourastié*, Die große Hoffnung des Zwanzigsten Jahrhunderts. Köln-Deutz 1954; *D. Bell*, Die nachindustrielle Gesellschaft. In: Das 198. Jahrzehnt, hrsg. von *C. Grosser* u. a. Hamburg 1969, S. 352 ff.

sentlich von landwirtschaftlichen Protestwählern getragen wurde.

Technische Erfindungen leiten die Wandlungen der Grundweisen menschlichen Lebens ein: nicht nur im Sinne einer Veränderung der Arbeitsformen, der Arbeitsqualifikationen, der Arbeitsumwelt, sondern in der Basis der Gesellschaftsstruktur. Mit einer Agrargesellschaft sind andere Institutionen verbunden, politischer, wirtschaftlicher und religiöser Art, als mit einer industriellen Gesellschaft. Und es gibt keinen Grund anzunehmen, daß mit dem Übergang von der Industriegesellschaft zur Dienstleistungsgesellschaft nicht wiederum ein tiefgreifender Wandel des Institutionengebäudes verbunden sein wird.

Jede typische Arbeitssituation und Lebensumwelt stellt den Menschen in je verschiedenartige Abhängigkeiten, die ihre spezifischen sozialen Überformungen und kulturellen Deutungen erfahren. Der Bauer, der abhängig ist von den Naturerscheinungen, dessen Arbeitsertrag nicht durch ihn allein kontrolliert werden kann, ist typischerweise empfänglich für eine Daseinsdeutung mit magischen Elementen. Händler hingegen sind abhängig von Austauschprozessen zwischen Menschen und entwickeln typischerweise ein Bedürfnis für Deutungssysteme mit Elementen einer Vergeltungsethik. Das hat uns schon *Max Weber* gelehrt.[4] Er hat auch darauf hingewiesen, daß die Riten und sozialen Gebilde, die solche Deutungsmuster institutionalisieren, d. h. auf Dauer stellen und zu allgemeiner Verbindlichkeit erheben, nicht unabhängig sind von der Lebens- und Arbeitsweise derjenigen, die diesen Religionssystemen folgen. Eine Gemeindereligiosität, wie sie das Christentum als typische Form der Institutionalisierung von Deutungsmustern vorsieht, verlangt eine größere

---

4) *M. Weber*, Wirtschaft und Gesellschaft. Tübingen ³1947, S. 267 ff.

örtliche Konzentration von Personen mit gleichen Deutungsbedürfnissen, die Arbeitsverhältnisse haben, die es ihnen erlauben, zu festgesetzten Zeiten sich zu versammeln. Die Arbeiterschaft der Industriegesellschaft ist typischerweise früh entkirchlicht oder, wie man auch zu sagen pflegt, säkularisiert. Nicht, daß die Industriearbeiterschaft keine religiösen Deutungsbedürfnisse gehabt hätte, doch offenbar entsprach das traditionelle Christentum nicht mehr ihren Deutungsbedürfnissen. Abhängig vom anonymen Arbeitsmarkt und der Wirtschaftskonjunktur konnten sie ihre Arbeitserträge individuell ebensowenig kontrollieren wie die Bauern. Ihre Abhängigkeit bezog sich aber nicht auf eine rational nicht kontrollierbare Natur, sie waren abhängig von anonymen Systemprozessen, die eher durch kollektive Solidarisierung kontrollierbar erschienen als durch magische Beschwörung. Die Arbeiterkultur hat daher kollektivistisch-pragmatische Elemente. Ihr Ritus richtet sich nicht auf die kontemplative Verinnerlichung einer Individualethik, sondern auf aktivistische Demonstration der Solidarität.

Diese Beispiele mögen zeigen, in welchem tiefgreifenden Sinne die durch technischen Wandel hervorgerufene Veränderung der Lebensweisen wirksam wird. Es wäre spekulativ zu prognostizieren, welche typischen Deutungsbedürfnisse die Dienstleistungsgesellschaft zeitigen wird. Daß auch mit ihr entscheidende Wandlungen verbunden sein dürften, scheint mir die heutige Debatte um Inhalt und kirchliche Form des Christentums anzudeuten, die ja ausgelöst wurde durch die zunehmende Entkirchlichung der bürgerlichen Schichten – um im alten Sprachgebrauch zu reden – oder der neuen Schichten der qualifizierten Angestellten, Techniker und professionalisierten Dienstleistungsberufe. Die besondere Komplexität und Problematik unserer gegenwärtigen Lage scheint mir darin zu beruhen, daß wir noch kaum die Probleme, die mit der Entstehung der Industriegesellschaft verbunden sind, gelöst haben und uns bereits in den Anfangsschwierigkeiten der sozialen und kulturellen Strukturierung der Dienstleistungsgesellschaft befinden. Dabei ist eine systematische Zurechnung der aktuellen Gestaltungsprobleme zu den typischen Konflikten der Industrie- bzw. Dienstleistungsgesellschaft durch ihre zeitliche Koinzidenz und politische Interdependenz nur schwer möglich. Das heute so bedeutsame Demokratisierungspostulat ist vermutlich bereits die Artikulation von Bemühungen, eine Dienstleistungsgesellschaft sozial und kulturell zu strukturieren. Insofern nämlich eine Vielzahl von Menschen in typischen Arbeitssituationen sich befinden, für die sie eine hohe und generalistisch ausgerichtete Qualifikation benötigen, ohne dabei durch professionelle Autonomie geschützt zu sein, ist es plausibel, daß sie in einem unmittelbaren Sinn demokratisch die Arbeitsinhalte bestimmen wollen. Ich kann dies hier nicht vertiefen, doch wollte ich wenigstens mit einer These in die unmittelbare Zukunft greifen.

II. Der Wandel der sozialen Schichtung

Im 19. Jahrhundert waren sich revolutionäre wie konservative Analytiker der Gesellschaftsstruktur darin einig, daß die Entstehung der Arbeiterklasse das sozial und politisch prägende Kennzeichen der Zeit sei. Heute gibt es nun eine umfangreiche Debatte darüber, ob es überhaupt noch eine Arbeiterklasse im traditionellen Sinne gebe. Dies ist für sich genommen ein interessanter Umstand, denn im Alltagsverständnis reden wir noch unbefangen von der Arbeiterklasse, dem Mittelstand und der Oberschicht.

Technische Entwicklungen haben bei der Wandlung der sozialen Schichtung eine erhebliche Rolle gespielt. Die frühe repetitive Teilarbeit an Einzelmaschinen einfacher Konstruktion hat zunächst in der Industrie einen großen Arbeitskräftebedarf an unqualifizierten »Händen« entstehen lassen. Die Rekrutierung dieser Arbeiter erfolgte einerseits aus den durch die Industrialisierung vom Markt verdrängten Handwerkern, für die der Übergang in die Industrie einen sozialen Abstieg bedeutete und aus der landwirtschaftlichen Überschußbevölkerung, für die der Übergang in die städtischen Industriesiedlungen zwar keine ökonomische Verschlechterung, wohl aber eine wesentliche Desorganisation der Verhaltensweisen und Lebensgewohnheiten mit sich brachte. Insofern war die einfache Mechanisierung begleitet von sozialen Abstiegs- und Desorganisationsprozessen. Die fortschreitende Mechanisierung hat eine neue Industriearbeiterqualifikation geschaffen, die sich deutlich von den unqualifizierten Arbeitern absetzte. Die Arbeiterbewegung und die Arbeiterkultur wurden von dieser fachqualifizierten Industriearbeiterschaft geformt. Sie waren der Träger der politischen Organisationen, und insoweit sie auf Stimmengewinn für den Erwerb politischen Einflusses angewiesen waren, haben sie auch die politisch apathische Masse der Unqualifizierten organisiert und diszipliniert. Die politisch und kulturell organisierte Arbeiterklasse war überall dort, wo sie sich zu sozialistischen Arbeiterbewegungen formierte, das Ergebnis des Umstandes, daß die qualifizierten Industriearbeiter vor der Klassenbarriere zum Bürgertum standen und auf die Koalition mit den Unqualifizierten verwiesen wurden. Dies hat auch zur Ausbildung einer spezifischen Subkultur der Arbeiterschaft beigetragen, die aus der Verschmelzung von Elementen der vorindustriellen Kultur der agrarischen Überschußbevölkerung und der Handwerkerkultur entstand. In Amerika war dies übrigens nicht der Fall, dort haben sich die Qualifizierten typischerweise selbständig organisiert und sich gerade durch den Ausschluß der Unqualifizierten in örtlich organisierten Berufsgewerkschaften eine Verbesserung ihrer Arbeitsmarktlage erkämpft, die ihnen per saldo einen wesentlich besseren Lebensstandard eingetragen hat, als dies in den anderen Industrieländern der Fall war. Dafür gab es in den Vereinigten Staaten auch nicht die Ausbildung einer sozialistischen politischen Arbeiterbewegung. Die Arbeiterschaft organisierte sich in ethnischen Verbänden, die in kollektivem Aufstieg Schichtgrenzen überwanden durch ethnische politische Loyalität.

Dieser Exkurs möge verdeutlichen, daß die Konsequenzen der Industrialisierung für die Ausbildung von politisch relevanten Schichten und organisierten Klassen natürlich keineswegs vom Grad der technischen Differenzierung der Arbeitspositionen alleine bestimmt werden. Die Konstellation einer Vielfalt von sozialen Kräften bestimmt schließlich die konkrete historische Ausprägung von politisch relevanten Struktureinheiten in der Gesellschaft, wie es soziale Klassen sind. Damit berühre ich ein Problem, das bei der Beurteilung der sozialen Folgen von technischen Neuerungen stets von größter Bedeutung ist, nämlich die Zurechnungsfrage. Gewiß hängen alle diese Veränderungen auch mit dem technologischen Wandel zusammen, aber wie ich schon anfangs sagte: soziale Folgen technischen Wandels sind nie direkt der technischen Neuerung zurechenbar, da diese soziale und kulturelle Strukturierungen der Folgeprobleme nicht determiniert. Prognosen über die Folgen technischer Neuerungen müssen daher stets auch eine Konstellationsanalyse der gesamten relevanten sozialen Kräfte umfassen, und dies können wir heute kaum *ex post* leisten.

Doch zurück! Die Meinung, daß mit fortschreitender technischer Entwicklung die gesamte Industriearbeiterschaft mehr und mehr eine spezifische Fachqualifikation gewinnen würde, hat sich nicht bewahrheitet. Der Auszug der Ungelernten, die in der Frühphase in die Industrie einströmten, ist nicht eingetreten. Gerade auch durch die Prozesse der fortschreitenden Mechanisierung und Automatisierung werden immer aufs neue Fachqualifikationen entwertet und durch relativ unqualifizierte Tätigkeiten bei der Maschinenbedienung, der Montage am Fließband und der Automatenbeobachtung ersetzt. Die quantitativ bedeutsame Qualifikationserhöhung von Arbeiten in der Industrie betrifft die wachsende Zahl von Technikern verschiedenster Art in der Arbeitsvorbereitung, Instandhaltung, Konstruktion.[5]) Dieser Personenkreis ist aber institutionell von der Arbeiterschaft weitgehend abgegrenzt, zumeist förmlich als Angestellte beschäftigt. Eine exakte Bestimmung der im Laufe der Entwicklung sich verändernden Qualifikation der Industriearbeiterschaft ist schwer durchzuführen, da die Qualifikationen sich in der Zeit selbst verändern. Jeder kann heute schreiben, lesen und autofahren. Qualifikationen, mit denen man früher einmal ein gutes Einkommen erzielen konnte, sind heute ubiquitär, allgemein verbreitet. So hat sich die Zusammensetzung der Industriearbeiterschaft nach ihrer Qualifikation nicht so stark verändert, wie es die enormen technischen Neuerungen im Produktionsprozeß vermuten lassen würden. Technische Veränderungen können in der Aggregation ihre Konsequenzen auch neutralisieren.

Entscheidend verändert hat sich hingegen die Rekrutierung der Arbeiterschaft. Im Gegensatz zum 19. Jahrhundert rekrutiert sich die Arbeiterschaft zunehmend aus sich selbst. Weder die Erfahrung des erzwungenen sozialen Abstiegs noch diejenige der kulturellen Desorganisation im Übergang vom vorindustriellen Agrarmilieu in das städtische Industrie-

---

5) Vgl. dazu neuerdings die Untersuchungen von *H. Kern* und *M. Schumann*, Industriearbeit und Arbeiterbewußtsein. Frankfurt 1970 (8. Band des Forschungsprojekts des Rationalisierungs-Kuratoriums der Deutschen Wirtschaft über wirtschaftliche und soziale Aspekte des technischen Wandels in der Bundesrepublik Deutschland).

milieu sind heute charakteristisch. Sozialpolitische Maßnahmen und staatliche Vollbeschäftigungspolitik haben zudem typische Existenzbedrohungen wesentlich vermindert. Die Arbeiterschaft ist insofern heute stabilisierter und in ihrer Rekrutierung geschlossener als früher. Technologische Veränderungen werden daher dominanter den Erfahrungshorizont der Arbeitsqualifikation und der Beschäftigungschancen, der relativen Selbsteinschätzung und Mobilitätshoffnungen bestimmen. An hochautomatisierten Anlagen tritt die Arbeitsdisziplinierung durch den Leistungslohn zurück[6]), wogegen die Störanfälligkeit gegenüber Methoden der Leistungszurückhaltung wächst. Neben eine Differenzierung nach handwerklich-technischer Qualifikation tritt eine Differenzierung nach verinnerlichter Einsatzbereitschaft. Dies wirkt tendenziell auf eine Gliederung der Arbeiterschaft nach Bildungsgrad und nach Mentalität, wobei für die privilegierten Positionen vermutlich neue Beschäftigungsformen (z. B. als Betriebsangestellte) wie neue Entlohnungsformen entwickelt werden. Die in diesem Sinne nach technischem Können wie nach Arbeitsmotivation qualifizierten Arbeiter werden durch neue sozialpolitische Mechanismen, wie Bildungsurlaub und Rationalisierungsschutz zusätzlich privilegiert werden. Ohne daß das quantitative Verhältnis zwischen den Qualifizierten und Unqualifizierten sich grundlegend ändern muß, kann doch der relative Abstand zwischen ihnen zunehmen. Dies könnte auch intergenerationell zu einer beträchtlichen Umschichtung führen, wenn man unterstellt, daß die Bildungsreform gerade jenen Kindern bessere Mobilitätschancen eröffnet, die aus qualifizierten, bildungsmotivierten Arbeiterfamilien stammen.

---

6) Vgl. dazu *B. Lutz* und *A. Willener,* Mechanisierungsgrad und Entlohnungsform. Luxemburg 1960; *J. Dofny,* Arbeit, Technik und Entlohnungsform. Luxemburg 1962.

Landwirtschaftliche Überschußbevölkerung steht heute kaum noch für die Besetzung unqualifizierter Arbeitsplätze zur Verfügung. An ihre Stelle sind die Frauen und die Gastarbeiter getreten. Beide sind vorwiegend an einer kurzfristigen Einkommensmaximierung orientiert und betrachten ihre betriebliche Arbeitsposition nicht als dauerhaft. Damit ergibt sich die Gefahr der Entstehung eines externen Proletariats, soweit es die ausländischen Arbeiter betrifft, und der Entstehung eines Nebenerwerbsproletariats, soweit es die Frauen betrifft. Beide Gruppen sind überdies gering gewerkschaftlich organisiert und politisch wenig einflußreich. Damit würde eine weite soziale Differenzierung der Industriearbeiterschaft einsetzen, die die technologisch bewirkte Qualifikationsdifferenzierung noch vergrößern würde. Eine relativ scharfe Schichtgrenze zwischen den qualifizierten und den unqualifizierten Arbeitern ist heute im Hinblick auf die Partnerwahl bei der Heirat, die Erwartungen für den Aufstieg und Berufsweg der Kinder, die Sprache, die rationale Lebens- und Ausgabenplanung festzustellen. Sollte die qualifizierte Arbeiterschaft sich in ihrer kulturellen Entwicklung, ihrer Arbeitssituation und ihrer sozialmoralischen Orientierung stärker den technischen Angestellten angleichen, was wesentlich von der Festigkeit der Schichtgrenze, den Mobilitätssperren zwischen diesen beiden Gruppen, insbesondere dem Schulsystem abhängt, so wäre eine Entwicklung nicht von der Hand zu weisen, in deren Verlauf die politisch-kulturelle Einheit der Arbeiterklasse vollends zerfällt, weil ihre traditionelle Führungsschicht aus ihr ausscheiden würde. Die Arbeiterschaft kann heute nicht mehr schlechthin als strukturbestimmende Schicht gelten, weder im Sinne einer quantitativen Dominanz noch in dem Sinne, daß in ihrem Bereich die wesentlichen Strukturkonflikte der Gesellschaft lokalisiert werden könnten, wie man es in der zweiten Hälfte des 19. Jahrhunderts noch begründet vermuten konnte.

Vermutlich werden im sogenannten tertiären Bereich die wesentlichen neuen Konflikte der Gesellschaft mit politischer Konsequenz für die Gesellschaftsordnung liegen. Zwei allgemeine Tendenzen sind dabei bereits erkennbar: die Tendenz zur Professionalisierung und die Tendenz zur Demokratisierung. Lassen Sie mich zu beiden in aller Kürze einige Bemerkungen machen.

Jeder Bereich, der eine Qualifikationserhöhung erfährt, wird danach streben, sich ein entsprechendes Kompetenzmonopol zu verschaffen. Dies eröffnet nicht nur die Chance, einen selbstbestimmbaren Entscheidungsspielraum gegenüber anderen Gruppen und Institutionen in der Gesellschaft zu gewinnen, sondern dient auch als Organisationsbasis für die Gewinnung von politischem Einfluß im Kampf um die Verteilung des Sozialprodukts. Dabei werden die Bildungspatente von entscheidender Bedeutung für die Rechtfertigung der in Anspruch genommenen Kompetenz sein. Der Statuskampf um relative Privilegierung nach Einkommen und Prestige wird daher mit Ausbildungsansprüchen und Bildungsreformen verbunden sein. Dies ist heute etwa im Falle der Volksschullehrer deutlich sichtbar. Für andere Berufe gilt das gleiche oder kann doch mit dem gleichen gerechnet werden. Insofern kann bei stetigem Wirtschaftswachstum eher mit Statusgruppenkonflikten als mit Klassenkonflikten gerechnet werden. Akademisierung und Professionalisierung werden sich natürlich nur für eine Minderheit der Berufsgruppen durchsetzen lassen, doch werden diese das Leitbild für privilegierte Statusgruppen in der Gesellschaft setzen hinsichtlich der Eigenkontrolle der Berufs- und Arbeitssituation, Einkommenslage und Beschäftigungssicherheit. An die Stelle der kraft Eigentumsrechten wirtschaftlichen Selbständigkeit wird als Leitbild sozialer Privilegierung die kraft Professionalisierung erreichte relative soziale Autonomie treten. Jene, denen eine Professionalisierung oder auch nur eine Quasiprofessionalisierung nicht gelingt, und das wird für die Mehrzahl der Arbeitstätigkeiten im Dienstleistungssektor der Fall sein, werden an Sonderschätzung als nicht-manuell Tätige im Vergleich zu den Arbeitern in dem Maße verlieren, als sich die Arbeitsbedingungen und Einkommenschancen gegenseitig angleichen. Innerhalb der Angestellten kann eine ja auch heute bestehende Schichtgrenze durch neue Mobilitätssperren kraft Bildungspatent verstärkt werden. Die Demokratisierungstendenz hat zwei sehr unterschiedliche Formen. Die eine richtet sich auf eine Erhöhung der Kooperationsbereitschaft innerhalb von Organisationen zwischen Personen unterschiedlicher hierarchischer Plazierung und Funktionskompetenz. Die andere richtet sich auf eine erhöhte Partizipation an der Organisationskontrolle. Die dafür erforderlichen neuen institutionellen Regelungen werden zu den wichtigsten strukturellen Änderungen in der Gesellschaft führen. Sie begründen sich zumeist mit Postulaten der Verwirklichung von Wertvorstellungen, ihnen liegen aber zugrunde auch Kooperations- und Integrationsbedürfnisse, die mit der Umbildung der Organisationsformen und ihrer Legitimation entstehen. Insgesamt ist eine erhebliche Veränderung der Schichtung der Gesellschaft zu erwarten, die zu einer Differenzierung der alten Klassifikationsraster und Orientierungsmuster von hierarchisch klar unterschiedenen großen Schichten und zum Aufbau neuer Statusgruppen als Gebilde der gesamtgesellschaftlichen Interessenbestimmung und Selbstidentifikation führen kann. Für das politische Verhalten, etwa das Wahlverhalten, kann dies zu einer weiteren Lösung traditioneller Parteiloyalitäten und einer Vergrößerung des Anteils der sogenannten Wechselwähler beitragen, und damit zu einer Mobilisierung von Ansprüchen an das politische System.

Zur Verdeutlichung der postulierten Entwicklung im Schichtsystem sei folgendes formalisiertes Bild angefügt.

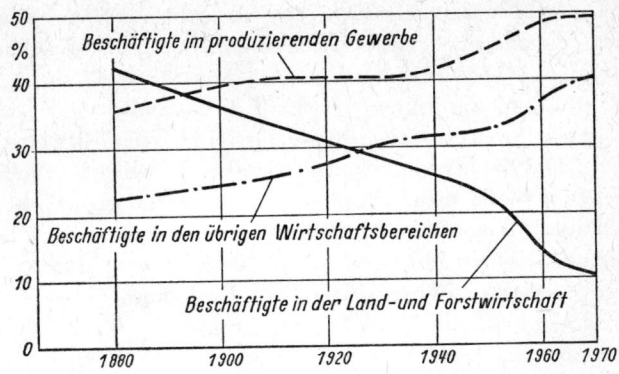

Bild 2. Schematische Darstellung des Wandels der Schichtstruktur.

III. Der technologische Modernisierungsdruck

Technischer Fortschritt hat eine spezifische Folge für die Legitimität der politischen Ordnung: Er beeinflußt zentrale Effizienzkriterien für die Beurteilung von Entscheidungs- und Verantwortungsinstitutionen. Unabhängig von den Mechanismen, die Herrschafts- und Entscheidungsinstitutionen für die Gewinnung von Legitimationen seitens der Herrschaftsunterworfenen und der Entscheidungsbetroffenen benützen, stets hat sich ihre Autorität an den Erfolgen ihrer Tätigkeit zu beweisen. Mit der Entwicklung immer neuer technischer Erfindungen wird die Effizienz von politischen Systemen und von anderen autonomisierten Entscheidungsgremien jeweils an den fortgeschrittensten technischen Anlagen, Verfahren und Ergebnissen gemessen. Jedes Entscheidungs- und Verantwortungsgremium steht insoweit unter einem beständigen international immer transparenter werdenden Effizienzdruck, der die an sie gerichteten Leistungserwartungen erhöht.

Die großen Beispiele für diesen Zusammenhang aus jüngster Zeit sind der Sputnikschock in Amerika und die technologische Lücke zwischen Europa und Amerika. Der Leistungsanspruch an die Eliten verschärft sich damit, weil deren Tätigkeit in einem neuen Sinne vergleichbar und bewertbar wird. Das Wahlverhalten der Bevölkerung wird in zunehmendem Maße mehr durch die instrumental nachweisbare Effizienz als von den Wertbekenntnissen der Regierung bestimmt. Dies gilt insbesondere für die Erwartung einer technisch perfekten Wirtschaftspolitik. Doch auch in anderen Bereichen tritt die Tendenz auf, Legitimität für Entscheidungsbefugnisse nach Kriterien technologisch operationalisierbarer Effizienz zu gewähren. Man spricht in diesem Zusammenhang von dem Vordringen funktionaler Autorität gegenüber traditioneller oder wertrationaler Autorität.[7] Ausgelöst wird dieser neue Effizienzdruck durch die direkte Meßbarkeit und Vergleichbarkeit der Entscheidungsergebnisse zwischen Nationen und Organisationen. Das deutsche Bildungssystem ist unmodern, weil es im internationalen Vergleich weniger Personen in höheren Alterskohorten ausbildet als andere Länder. Die Arbeitsproduktivität der britischen Wirtschaft entspricht nicht mehr den fortgeschrittenen Ländern. Vergleiche dieser Art finden sich allenthalben. Beständige technische Neuerungen und die Höhe der Innovationsraten in verschiedenen Sektoren bringen einen sichtbaren Leistungsdruck auf Innovationseliten und Entscheidungsgremien, der unmittelbar mit der Legitimität der Führungseliten und der politischen Ordnung der Gesellschaft verbunden ist. In diesem Sinne kann man von einer Tendenz zur Entideologisierung und Technokratisierung sprechen. Das gilt freilich nur in den Bereichen, in denen

7) Vgl. dazu *H. Hartmann,* Funktionale Autorität. Stuttgart 1964.

die Effizienz wirklich in einem höheren Grad meßbar geworden ist.

Die Einführung von Computern und neuen Techniken der Informationsspeicherung und -verarbeitung, der Systemanalyse machen alternative Entscheidungsmöglichkeiten transparent und lösen Entscheidungsprozesse aus den Präjudizien der Tradition und vermeintlichen Wertloyalitäten. Der Ausbau von Stäben für Problemlösungen, Planungsämter und Expertenberatungsgremien beginnt die formellen Autoritätsstrukturen zu überwuchern und die Entscheidungskompetenz von Exekutivpositionen zu unterlaufen. Es ergeben sich daraus Fragen nach dem Umbau der Organisationsstruktur in Wirtschaft und Staat mit der entsprechenden Neuorganisation von Kontrollinstanzen. Datenarchive und Informationsverarbeitungsapparaturen werden zu politischer Macht, insoweit sie die Grundlage für die Beurteilung von Entscheidungsalternativen bieten. Der Zugang zu solchen technischen Anlagen kann wichtigstes Mittel für politischen Einfluß werden. Auch in diesem Kontext gewinnt die heutige Problematik von Demokratisierung und Partizipation einen spezifisch auf technische Neuerungen bezogenen Charakter. Zum Teil liegt darin der Protest jener traditionellen Führungseliten, die ein Deutungs- und Interpretationsmonopol über die Zielbestimmung und die Entscheidungsalternativen beanspruchen und sich durch technischen Fortschritt um ihre Kompetenz gebracht sehen, zum anderen Teil aber tritt hier eine Tendenz zutage, traditionelle Organisationsmuster den neuen Bedingungen des technischen Modernisierungsdruckes anzupassen. Tatsächlich tritt hier eine der alten sozialen Konsequenzen technischer Neuerungen erneut und auf einer anderen Ebene auf: Technische Neuerungen gefährden immer traditionelle Kompetenzen, mögen sie sich auf veraltete Fachqualifikationen oder institutionell organisierte Zuständigkeiten berufen. Technokratie heißt hier dann nicht Herrschaft wertindifferenter Experten, sondern unangemessene soziale Strukturierung von Entscheidungsprozessen und ihrer demokratischen Kontrolle unter sich wandelnden Bedingungen der Entscheidungsfindung.[8]

IV. Das Nachhinken der Deutungsmuster

Das Phänomen des Nachhinkens der kulturellen Deutung technischer Neuerungen ist seit der Formel *Ogburns* vom »cultural lag« allgemein bekannt.[9] Diese These besagt, daß zwischen dem Auftreten einer technischen Neuerung und der sozialen und kulturellen Strukturicrung ihrer Folgen und der Interpretation ihres Sinnes immer eine Zeitspanne liegt. Diese Aussage ist insofern sehr schlicht, als man erst etwas Neues haben muß, was man dann in die bestehende soziale Konstruktion der Wirklichkeit einfügen kann.

Nun richtet sich heute gerade gegen diesen Sachverhalt vielfältige Kritik, wobei von dem Argument ausgegangen wird, daß auf diese Weise stets nur eine Anpassung an schon Vollzogenes möglich sei. Nicht könne die technische Neuerung selbst beeinflußt werden, noch die Auswahl unter verschiedenen verfügbaren technischen Neuerungen. Um dieses Ziel zu erreichen, werden die verschiedensten institutionellen Vor-

---

8) Die hier nur gestreifte Problematik wird neuerdings in einem umfänglichen Schrifttum aufgegriffen. Vgl. dazu *J. Habermas*, Technik und Wissenschaft als ›Ideologie‹. Frankfurt 1969.

9) Diese Formel wurde schon 1922 von *Ogburn* in Umlauf gesetzt. Seither ist der damit angedeutete Zusammenhang nicht mehr systematisch weiter differenziert worden. Obwohl es viele Detailstudien gibt, die sich mit der Diffusion von Neuerungen befassen, ist die Analyse der konkreten Mechanismen für die kulturelle Integration von Neuerungen nicht neu thematisiert worden.

schläge gemacht, die typischerweise auf eine Kontrolle der Einführung technischer Neuerungen hinauslaufen. Dabei kann man zwei Kontrollmechanismen unterscheiden. Der eine richtet sich auf eine Art Zulassungsprüfung, die auf die Art der Entwicklungen und die Auswahl von Problemen Einfluß nehmen soll, der andere ruft den Techniker auf, gewissermaßen durch Verinnerlichung von bestimmten Wertmaßstäben, sich selbst zu zensieren.

In der Tat scheinen mir die vergangenen etwa 200 Jahre durch eine historisch seltene, relativ hoch prämiierte Innovationsfreisetzung charakterisierbar zu sein. Frühere Gesellschaftssysteme haben keineswegs Innovationen prämiiert und die Durchsetzung von Neuerungen gestattet. Im Gegenteil, soziale Kontrollmechanismen haben explizit versucht, das Gesellschaftssystem dadurch zu stabilisieren, daß Neuerung, und das ist ja zunächst immer abweichendes Verhalten, möglichst unterdrückt wurde.

In einer bestimmten historischen Konstellation wurde dann das menschliche Innovationspotential freigesetzt und durch die Ermöglichung seiner wirtschaftlichen Nutzung auf der Grundlage der Verhaltensautonomie kraft Eigentumsrechten prämiiert. In diesem Kontext hat sich der Ingenieur als technischer Experte professionalisieren können. Er hat durch Abweisung der Verantwortung für die sozialen Folgen seiner Erfindung eine Verhaltensautonomie gewonnen, die ihm die Chance zu Innovationen nahezu beliebiger Art gab, wenn nur die dafür nötigen Kosten aufgebracht werden konnten. Voraussetzung für die Entwicklung technischer Neuerungen war die Chance, die Kosten zu decken und eine wirtschaftliche Prämie zu erhalten. Das freigesetzte Innovationspotential wurde dadurch auf ökonomische Rechtfertigungen verwiesen. In diesem strukturellen Zusammenhang entstand die private und ökonomisch legitimierende Entwicklung technischer Neuerungen. Hinzu trat von Anbeginn die staatlich subventionierte technische Entwicklung, die sich primär auf militärische Neuerungen richtete. Der Ingenieur als professionalisierter Experte hatte die Folgen nicht zu vertreten, sie waren entweder politisch oder ökonomisch zu rechtfertigen. In den allermeisten Fällen waren aber die Folgen überhaupt erst sichtbar, wenn niemand mehr zur Rechenschaft gezogen werden konnte.

Die Lösung des Problems liegt insofern also weniger bei einer erhöhten Selbstzensur des Ingenieurs noch in der Errichtung von Zulassungsmechanismen, sondern in der Errichtung von Trägern technischer Neuerungen, die für die Einführung solcher Neuerungen einen anderen expliziten Rechtfertigungsmechanismus für die Allokation der dafür nötigen Mittel in Anspruch nehmen müssen als wirtschaftliche Rentabilität oder militärische Macht. Es kommt nicht darauf an, wirtschaftliche Gesichtspunkte für die Rechtfertigung von technischen Neuerungen zu diskreditieren – sie haben schließlich zu der heute erreichten Arbeitsproduktivität und dem damit verbundenen Lebenshaltungsniveau geführt –, sondern es kommt darauf an, institutionell andere Rechtfertigungsmechanismen für die Kostendeckung und Prämiierung von Innovationen zu etablieren. Zweitens sollte es nicht den Ingenieuren angelastet werden, wenn die Zeit des »cultural lag« so groß ist, daß eine frühzeitige Kontrolle der Wirkungen technischer Neuerungen nicht möglich ist. Es käme vielmehr darauf an, gleichermaßen effiziente Expertenstäbe auszubilden, wie es die Ingenieure schon sind, die sich der Aufgabe der zeitlichen Reduktion des »cultural lag« widmen. Niemandem kann gedient sein, wenn die professionalisierte Autonomie von Ingenieuren vermindert wird, dies kann nur zu einer Verringerung der Innovationsraten führen, denen wir bisher die Fristung unseres Lebens verdanken.

Soziale Probleme im Gefolge des technischen Fortschritts:
Bemerkungen zum Problem aus amerikanischer Sicht

Von *Jürgen Schmandt*

Vor zwanzig Jahren veröffentlichte die dem Bundesge-
sundheitsamt entsprechende Behörde der amerikanischen Regierung einen Bericht über die Verschmutzung des Erie-Sees,
eines der großen Seen im Norden des Landes.[1]) Herkunft,
Umfang und Wirkungen der verschiedenen Verschmutzungs-
faktoren wurden identifiziert, und Gegenmaßnahmen zur
Eindämmung des Problems wurden erläutert. Die allgemeine
Schlußfolgerung war, daß energische Schutzmaßnahmen er-
griffen werden müßten, um das biologische Absterben des
Sees zu verhindern. Der Bericht war wissenschaftlich zuver-
lässig und konnte als Grundlage der politischen Aktion dienen. Jedoch nichts geschah. Kein Ausschuß des Kongresses,
kein Anliegerstaat, keine Zeitung, kein Verfechter von Ver-
braucherinteressen griff den Fall auf, um die Regierung zur
Handlung anzuhalten. Heute ist die Verschmutzung des Erie-
Sees so weit fortgeschritten, daß selbst aufwendigste Schutzmaßnahmen nicht mehr mit Sicherheit zum Erfolg führen
werden.

Ich stelle dieses Beispiel an den Anfang, um das Inein-
andergreifen wissenschaftlich-technischer und politisch-sozia-

---

[1]) Public Health Service, Summary Report on Water Pollution.
Lake Erie Drainage Basin. Washington, D. C. 1951.

ler Faktoren zu betonen. Wissen, Erkenntnis, Information allein führen schwerlich zur Tat im öffentlichen Bereich. Es bedarf eines zweiten Elements: Interesse, Engagement, politischer Druck. Unsere soziale Psychologie ist im allgemeinen so strukturiert, daß dies zweite Element erst im Gefolge einer Krise oder Gefahr genügend Kraft gewinnt, um Wissen und Handlung endlich miteinander zu koppeln. Die zeitgenössische Kritik an Wissenschaft und Technik übersieht diesen Zusammenhang, wenn sie vom ethischen Versagen der Forscher und Ingenieure spricht und anklagend fragt: Warum haben sie uns nicht gewarnt vor den Gefahren neuer technischer Entwicklungen? Warum bedurfte es eines Außenseiters wie *Rachel Carson,* der Autorin des Buches »Der stumme Frühling«, um die Öffentlichkeit über die Gefahren der technisch verursachten Umweltvergiftung aufzuklären? Sicher, die Wissenschaftler hätten öfter und lauter warnen müssen als sie dies traditionell getan haben. Aber es ist zu einfach, die Schuld allein bei ihnen und bei der von ihnen produzierten Wissenschaft und Technik zu suchen. Versagt haben wir alle: Presse und Rundfunk, Schule und Universität, Gewerkschaften und Parteien. Das Versagen bestand in der Illusion, man könne mittels Wissenschaft und Technik weitgreifende Veränderungen in die Gesellschaft einführen, ohne auf die Neben- und Fernwirkungen solcher Veränderungen achten zu müssen. Technische Neuerungen wurden für bestimmte, positive Ziele eingeführt, etwa um Wirtschaftswachstum und Lebensstandard zu heben oder um das Straßennetz zu verbessern. Die direkten Vorteile dieser Neuerungen zu genießen, fiel uns naturgemäß leicht. Daß wir gleichzeitig unsere Umwelt verseuchten und im Verkehr erstickten, haben vorausschauende Beobachter gewußt, aber Allgemeinheit und politische Entscheidungsträger mußten erst durch ein Ansteigen der Gefahr zur akuten Krise aufgeklärt und zur Handlung angespornt werden.

Es zeigen sich hier zwei allgemeine Gesetzmäßigkeiten:

1. Innovation (technische Neuerung) muß gesellschaftlich assimiliert werden. Falls dies nicht geschieht, haben wir es vielleicht mit einem interessanten, aber aus irgendeinem Grund nicht verwertbaren Patent oder Museumsstück zu tun, nicht aber mit einer gesellschaftlich relevanten technischen Neuerung. Das nuklear angetriebene Flugzeug gehört in die Gruppe der gesellschaftlich (zumindest noch) nicht bedeutsamen Erfindungen genau so wie *Leonardos* Flugmaschine. Das Automobil begann die amerikanische Gesellschaft zu revolutionieren, seit es in *Fords* Modell T zu weiter Verbreitung kam. Von diesem Zeitpunkt an datieren tiefgreifende soziale Veränderungen: Fließbandproduktion, neue Berufsgruppen, Verschwinden alter Berufsgruppen, neuer Wohnstil – bis hin zur Umweltverschmutzung und dem täglich zweimaligen Verkehrschaos in den Städten unserer Tage.

2. Je einflußreicher und erfolgreicher eine technische Neuerung ist, desto größer sind ihre Neben- und Fernwirkungen. Beide sind von den Entwicklern einer neuen Technik nicht intendiert: trotzdem handelt es sich um sehr reale und darüber hinaus oft störende Entwicklungen. Beispiel einer Nebenwirkung ist etwa die Dezimierung aller auf das Pferd ausgerichteten Berufsgruppen durch das Automobil. Beispiel einer Fernwirkung ist die von Millionen Automobilen verursachte Luftvergiftung – eine Gefahr, die kaum vorstellbar war, solange nur eine beschränkte Anzahl von Autos die Straßen befuhren. Neben- und Fernwirkungen haben die unangenehme Eigenschaft, daß sie schwer voraussehbar sind (obgleich sie nachträglich wie selbstverständliche Folgen technischer Entwicklung erscheinen) und daß sie in niemandes Zuständigkeit fallen, wenn es darum geht, frühzeitig Gegen- oder Schutzmaßnahmen zu ergreifen.

Die Wechselwirkung zwischen technischem und sozialem Wandel (Punkt 1) und die Bewältigung von Neben- und

Fernwirkungen technischen Fortschritts (Punkt 2) möchte ich in diesem Beitrag untersuchen. Es handelt sich dabei nicht um zwei disparate Probleme, sondern um zwei Ausdrucksformen eines Problems, nämlich der Rolle der Technik in der Gesellschaft. Ich werde im allgemeinen Beispiele aus den Vereinigten Staaten benutzen, um Gleichheit oder Verschiedenheit der Problematik im Vergleich zu den anderen meist auf Europa abgestimmten Beiträgen zu erhellen. Ich beginne aber mit einem Beispiel aus einer früheren Epoche, das in modellhafter Vereinfachung die Frage beantwortet, ob es nur *eine* gesellschaftliche Antwort auf eine neue technische Entwicklung gibt – ob die Technik unser soziales Dasein determiniert oder ob sie uns einen Bereich von Wahlmöglichkeiten eröffnet.

Wir gehen zurück zum frühen Mittelalter und verfolgen den Einfluß einer einfachen Technik auf die Ausformung der feudalistischen Gesellschaft. Es handelt sich um die Technik des Steigbügels. *Lynn White,* ein amerikanischer Kulturhistoriker, sieht eine so enge Wechselbeziehung, daß für ihn der Steigbügel zum Anlaß einer radikalen Reform im wirtschaftlichen, sozialen und kulturellen Bereich wird.[2]) Der Steigbügel war in frühen Formen in Indien und im Nahen Osten seit Jahrhunderten bekannt. Plötzlich, im achten Jahrhundert, finden wir ihn bei den Franken, wo er sich mit großer Geschwindigkeit ausbreitet. Der Vorteil des Steigbügels liegt darin, daß er die Stabilität des Reiters entscheidend verbessert. Damit wird eine neue Technik der Kriegsführung möglich, die des Ritters. Jetzt erhält der Reiter zum ersten Mal seitlichen Halt; er ist mit seinem Pferd in eine Kampfeinheit zusammengeschweißt, die größere Durchschlagskraft hat als irgend eine andere frühere Kampfweise. Die Hand des

---

2) *L. White,* Medieval Technology and Social Change. New York 1966.

Reiters braucht nicht mehr die Kraft des Lanzenstoßes zu erzeugen, sie führt nur noch die Waffe und überträgt die Wucht des Pferdes auf den Feind. Die neue Kriegsführung des Ritters wird die führende Kriegstechnik bis hin zum Dreißigjährigen Krieg. Fast tausend Jahre lang ist damit die Infanterie veraltet.

Die neue Kriegsklasse muß Land besitzen, um Pferde zu züchten und die erheblichen Kosten für gepanzerte Ausrüstung bezahlen zu können. Die Herrscher der Franken enteignen große Ländereien, vor allem aus dem Besitz der Kirche, und überlassen sie den Rittern. Als Gegenleistung verpflichtet sich der Ritter, dem König zu jeder Zeit in den Krieg zu folgen. Wer nicht in der Lage ist, als Ritter zu kämpfen, wird nun gesellschaftlich und rechtlich zum Bürger zweiter Klasse. »Freiheit« wird gekoppelt mit Landbesitz. Die Gesellschaft ist geteilt in die Ritter-Aristokratie und die neue Masse unfreier Bauern. Die wesentlichen wirtschaftlichen und politischen Institutionen des Lehnswesens sind damit entwickelt. Die Umwälzung wird ergänzt durch die neue Kultur des Rittertums. Ihre wichtigsten Werte sind Treue zum Lehnsherrn und Heldenmut im Kampf. Erziehung, Spiel und Unterhaltung, Dichtung und Musik, die Beziehungen zwischen den Geschlechtern und das Verhältnis zu Gott – sie alle werden von den Zielen und Werten der neuen feudalistischen Gesellschaft durchdrungen.

Whites Darstellung eignet sich für unsere Zwecke besonders gut, da hier anhand der Rezeption eines einfachen technischen Geräts sich viele Fragen erörtern lassen, die auch in unserer von vielen und komplexen Techniken bestimmten Zeit von unveränderter Wichtigkeit sind, sich aber gerade wegen dieser Komplexität und Pluralität verschiedenster Neuerungen schwer auf einen Ausgangspunkt zurückführen lassen. Wie steht es um den technologischen Determinismus? Verursachte der Steigbügel Ritterkampf und Lehnsherrschaft?

Bestimmte er den Menschen des Mittelalters und seine Art, das Land zu bestellen, Krieg zu führen und sich zu entspannen?[3]) Die Antwort ist entscheidend für die moderne Kritik an der Technik, denn sie hält es für erwiesen, daß die Technik den Menschen dominiert, daß der Knecht die Rolle des Herrn usurpiert hat.

Genaueres Überlegen zeigt, daß wir es hier nicht mit einem Verhältnis direkter kausaler Abhängigkeit zu tun haben. Es ist nicht Kausalität oder Notwendigkeit, die den Steigbügel mit der Welt ritterlicher Wettspiele und der Troubadours verbindet. Andererseits besteht eine sehr direkte Beziehung zwischen beiden. Sie läßt sich am besten mit der von *William James* geprägten Formulierung vom »weichen Determinismus« ausdrücken.[4]) Der Steigbügel determinierte nicht die mittelalterliche Kultur, aber er machte eine solche Kultur möglich. Er war keine zwingende, wohl aber eine ermöglichende Ursache. Die neue Technik öffnete Türen, welche andere Gesellschaften (von denen einige sogar die gleiche Technik besaßen) nicht sahen oder nicht sehen wollten. Nur die Franken erahnten das Potential des Steigbügels und waren bereit, weitgreifende gesellschaftliche Änderungen einzuführen, die es erlaubten, dieses Potential auszuschöpfen.

---

3) Technologischer Determinismus ist *L. White* von seiten einiger Kritiker vorgeworfen worden. Die Kritik übersieht aber, daß *White* gerade die im Folgenden vertretene relative Wahlfreiheit der Gesellschaft als Antwort auf technische Herausforderungen betont.
Siehe *P. H. Sawyer*, Technical Determinism: The Stirrup and the Plough. In: Past and Present (Oxford, England) Nr. 24, April 1963, 89–95. Von befreundeten Historikern ist mir versichert worden, daß *Whites* Darstellung in den Grundzügen durch die Quellen abgesichert ist.
4) *W. James*, The Dilemma of Determinism. In: The Will to Believe and Other Essays.

Dieser Sachverhalt läßt sich verallgemeinern: das Werkzeug oder die Maschine bestimmen die Formen sozialer Organisation nicht voraus. Allein menschliche Einsicht und Phantasie erfinden soziale Strukturen, die maximalen Nutzen aus neuen technischen Entwicklungen ziehen. Die Bereitschaft, nach neuen Organisationsformen Ausschau zu halten und gesellschaftliche Reformen durchzuführen, ist der entscheidende Schritt zur »Sozialisierung« neuer Technologien. Damit ist zunächst noch nichts darüber gesagt, ob diese Reformbereitschaft zu sozialem Fortschritt führt oder sich im Endeffekt als gesellschaftsschädlich herausstellt. Technischer Fortschritt, soll er erfolgreich sein, muß von sozialem Wandel begleitet sein. Aber technischer Fortschritt ist nicht gleich sozialem Fortschritt. Es gehört weiterhin zum »weichen Determinismus«, daß die Entwicklung auf einer Einbahnstraße verläuft: sobald die Entscheidung getroffen ist, die Gesellschaft auf die maximale Ausnutzung einer Technik hin auszurichten, ist eine einfache Umkehr zur früheren Sozialstruktur nicht mehr möglich.

Das zuletzt Gesagte wirft eine weitere uns bedrängende Frage auf: Was sind die sozialen Kosten einer auf Maximierung technischer Möglichkeiten ausgerichteten Gesellschaft? Im Beispiel des Mittelalters sehen wir die Überbetonung von Kampf und Wettstreit. Andere Gebiete gesellschaftlicher Aktivität – Handel, Entwicklung der Städte, zentrale Regierungsgewalt, Wissenschaft – wurden auf zweitrangige Rollen verwiesen. Während mehrerer Jahrhunderte war es allein die Kirche, die einzige wichtige Institution aus der vor-feudalistischen Zeit, die das Überleben von Wissenschaft und Kunst garantierte. Ohne das Gegenelement der Kirche und ihrer spirituellen und jenseitigen Werte wäre der Feudalismus vielleicht ganz zu einer brutalen Kriegergesellschaft geworden. Vom Standpunkt reiner Effizienz her gesehen, wäre dies eine »logische« Lösung gewesen, aber die menschlichen und sozialen Kosten solcher Einseitigkeit sind schwer – so schwer, daß wir sie als unannehmbar bezeichnen.

Wieder können wir verallgemeinern: Gesellschaftliche Nutzung der Technik bedarf – wie wir gesehen haben – gesellschaftlicher Anpassung an neue technische Bedingungen. Aber dieser Prozeß darf nicht *allein* ausschlaggebend werden für die Richtung des sozialen Wandels. Technisch-wirtschaftliche Effizienz darf nicht zum obersten Ziel gesellschaftlicher Entwicklung werden. Statt dessen muß ein schwieriges soziales Gleichgewicht gesucht werden, das die Nutzung neuer technischer Möglichkeiten gestattet, ohne Werte und Lebensstile zu vernichten, die das Leben lebenswert machen. Dieses Gleichgewicht zu finden oder wiederherzustellen, ist die zentrale Aufgabe aller Versuche, Technik nicht als Zweck für sich selbst, sondern als Mittel zum menschlichen Fortschritt zu benutzen.

Es wäre eine Illusion, das zerstörte Gleichgewicht durch die Abkehr von der Technik finden zu wollen. Dies ist eine letzte Einsicht, die uns die Geschichte vom Steigbügel vermittelt, und zwar in jener nicht wegzudiskutierenden Form, der allein die Geschichte fähig ist: Die Angelsachsen blieben bei ihrer alten Kriegstechnik und sozialen Organisation. Die normannische Invasion, nur zwei Jahrhunderte nach der Einführung des Steigbügels in Westeuropa, zeigte die Rückständigkeit dieser Einstellung. Als selbständige Einheit in der Geschichte waren die Angelsachsen von nun an ausgelöscht. Probleme der Technik und des technischen Zeitalters lassen sich nicht durch die Abkehr von der Technik überwinden.

Daß unsere Zeit mehr von der Technik bestimmt ist als frühere Epochen der Geschichte, ist eine Binsenwahrheit. Häufig wird diese Aussage als Zentralmerkmal einer als nachindustriell bezeichneten Epoche gesehen, an deren Anfang wir gerade stehen. Diese von *Daniel Bell* vorgeschlagene

Bezeichnung[5]) ist nicht unwidersprochen geblieben. So ist darauf hingewiesen worden, »daß wir uns noch immer mit den durch den Triumph der Industrialisierung geschaffenen Problemen abmühen müssen ... Wir müssen noch immer die Vernachlässigung elementarer menschlicher Werte zu überwinden versuchen, die den Beginn jener Epoche kennzeichnete«.[6]) Wenn man jedoch näher auf die für unsere Zeit als charakteristisch angesehenen Merkmale und Probleme sieht, stellt man weitgehende Einigkeit bei einer Vielzahl von Autoren fest: Die Gewinnung von Wissen ist eine öffentliche Aufgabe von großer Wichtigkeit geworden. Wissenschaftspolitik wird Teil der allgemeinen Politik. Mehr und mehr politische Probleme haben einen technisch-wissenschaftlichen Inhalt. Einfluß und Bedeutung der Universitäten sind gestiegen, sowohl im Hinblick auf die Explosion des höheren Erziehungswesens als auch im Blick auf die vermehrte Bedeutung von Planung, Methode und Analyse. Die Dienstleistungsgewerbe, oft mit einem Bedarf an hochqualifizierten Angestellten, haben die größten Zuwachsraten. Parallel nimmt die Bedeutung der Produktion von Gütern ab, zumindest in dem Sinne, daß die Produktion von Konsumgütern »leicht« geworden ist, und deshalb nicht mehr das beste Talent der Nation beansprucht. Je größer der Anteil des Dienstleistungsgewerbes an der Beschäftigtenzahl wird — er ist schon heute in den Vereinigten Staaten bei über 50 % angelangt —, desto geringer wird die Zuwachsrate im Wirtschaftswachstum. Auf der anderen Seite ist eine größere Stabilität in Zeiten der wirtschaftlichen Stagnation zu erwarten. Steigende Nachfrage richtet sich auf öffentliche Güter,

5) Eine frühe Fassung findet sich in *D. Bell*, The Post-Industrial Society. In: *E. Ginzberg*, Technology and Social Change. New York 1964, 44–59.
6) *H. J. Miller*, The Children of Frankenstein: A Primer on Modern Technology and Human Values. Bloomington 1970, 54.

vor allem im sozialen Bereich. Da die Innovationsrate, etwa in der Organisation des Erziehungs- oder Gesundheitswesens im allgemeinen gering ist, besteht ein dringender Bedarf, Qualität, Effizienz und Wirtschaftlichkeit der öffentlichen Dienstleistungsgewerbe neu zu durchdenken und neu zu gestalten. Die Konsumgüterindustrie wird ihre Produktivität weiter verbessern, aber ihr Einfluß auf die Gesamtwirtschaft sinkt langsam. Es ist nicht ausgeschlossen, daß sie in abgewandelter Form das Schicksal der Landwirtschaft ereilen wird: in den USA beschäftigt die Landwirtschaft heute nur noch 5 % aller Arbeitskräfte – und ist gleichzeitig in der Lage, mehr zu produzieren, als zur Ernährung einer Bevölkerung von über 200 Millionen Einwohnern erforderlich ist. Der Industrie wird daran gelegen sein, neue Formen der Partnerschaft mit öffentlichen Organisationen zu finden. Nur so wird sie an der Produktion von öffentlichen Gütern im zivilen Bereich teilhaben können. Die Trennungslinie zwischen privatem und öffentlichem Bereich wird dabei weiter verwischt. Auf der einen Seite wird sich der öffentliche Bereich weiter ausdehnen, nicht zuletzt deshalb, weil neue technische Entwicklungen Kräfte und Auswirkungen freisetzen, die das Gemeinwohl angehen. Andererseits wird die Bewältigung öffentlicher Aufgaben zunehmend die Mitarbeit früher als privat angesehener Institutionen notwendig machen. Das politische System wird aktiver werden müssen, wobei der Schwerpunkt nicht auf der Verwaltung, sondern auf dem Finden neuer Antworten auf neue Herausforderungen liegen muß.

Ein zweites Beispiel, diesmal auf die Verhältnisse in den Vereinigten Staaten abgestellt, soll einige der eben ganz kurz angeführten Tendenzen illustrieren. Eine Vielzahl technischer Entwicklungen hat die Stadtlandschaft in den USA tiefgreifend verändert. In allen Gesellschaften und zu allen Zeiten sind Stadt und Technik eng miteinander verbunden.

Städte sind Ausdruck bestimmter technologischer Bedingungen. In dem Maße, in dem sich die Technik verändert, wandeln sich Rolle, Gestalt und Organisation der Stadt. Dies ist ein kontinuierlicher Prozeß. In Zeiten raschen technischen Wandels kann es dazu kommen, daß sich ein Graben auftut zwischen den objektiven Verhältnissen in der Stadt (Bevölkerungs- und Wirtschaftsstruktur) und ihrer politisch-organisatorischen Bewältigung. Eine solche Lücke ist charakteristisch für die oft berufene Krankheit der amerikanischen Stadt in unseren Tagen. Aus dieser Sicht erklären sich viele der drängendsten Probleme daraus, daß weitgreifende Veränderungen in den technischen Bedingungen städtischen Lebens noch nicht oder nur zu unzureichenden Reformen in der Entwicklung, Finanzierung und Verwaltung der als Stadt bezeichneten politischen Einheit geführt haben.[7]

Der hier nachzuzeichnende Prozeß umfaßt den Zeitraum der letzten hundert Jahre. Der Anfangspunkt läßt sich setzen mit der Umstellung des Transportwesens auf Eisenbahnverkehr und mit dem schnellen Wachstum der Schwerindustrie –

---

7) Die Analyse der wirtschaftlichen und sozialen Aspekte der folgenden Darstellung stützt sich auf die Arbeiten von *E. Ginzberg, J. Kain, J. Meyer* und *B. Yavitz.* Siehe u. a. *E. O. Ginzberg,* Manpower Strategy for the Metropolis. New York 1968, Einleitung und *Yavitz,* 43–67. *J. Meyer, J. Kain, M. Wohl,* The Urban Transportation Problem. Cambridge, Mass. 1965. *J. Meyer,* Regional and Urban Locational Choices in the Context of Economic Growth, Harvard University Program on Regional and Urban Economics. Discussion Paper Nr. 9, November 1966. *J. Kain,* Post-War Metropolitan Development: Housing Preference and Auto Ownership. In: American Economic Review, Vol. 57, Nr. 2 (May 1967), 223–234. Die politischen Aspekte der amerikanischen Stadtentwicklung habe ich besprochen in: The Urban Crisis: A Note about its Technological and Political Context. In: *R. S. Roesenbloom – R. Marris* (Hrsg.), Social Innovation in the City, Havard University Program on Technology and Society. Cambridge, Mass. 1969, 9–17.

Faktoren, die in den USA in der Zeit nach dem Bürgerkrieg voll zum Durchbruch kamen. Großstädte entwickelten sich als soziale Mechanismen für die Ausnutzung der neuen Produktions- und Dienstleistungsindustrien des voll entwikkelten industriellen Zeitalters. Die Stoßrichtung technischer Innovation in dieser Zeit förderte oder verlangte zu ihrer Ausnutzung die geographische Konzentration von Produktionsstätten, Knotenpunkten des Verkehrswesens und Massen meist ungelernter Arbeiter. Die Großstadt war der Hauptnutznießer technischen Wandels. Riesige Fabriken entstanden, in deren unmittelbarer Nähe die Arbeiterscharen angesiedelt wurden, die aus Europa oder dem ländlichen Süden in die Industriezentren des Nordens einströmten. Vielstöckige Mietskasernen, oft bald zu Slumwohnungen degradiert, wurden in großer Eile erstellt. Die Eisenbahn wurde zum wichtigsten Verkehrsmittel, an das Fabriken Anschluß haben mußten. Städte wuchsen und gewannen an wirtschaftlicher Stärke, kümmerten sich aber wenig um die Auswirkungen auf die sozialen Verhältnisse oder die zukünftige Entwicklung der Stadt. Öffentliche Dienstleistungen, etwa im Gesundheits- oder Versorgungswesen, ließen zu wünschen übrig. Aber es erhob sich wenig Widerspruch, solange es der neuen Arbeiterschaft vor allem darum ging, Arbeit zu finden und damit die Möglichkeit, für ein besseres Morgen zu arbeiten. In dem Maße, in dem die sozialen Verhältnisse sich weiter verschlechterten und die Arbeiterschaft sich ihrer politischen Macht bewußt wurde, kam es langsam zu Reformmaßnahmen. Aber im allgemeinen führten die vereinten Kräfte der Technik und des Marktes zu einer Periode raschen städtischen Wachstums und zur Konzentration – mit wenig Planung und Vorausschau.

Seit den zwanziger Jahren ist diese Entwicklung unterbrochen und in andere Richtungen gelenkt worden. Neue technische Entwicklungen, zusammen mit einem weiteren Anwachsen der Bevölkerung und höherem Einkommen, führten nun zu wirtschaftlicher und sozialer Dezentralisierung. Moderne Produktionsmethoden und die steigende Nachfrage nach sperrigen Konsumgütern (Autos, Eisschränke, Klimaanlagen, etc.) verlangten weitflächige Fabriken. Horizontaler Materialfluß in sinnvoll geplanten einstöckigen Fabriken bestimmte die neue Industriearchitektur. In der Innenstadt waren großflächige Bauplätze nicht oder nur zu unwirtschaftlichen Preisen verfügbar. Mehr und mehr siedelten sich Fabriken in den Vororten an. Schwere Diesellastwagen, Autobahnen und moderne Methoden des Transports von Gütern (etwa in Großbehältern) machten Fabriken unabhängig von zentraler Lage zu Großbahnhöfen und Häfen. Erstmals konnte ein das ganze Land umspannender Markt sich bilden, der von einer Vielzahl dezentralisierter Produktionseinheiten mit einheitlichen Waren versorgt wurde. Die Nähe zu Rohstoffquellen wurde mit den Fortschritten im Transportwesen weniger ausschlaggebend. Die Verbreitung des Automobils in weiten Bevölkerungskreisen brachte tiefgreifende Änderungen im Lebens- und Wohnstil, in den Einkaufsgewohnheiten und beim Transport zum und vom Arbeitsplatz. In den Jahren nach dem zweiten Weltkrieg nahm der Exodus aus der Innenstadt und die ungeahnt schnelle Entwicklung der Vorstädte revolutionäre Formen an.

Bis zu diesem Punkt läßt sich die Entwicklung so verstehen, daß die Dezentralisierung der Stadt, ihr Auseinanderbrechen in Innenstadt und einen Kranz von schnell wachsenden und in der Regel anziehenden Vorstädten sich als Folge der Maximierung vieler Einzelinteressen ergab: der Industrielle konnte produktiver außerhalb des dichtbesiedelten Zentrums der Stadt produzieren, die gut verdienenden Angehörigen der Mittelklasse konnten es sich leisten, in größeren, modernen Wohnungen im Grünen zu wohnen. Diese Trends

wurden nun aber noch weiter angeheizt von der parallel
laufenden Verschlechterung der Lage in der Innenstadt: Verkehrschaos, Wohnungsknappheit, steigende Bodenpreise, Umweltverschmutzung und die langsam einsetzenden Kontroll-
maßnahmen zu ihrer Eindämmung (die zu verschlechterten
Wettbewerbsbedingungen verglichen mit außerhalb der Stadt
angesiedelten Fabriken führten), Großstadtkriminalität –
all diese Faktoren trugen zur verstärkten Abwanderung
von Produzenten, Supermärkten und Verbrauchern in die
Vorstädte bei. Das Opfer dieses Prozesses war die Innenstadt, sowohl der Geschäftsbezirk als auch die von den weniger bemittelten zurückgebliebenen Einwohnern bewohnten
Viertel. Der Verlust von Industrieunternehmen führte zur
Schwächung der finanziellen Struktur der Stadt. Da Grund-
und Gebäudesteuern die Haupteinnahmequelle amerikanischer Kommunen sind, führte die Umschichtung zur finanziellen Stärkung der Vorstädte und zur finanziellen Krise der
Stadt selbst. Angesichts all dieser Veränderungen geschah
wenig, um die Stadt den neuen Verhältnissen anzupassen.
Wenig Phantasie oder Planung wurde auf die Frage verwandt, was den Platz der abgewanderten Produktion und
des verlorenen Reichtums einnehmen sollte. In ihrer Studie
des städtischen Transportproblems kamen *Meyer, Kain* und
Wohl zu diesem Ergebnis: »Das schwierigste Problem der
zentralen Geschäftsbezirke erklärt sich daraus, daß sie für inzwischen überholte technische Bedingungen entworfen wurden. Heutzutage führt dies zu einer völlig unzureichenden
Trennung von Lastwagen-, Automobil- und Fußgängerver-
kehr.«
Wenn manche der hier besprochenen Entwicklungen in
dieser oder jener Form auch für die Verhältnisse in Europa
typisch sein mögen, so erhält die amerikanische Situation
ihren besonderen Krisencharakter durch die Koppelung der
Stadt-Vorstadt-Spaltung mit dem Rassenproblem. Die Wan-

derungsbewegung vom Süden zum Norden hält weiter an. Etwa 100.000 Schwarze, Mexikaner und Puertoricaner strömen jährlich in die Industriestädte des Nordens. Der technische Fortschritt in der Landwirtschaft trägt entscheidend bei zu dieser Abwanderung vom Land. In den Städten konzentriert sich die farbige Bevölkerung zumeist in den von früheren Einwanderungswellen – Iren, Zentraleuropäern, Juden – inzwischen freigegebenen Wohnvierteln. Da die Neuankömmlinge schlecht ausgebildet sind, kommen sie (ganz unabhängig von rassischen Vorurteilen) bei der Stellensuche nur zuletzt und nur für die am wenigsten gefragten Berufe zum Zuge. Arbeitslosigkeit oder geringe Einkommen tragen zur Verarmung der Ghettoviertel im Innern der Städte bei. Hierbei muß allerdings angemerkt werden, daß Armut ein relativer Begriff ist. Für die meisten Bewohner der Ghettos in den großen Industriestädten gehören Kühlschrank, Fernseher, fließendes Wasser und Zentralheizung, oft auch ein Automobil, zu den absoluten Lebensnotwendigkeiten. Hier spiegelt sich einmal der erhöhte Erwartungsstand in einer reichen Konsumgesellschaft wider, zum anderen läßt sich aber auch am Beispiel des Automobils zeigen, daß es sich in der Tat um eine Lebensnotwendigkeit handelt.

Die öffentlichen Transportmittel der Großstädte – New York bildet eine Ausnahme – sind in erster Linie auf den Verkehr zwischen den Vororten und dem Geschäftsviertel der Innenstadt abgestellt. Sie bringen den typischen Vorstädter – weiß, wohlhabend, Besitzer eines Eigenheims, mindestens zwölfjährige und oft längere Schul- und Collegeausbildung – zu seinem Büro in der Innenstadt. Die Fabriken, wo die Ghettobewohner am ehesten Arbeit finden könnten, sind weit über die Vorstädte verstreut und mit öffentlichen Verkehrsmitteln nur schwer und nach mehrmaligem Umsteigen zu erreichen. »Für die Minderbemittelten, die Jugend und die Alten hat die Dominanz des Autofahrer-Schnellstraße-Systems im Verkehr einen Verlust an Beweglichkeit gebracht.«[8]) Der Ausbau des schienengebundenen öffentlichen Verkehrsnetzes würde dieses Problem nicht lösen, da die Dezentralisierung von Fabrikationsstätten, Einkaufsmärkten, Vergnügungsstätten (Drive-In) u. a. so weit fortgeschritten ist, daß nur Busse, Taxis oder private Automobile genügenden Zugang gewähren.[9])

Fragen wir uns nun, warum die hier beschriebene Situation, entstanden aus einer Kombination technischer, sozialer und politischer Faktoren, so unlösbar zu sein scheint, wie es die Ereignisse der vergangenen fünf Jahre in den Vereinigten Staaten andeuten. Die Stadt als politische oder verwaltungsmäßige Einheit ist nicht mehr der direkte Nutznießer technischen Fortschritts. Vielmehr läuft die Hauptrichtung technischer Entwicklung an ihr vorbei. Dies gilt nicht nur – wie wir gesehen haben – für die physische Gestalt der Stadt (Gebäude, Straßen und andere Verkehrswege), sondern auch für ihre Verwaltung, Organisation und Finanzierung. Verwaltung, Organisation und Finanzierung der Stadt und der sie umgebenden Vorstädte sind noch immer auf einen früheren Stand technischer und wirtschaftlicher Bedingungen ausgerichtet, nämlich auf den inzwischen völlig überholten Zustand, der für die erste Phase (1860 bis 1930) charakteristisch war. Wirtschaftlich und sozial haben sich neue Einheiten gebildet: die Stadt *mit* ihren Vororten, das Großstadtgebiet (metropolitan area), in einzelnen Fällen sogar ein noch größerer zusammenhängender Komplex: die Megalo-

---

8) *M. M. Webber – S. Angel,* The Social Context for Transport Policy. In: Committee on Science and Astronautics, U. S. House of Representatives, Science & Technology and the Cities. Washington, D. C. 1969, 57–72.

9) *J. R. Meyer,* Urban Transportation. In: *J. Q. Wilson,* (Hrsg.), The Metropolitan Enigma. Washington, D. C. 1967, 34–55.

polis, etwa der Stadtkorridor Boston – New York – Washington, vergleichbar in Deutschland der Zusammenballung von Städten im Ruhrgebiet. Diese neuen Einheiten haben bis jetzt keine politische und verwaltungsmäßige Ausdrucksform gefunden. Sie sind aufgesplittert in eine Vielzahl unabhängiger politischer Einheiten. Für das Gesamtgebiet gibt es keine Autorität, keine Planung, Finanzierung, Entscheidungsfindung. Einzelreformen sind versucht worden, etwa mit der Errichtung von gebietsweiten Körperschaften (metropolitan authorities) für Wasserversorgung, Ausbau von Schnellstraßen, Verwaltung von Häfen und Flugplätzen. Aber so erfolgreich diese Ansätze auch für die speziell anvisierte Zielsetzung sein mögen, sie leiden unweigerlich an ihrer Einseitigkeit und Isolierung von anderen Zielsetzungen. Sie vertreten das Prinzip der Rationalität für Teilsysteme und der Irrationalität für das Gesamtsystem.

Hier zeigt sich das Problem in seinem doppelten Aspekt von fehlendem Wissen und fehlendem politischen Willen: Wir verstehen es gut, Flugplätze, Autobahnen oder Telephonnetze zu entwickeln. Aber wir wissen zu wenig darüber, was passiert, wenn diese und andere wichtige Techniken zusammenkommen, miteinander in Wechselwirkung treten. Fehlendes Wissen bedeutet fehlende Kontrolle. Wissen und Kontrolle können nur aufgebaut und miteinander integriert werden von politischen Institutionen, die fähig und willens sind, die Stadtgebiete als Einheit zu entwickeln. Bürger, Politiker und Kommunalregierungen haben es bis jetzt vorgezogen, die strukturellen Auswirkungen technischen Wandels auf Gestalt und Organisation der neuen Stadteinheit zu ignorieren. Soziale Neuerung ist weit hinter technischer Neuerung zurückgeblieben. Nicht die Technik, sondern unser starres Festhalten an nicht mehr zureichenden politischen Organisationsformen hat uns in die gegenwärtige Krise gedrängt. Wieder einmal haben wir die unzähligen Vorteile der Technik willig akzeptiert, ohne uns der Folgen und Auswirkungen bewußt zu werden. Während solches Verhalten in der Konzentrationsphase des späten 19. und frühen 20. Jahrhunderts wohl zu sozialen Mißständen im Stadtwesen führte, aber nicht die Existenz der Stadt selbst bedrohte, verhält es sich heute umgekehrt: die dezentralisierenden Kräfte moderner Transport-, Produktions- und Nachrichtentechnik (zusammen mit anderen sozialen Faktoren, wie steigender Wohlstand und größere Bevölkerungsdichte) haben Verbesserungen in vielen Gebieten ermöglicht, aber gleichzeitig das System als ganzes in Gefahr gebracht. Die Maximierung privater Interessen mit den uns heute zur Verfügung stehenden technischen Mitteln zerstört die Innenstadt und bringt Gefahren mit sich, die von Umweltvergiftung zu sozialer Revolution reichen.

Wir haben hier zwei Faktoren identifiziert, die für die soziale Bewältigung technischen Fortschritts unerläßlich sind: 1. Wissen, besseres Verständnis, Vorausschau, Planung – ausgerichtet auf die sozialen Fern- und Nebenwirkungen technischen Fortschritts und den Systemeffekt einer Vielzahl technischer Entwicklungen. 2. Institutionelle Innovation, neue Formen der Entscheidungsfindung und Verwaltung, der Finanzierung und Mitverantwortung – ausgerichtet auf die Lösung von komplexen Problemen auf der Ebene und in dem Rahmen, in dem sie sich stellen. Vielfältige, alle noch in den Anfängen stehende Bemühungen sind im Gange, um die Wissenslücke zu schließen. Systemanalyse, Entwicklung von Sozialindikatoren, Forschungen zum Thema »Wissenschaft und Politik« oder »Technik und Gesellschaft«, Zukunftsforschung, oder so schwer übersetzbare Initiativen wie »Technology Assessment« und »Planning-Programming-Budgeting-System« sind alle diesem Ziel zugewandt. Ungleich schwieriger wird es sein, die zweite Lücke zu schließen, denn hier handelt es sich um eine Lücke im politischen Wollen und im ethischen Sollen. Da viele der Beiträge zu diesem Band von Versuchen handeln, technischen Fortschritt in seinen sozialen Auswirkungen intellektuell besser zu verstehen und zu bewältigen, möchte ich hier abschließend auf den politisch-ethischen Fragenkomplex eingehen.

Zum Ausgangspunkt nehmen wir einen uns schon bekannten Gedanken: Neue Techniken werden für spezifische Ziele entwickelt und in die Gesellschaft eingeführt. In dieser Hinsicht unterscheidet sich der Industrielle wenig von der öffentlichen Hand: Der Privatunternehmer hofft, daß er ein neues Produkt verkaufen kann, das andere Firmen noch nicht haben oder daß er ein allgemein verbreitetes Produkt billiger als die Konkurrenz herstellen kann. Die öffentliche Hand investiert in technische Neuerungen, die als dem öffentlichen Interesse dienend angesehen werden. In beiden Fällen wird ein bestimmtes Ziel verfolgt, das mittels technischer Neuerung besser, schneller oder billiger erreicht werden soll. Technik wird entwickelt und gefördert für die direkten Vorteile, die sie bringt. *Adam Smith's* Begriff der »unsichtbaren Hand«, die einst Grundmaxime der wirtschaftlichen Entwicklung war, bestimmt noch weitgehend die Entwicklung neuer Technik: solange jeder einzelne so handelt, daß er den größtmöglichen »persönlichen« Nutzen anstrebt, wird aus der Addierung aller Einzelinteressen das öffentliche Wohl resultieren. Im wirtschaftlichen Bereich sind Grenzen und Gefahren dieser Einstellung langsam erkannt worden. Für die Technik aber gilt weitgehend noch immer eine individualistische Rechtfertigung, wobei individualistisch sowohl die Handlungen einzelner Personen, einzelner Unternehmen oder einzelner Regierungsstellen sein können. Es handelt sich nicht um den Unterschied privat – öffentlich, sondern um Einzelwohl im Gegensatz zu Gemeinwohl.

Die der modernen Technik innewohnende Macht begrenzt den Spielraum dieser »laisser-faire-Einstellung«. Fortschreitend sind wir gezwungen, Einzelinteressen zu beschränken oder zu kontrollieren, damit das öffentliche Wohl nicht ungebührlich leidet. Die aktive Rolle des Gesamtstaates und der Gesamtwählerschaft muß ausgeprägter werden – nicht um die Einzelinitiative zu unterdrücken, wohl aber um sie in den Bereich der für das Gemeinwohl notwendigen Sicherheitsmaßnahmen einzuordnen. So wie wir uns genaue Vorschriften des bürgerlichen Rechts oder des Geldverkehrs geschaffen haben – und statt das Geschäftsleben zu behindern, erleichtern und formalisieren sie es –, so muß für die technische Entwicklung ein Kodex des Erlaubten und des gesellschaftlich nicht Akzeptablen gefunden werden. Ansätze in diese Richtung hat es schon lange gegeben, etwa in Gestalt der Standardisierungsvorschriften für Materialien oder der Sicherheitsbestimmungen für elektrische oder atomare Einrichtungen. Die in allen Industrieländern zur Zeit geschärfte Aufmerksamkeit für die Verbesserung der Umwelt führt uns einen neuen Schritt in diese Richtung. Aber noch weit mehr ist erforderlich, vor allem wenn wir uns nicht damit begnügen wollen, schädliche Nebenerscheinungen der Technik zu beschränken, sondern darüber hinaus aktiv das positive Potential der Technik für die Gesellschaft entwickeln wollen. Bei wachsenden Bevölkerungszahlen und stetig steigenden Erwartungen und Anforderungen gibt es keinen anderen Weg in die Zukunft. Dies soll ein letztes Beispiel verdeutlichen.[10])

Wir stellen uns die Gesellschaft als eine Gemeindewiese vor, die allen zur Benutzung offensteht. Jeder einzelne hat das Recht, so viel Vieh auf die Weide zu bringen, wie er kaufen und aufziehen kann. Solange genug Land vorhanden

---

10) Ich entnehme das Beispiel dem ausgezeichneten Artikel von *G. Hardin*, The Tragedy of The Commons. In: Science, December 13, 1968, 1243–1248.

ist, profitiert der Einzelne ebenso wie die Gesellschaft. »Aber unweigerlich kommt die Gemeindeweide oder die Welt zu dem Punkt, an dem die immanente Logik des auf Maximierung des Einzelinteresses abgestellten Verhaltens zur Tragödie wird.« Jeder einzelne verfolgt sein Interesse. Solches Verhalten hat er gelernt von früheren Generationen, und die Gesellschaft hat ihm nicht nur erlaubt, sondern ihn auch ermutigt, sich so zu verhalten. Aber indem er dieses alte Recht weiter ausübt, zerstört er zusammen mit seinen Mitbürgern nun die Gemeindewiese. Die Tragödie liegt darin, daß jeder einzelne so an ein überkommenes System gebunden ist, daß er in einer nun als begrenzt erkannten Welt weiter fortfährt, seinen eigenen Anteil zu vermehren. Falls die Spielregeln nicht geändert werden und die neuen Verhältnisse von allen anerkannt werden, ist das Endergebnis notwendig der Ruin jedes einzelnen und schließlich aller. Die Maximierung des Einzelinteresses fügt anderen Schaden zu, und im Endeffekt zerstört sie uns selbst.

Auswege aus dieser Situation sind leicht benannt, aber schwer zu bauen oder aber allein vom Blick auf technische Effizienz bestimmt, die wir früher als ausreichende Begründung gesellschaftlicher Normen zurückgewiesen haben. Eine Lösung wäre die der autokratischen Beschränkung individueller Freiheit. In einer solchen Gesellschaft könnte der Experte, der »Technokrat« mit seinem Wissen von der Begrenztheit der Welt eine führende Rolle spielen. Die so geordnete Welt wäre dem von *Aldous Huxley* in der »Brave New World« entworfenen Bild ähnlich. Eine zweite Antwort wäre die neuromantische Forderung »Zurück zur Natur« und »Moratorium für die technische Entwicklung«. Während die erste Lösung ein Überleben im physischen Sinn zum Preis hoher menschlicher und gesellschaftlicher Werte ermöglichen mag, läuft die zweite Antwort geradewegs auf gesellschaftlichen Selbstmord hinaus: Leben und Wachstum der Industriegesellschaft am Ende des 20. Jahrhunderts hängen von Wissen, Technik, Innovation ab. Die kommunistische Methode mit ihrer Allgegenwart des Staates leidet an der Beschränkung der Eigeninitiative und ist überdies mit den Umweltgefahren nicht besser fertig geworden als die westlichen Industrienationen. Als Hoffnung, vielleicht erwachsend aus einer Vielzahl sozialer Experimente, bleibt die Suche nach einem neuen Gleichgewicht zwischen individueller Freiheit und den Sachzwängen des Allgemeinwohls. Grundlage eines solchen Systems wäre die Einsicht eines jeden von uns, daß ein gewisses Maß an allgemein gewollter Beschränkung unserer individuellen Maximierungsversuche zu den Voraussetzungen einer lebenswerten Gesellschaft in unserer Zeit gehört – einer Gesellschaft, die technischen Fortschritt mit sozialem Fortschritt zu koppeln versteht.

Überlegungen zur Möglichkeit sozialrationaler Steuerung der Technik

Von *Hermann H. Hahn*

Vorschläge zu einer Lenkung und Kontrolle der Technik werden verschieden ausfallen, je nachdem ob sie aus dem Gesichtswinkel eines Technikers, eines Naturwissenschaftlers, eines Soziologen oder eines Humanwissenschaftlers kommen. Wie in den folgenden Ausführungen klar wird, ist der Autor ein Techniker und Naturwissenschaftler, und nicht ein Soziologe. –

Die Frage nach einer Kontrolle der Technik wird heute sehr oft gestellt. Dies geschieht vor allen Dingen im Hinblick auf Umweltveränderungen. Es wird nach einer Kontrolle der negativen Auswirkungen des technischen Fortschrittes verlangt. Als ein Beispiel für die Beschäftigung mit diesem Problem sei das an der Eidgenössischen Technischen Hochschule Zürich abgehaltene Symposium »Schutz unseres Lebensraumes« genannt. Ein Thema wie »Der Mensch als Nutznießer und Opfer der technischen Entwicklung« zeigt die Zielrichtung dieses Seminars und führt die Ubiquität der Frage nach einer Kontrolle der Technik vor Augen.

Der Begriff »Technik« selbst ist etwa so diffus wie alle jene Auswirkungen der Technik, die wir heute nur zum Teil überblicken. *Rachel Carson* gibt in ihrem Buch »Der stumme Frühling«[1] eine interessante Charakterisierung der Technik. ». . . Probleme tauchten erst auf«, sagt sie, »als die Landwirtschaft intensiver betrieben wurde und man unendlich große

---

1) *R. Carson*, Der stumme Frühling. München (1968) S. 22 f.

Ländereien dem Anbau einer einzelnen Feldfrucht widmete. Ein solches System bildete den richtigen Rahmen für eine ungestüme, geradezu explosionsartige Zunahme der Population bestimmter Insekten. Wird nur eine einzelne Getreidesorte angepflanzt, macht sich der Farmer nicht die Grundregeln zunutze, nach denen die Natur arbeitet; es ist eine Landwirtschaft, die sich ein Ingenieur ausgedacht haben könnte...«. –

Jeder beklagt oder verklagt heute die Technik. Dabei soll zunächst die Frage offen bleiben, inwieweit dies gerechtfertigt ist. Als eine weitere Illustration dieser allgemeinen Anklage der Technik sei der Prozeß aus dem zweiten Akt des Schauspiels »Die Irre von Chaillot« von *Jean Giraudoux*[2]) genannt. Die Ankläger sind die Irre von Chaillot selbst und ihre Freundinnen, die in ähnlicher Art wie die Heldin verträumt sind und alten Ideen und Idolen nachtrauern. Weiter klagt eine Gruppe der Pariser Bevölkerung an, die die sozial Minderbemittelten typenhaft vertritt: Kellner, Kloakenreiniger, Rentner, Straßensänger, Blumenmädchen usw. Die Angeklagten, vertreten und verteidigt durch den Lumpensammler, sind ebenso typisiert und bezeichnenderweise beim Prozeß abwesend. Es sind der Präsident, der Baron, der Makler, der Prospektor, der Syndikus usw. Die Anklage, die in diesem Prozeß vorgebracht wird, ist die Zerstörung von Paris durch die Angeklagten, die Zerstörung des guten alten Paris, um Erdöl zu suchen – die Zerstörung von etwas anscheinend harmonisch Bestehendem einer neuen Entwicklung der Technik wegen.

Aurélie, die Irre, stellt fest, »...daß die Menschen, die allenthalben so tun als bauten sie auf, sich insgeheim der Zerstörung widmen. Der allerneueste Bau ist nur der Manne-

---

2) *J. Giraudoux*, Die Irre von Chaillot, In: Meisterdramen, Frankfurt (1969).

quin einer Ruine. – Das Tun der Menschheit ist nichts als ein großangelegter Versuch, alles niederzureißen . . .«. Dazu kommt die Vorstellung, daß der technische Fortschritt ein autokatalytischer Vorgang ist, ein selbstpropagierender Prozeß, wie es in der Verteidigungsrede des Lumpensammlers zum Ausdruck kommt. (Man könnte im folgenden statt »Geld« den »technischen Fortschritt« einsetzen.) ». . . Geld ist Diebstahl, Schwindel, ich verabscheue es, ich arbeite nicht um diesen Lohn, aber es liebt mich. Man könnte glauben, ich besäße Eigenschaften, die es anziehen. Es liebt die Vornehmheit nicht, ich bin ordinär; es liebt die Intelligenz nicht, ich bin ein Dummkopf; es liebt die Leidenschaftlichen, die Liebenden nicht, ich bin Egoist. Daher hat es mich nicht losgelassen, bis ich 40 Milliarden beisammen hatte. Es wird mich nie mehr loslassen. Ich bin der ideale Reiche. Ich bin deswegen nicht stolzer, aber ich werde es. Die Armen sind an ihrer Armut schuld. Sollen sie ruhig auch die Folgen tragen. Die Reichen aber tragen keine Schuld an ihrem Reichtum! . . .« Dazu kommt eine neue Moral, das uneingeschränkte Fortschreiten der Technik. Hier im Prozeß erscheint dies dargestellt in der Moral der Angeklagten. (Auch hier läßt sich statt des Sinnbilds »Geld« der Begriff »technischer Fortschritt« einsetzen.)

». . . wohin das Geld führt? Was werfen sie ihm vor? Es führt zur Ehrenhaftigkeit. Alle, die ohne Geld Geschäfte gründen, sind nicht vertrauenswürdig. Wenn man unter einem nicht vertrauenswürdigen Unternehmer einen Mann versteht, der kein Geld hat, so bedeutet das, daß Geld eine Tugend ist und kein Laster. Wo Geld in einem Unternehmen steckt, verdienen die Arbeiter, ist das Material solide . . .«.

Dieses Vorurteil ist eine Sicht der Technik. Sie ist sicherlich sehr oft anzutreffen, vor allem in der Gruppe derjenigen, die der Technik ferner stehen wie die Irre von Chaillot. Darüber hinaus ist eine solche Anklage zum Teil berechtigt, vor allem, wo die Technik in ihrer heutigen umweltverändernden und umweltverwüstenden Form auftritt. Doch hilft Resignation nicht! Vor allem dürfen jene nicht kapitulieren, die in irgendeiner Weise mit dem technischen Prozeß und dem technischen Fortschritt in Verbindung stehen. Es gilt, Überlegungen zur Möglichkeit sozial-rationaler Steuerungen der Technik anzustellen. (Der Begriff »sozial« ist hier nicht in Anlehnung an »Sozialismus« oder ähnliches gebraucht, sondern zur Versinnbildlichung der Rolle jedes einzelnen in der Gesellschaft in der Steuerung der Technik.)

Die Technik, manifestiert in der Umweltordnung
(Versuch einer Definition)

Wenn man Überlegungen zur Kontrolle des technischen Fortschrittes anstellt, kann man nicht umhin, den Begriff der Technik in irgendeiner Weise zu definieren. Es soll jedoch im Folgenden nicht der Versuch einer exakten Definition gemacht werden. Vielmehr wird eine Arbeitshypothese zur Beschreibung des technischen Fortschrittes erstellt. Es ist eine indirekte Definition, auf Grund der Manifestation der Technik in unserem sogenannten Alltag.

Das folgende dreigliedrige Schema dient zur Umschreibung des Phänomens Technik. Auf der einen Seite findet sich die natürliche, vom Menschen unbeeinflußte Umwelt, die sogenannten Umweltrohstoffe oder Umweltressourcen. Auf der anderen Seite des Schemas die vom Menschen gewünschte, ertragbare oder erfahrene Umwelt: Geformte Umwelt, Umweltprodukt oder Umweltfunktion. Dazwischen steht der Umformungsprozeß, der aus dem Rohstoff das Produkt herstellt. Dieser Produktionsprozeß ist dem Begriff »Technik« im weitesten Sinn gleichgestellt.[3]

---

3) *H. Hahn*, Umwelt von Morgen. In: Umschau, 1970 Heft 16, S. 495–500.

Zu den Umweltrohstoffen gehören materielle Ressourcen, wie z. B. Luft, Wasser, Boden etc. und immaterielle Ressourcen wie z. B. Wissen, Religion, Tradition usw. Jede dieser Ressourcen kann qualitativ und quantitativ genauer beschrieben werden. In dieser, auf den Menschen bezogenen Betrachtungsweise sind die verschiedenen Funktionen eines Rohstoffes im menschlichen Leben maßgebend. So wird z. B. der Rohstoff Wasser verschieden zu erfassen sein, je nachdem, ob er dem Menschen zur Energiegewinnung dient oder als ein Medium der Erholung. Jeder dieser Rohstoffe kann mit Einschränkungen als eine unabhängige Einheit betrachtet werden. Die wichtigste Eigenschaft dieser Rohstoffe oder Inputparameter ist ihre vorgegebene Größe; ihre Gesamtmenge kann kaum vom momentan planenden Menschen verändert werden.

Zu den aus den Umweltressourcen produzierten Gütern, der von uns »erlebten Umwelt«, gehören materielle Güter, wie z. B. Nahrungsmittel und Behausung, und immaterielle Güter, z. B. Erziehung, Schutz und Erholung. Dabei muß berücksichtigt werden, daß diese Güter oder Outputparameter auch negative Effekte für den Menschen haben können. Solch negative Umwelteinflüsse ergeben sich direkt aus dem Kontakt des Menschen mit seiner Umwelt oder indirekt durch Eingriffe des Menschen in Umweltvorgänge. Die Größe oder Intensität der Outputparameter bestimmt sich teilweise nach den Gesetzen von Angebot und Nachfrage.

Der Produktionsprozeß, der aus Umweltrohstoffen die für den Menschen ertragbare Umwelt herstellt, ist Technik im weitesten Sinn: Sie manifestiert sich in der Produktion von Energie aus Wasser sowie auch in einem gewissen Erholungserlebnis aus dem Umweltrohstoff Wasser. Auf einer anderen Ebene produziert dieser technische Prozeß aus Wissen und Tradition die Erziehung, Schulung und die Berufsfertigkeiten, die für den Menschen zum Überleben wesentlich sind.

Dieses Denkmodell zur Definition der Technik ist ein vereinfachtes Schema und hat somit alle Vor- und Nachteile eines kategorisierenden Schemas. Eine solche Denkweise gibt jedoch Möglichkeiten an die Hand, den technischen Fortschritt mit den Mitteln des Technikers oder Naturwissenschaftlers selbst zu erfassen und zu beschreiben. Sie stellt damit einen ersten Schritt zur Kontrolle des technischen Fortschritts dar.

Der Prozeß der Transformation ist »Technik schlechthin«. Derjenige, der diesen Produktionsprozeß trägt, vorwärts treibt und zum Teil auch bestimmt, ist der Ingenieur. Er steht ebenfalls in einer Mittelstellung zwischen der uns unverständlichen »Welt der Schöpfung«, der Welt, die vom Naturwissenschaftler in Grenzen erforscht wird, und andererseits jener gewünschten Welt, dem von uns »selbstgeschneiderten Alltag«, dem, was wir Realität nennen, den Fragen, Bedürfnissen und Lebensnotwendigkeiten des Menschen. Hier wird also dieses dreiteilige Schema »vom Menschen unbeeinflußte Umwelt – Produktionsprozeß Technik – für den Menschen bewohnbare Umwelt« wiederholt. Der Ingenieur ist als Schlüsselfigur des Produktionsprozesses Technik dargestellt. Damit ist die Frage des Beherrschens der Technik durch den Menschen noch nicht beantwortet. An anderer Stelle ist über diese Mittlerfunktion des Ingenieurs und des Technikers zwischen Vorgegebenem und Erwünschtem ausführlicher berichtet worden. Der Ingenieur steht im Mittelpunkt eines **Spektrums, das von** dem Pol Objektivität und wissenschaftliche Wahrheit bis zu dem der Subjektivität und politischen Verwirklichung reicht.[4] Diese schematische Dar-

---

4) *H. Hahn,* Der Ingenieur von Morgen – Die neue gesellschaftliche Funktion des Ingenieurs. In: VDI-Zeitschrift 113 (1971) Nr. 4 S. 233–237.

stellung soll die Situation des Technikers erklären, seine Motivation und Funktion. Damit ist auch in einem gewissen Sinn sein besonderer Charakter erklärt.

Es ist das Ziel dieser Arbeitshypothese, die Technik als Produktionsstätte und Produktionsprozeß darzustellen, mit Hilfe derer der Ingenieur und Techniker aus der gegebenen »Schöpfungs«-Umwelt die für den Menschen ertragbare und bewohnbare Umwelt schafft.

Ein Modell des »Produktionsprozesses Technik« als Grundlage der Kontrolle

Wenn man diese Schematisierung »Technik als Produktionsvorgang« akzeptiert, ergibt sich als nächster Schritt in dem Bemühen, eine Steuerung der Technik zu erreichen, die funktionale Beschreibung des Produktionsprozesses. Wie beeinflußt der Einsatz dieser oder jener technischen Maßnahme unser Leben in jedem einzelnen Detail? Was sind z. B. direkte und indirekte Konsequenzen des Überschalltransportes? Der angestrebte Zweck ist eine schnellere Fortbewegung des Menschen. Dabei muß jedoch auch eine Reihe von Nachteilen wie Lärmbelästigung, Luftverunreinigung, Veränderung der stratosphärischen Schichten usw. mit in Kauf genommen werden.

Wie in einem Produktionsbetrieb fällt also auch hier nicht nur das gewünschte Produkt an, sondern auch eine ganze Reihe sogenannter Nebenprodukte (oder auch Nebeneffekte). Von besonderem Interesse ist dabei das Verhältnis von gewünschtem Produkt zu Nebenprodukten. In einem Fall mag dieses Verhältnis günstig sein oder zumindest günstig erscheinen; im anderen Falle stellt es sich von vornherein als ungünstig dar. Die Beispiele für derartig ungünstige Produktionsbedingungen, eine Großzahl unerwünschter Konsequenzen des technischen Fortschrittes, sind zahlreich. Zur Illustration soll die Energieproduktion herangezogen werden, die in Großkraftwerken, sei es ein Heizkraftwerk oder Kernkraftwerk, im besten Fall mit einem Wirkungsgrad von 30 bis 35 Prozent durchgeführt werden kann. Der Rest von 65 bis 70 Prozent fällt als sogenannte Abwärme an und führt neben all den anderen Folgen, die z. B. ein Kernkraftwerk mit sich bringt, zu thermischer Wasserverunreinigung oder thermischer Luftverunreinigung. Dieser geringe Wirkungsgrad bei der Energieumsetzung wird nochmals in der Bilanz des Energieverbrauchs des Menschen als eines ökologischen Subsystems oder Partners im ökologischen Geschehen demonstriert. Wenn man den Energiefluß des menschlichen Metabolismus mit ca. 10^{15} kcal/Jahr ansetzt, so findet man einen durchschnittlichen Energieverbrauch des Menschen, der zumindest zwanzigmal höher liegt.[5] In hochindustrialisierten Ländern ist dieses Verhältnis noch ungünstiger.

Es geht also darum, diese Prozesse so gut wie möglich zu überblicken. Die Konsequenzen einer technischen Maßnahme oder einer technischen Konvenienz müssen in ihrer Gesamtheit erfaßt werden. Die örtlichen und zeitlichen Veränderungen des menschlichen Lebens im Gefolge technischen Fortschrittes (wie dies im vorangehenden Vortrag für den sozialen Bereich dargestellt wurde) müssen festgestellt werden. – Dies ist umweltbezogene Forschung im weitesten Sinne oder vielleicht »Überlebensforschung«.[6]

Aus dieser Sicht könnte man drei grundlegend verschiedene Arten von Forschungstätigkeit unterscheiden. Zunächst die sogenannte Grundlagenforschung, die, wie man immer darzustellen versucht, völlig wertfrei ist. Sie ist angeblich jen-

5) *E. Tschumi*, In: Schutz unseres Lebensraumes. Symposium zum Jahrestag der ETH Zürich. Zürich (1970).
6) *G. Mislin*, In: Schutz unseres Lebensraumes. Symposium zum Jahrestag der ETH Zürich. Zürich (1970).

seits von Gut und Böse. Keine Folgen oder Anwendungen sind bekannt oder werden untersucht. Demgegenüber steht die angewandte und zweckgebundene Wissenschaft, die auch die Ingenieurwissenschaften mit einbezieht. Hier ist der Anwendungszweck explizit festgestellt und damit zumindest auch eine Konsequenz dieses wissenschaftlichen Fortschrittes bekannt. Dazwischen steht eine Art von Forschung, die die technischen Eingriffe und vor allem die Konsequenzen dieser Maßnahmen zum Objekt hat. Es ist dies vielleicht eine Forschung der Technik schlechthin, die sich wohl mit der Schaffung neuer wissenschaftlicher Erkenntnis und ihrer Anwendung beschäftigt, deren Hauptziel aber die Erkenntnis der Einwirkungen dieses Fortschritts auf das Leben und Überleben des Menschen ist. Dieser Art von Forschung fehlt zum einen das Prestige der Grundlagenforschung, zum andern der zumindest pekuniäre Erfolg der direkt angewandten Wissenschaft. Damit ist sie im Augenblick wenig verlockend. Im Züricher Symposium »Schutz unseres Lebensraumes« wurde von Professor *Schmid*, dem Präsidenten des schweizerischen Wissenschaftsrats, klar dargestellt, daß diese Art von vornehmlich interdisziplinärer Forschung, der Erforschung der Folgen der Technik, an die Universitäten gehört.

Auf diese Weise käme man der von *J. Fischer* in den Vereinigten Staaten propagierten Survival University nahe[7]), d. h. also einer auf Überlebensforschung konzentrierten Universität. Das Motto, das *Fischer* seinem Beitrag zur Überlebensuniversität im Environmental Handbook voranstellt, macht dies klar. Es ist »die allgemeine Depression, die uns übermannt, wenn wir beobachten, was in der Welt vor sich geht, und uns dabei vor Augen halten, wie wenig uns unsere Ausbildung in eine Lage versetzt hat, etwas gegen diese Ent-

7) *J. Fischer*, Survival University, In: Environmental Handbook Ballantine Book (1970), S. 134–147.

wicklungen zu unternehmen«. Wo findet sich z. B. heute eine Gruppe von Forschern, die bereit wäre und auch in der Lage ist, die Folgen der Automation in physischer, sozialer und psychologischer Hinsicht zu untersuchen?

Aufbauend auf den Ergebnissen solcher Untersuchungen, der Erforschung des »Produktionsprozesses Technik«, wird man nun versuchen, diesen Prozeß abzubilden. Es geht darum, ein Modell dieses Produktionsprozesses zu erstellen, um projektierte, technische Eingriffe oder Veränderungen in ihren Folgen studieren zu können. Wäre es möglich (um beim vorigen Beispiel zu bleiben), neben allen heute erfaßbaren Konsequenzen eine quantitative Vorhersage über die physische und psychische Veränderung der Gesundheit aller Angestellten eines Industriebetriebes zu machen, der durch Einführung der Automation umgestellt wurde? Was sind die sozialen Folgen im unmittelbaren Bereich dieses Industriebetriebes, und wie verändert sich die Infrastruktur in der weiteren Umgebung dieses Betriebes als Folge der Umordnung, des Berufswechsels und der Verringerung gewisser Beschäftigungsmöglichkeiten usw.?

Diese Modellierung oder quantitative Beschreibung der Einwirkungen der Technik kann mit verschiedenen Mitteln erreicht werden. Zunächst genügt eine einfache Bilanzierung, um einen Überblick über eine große Anzahl der Folgen des technischen Fortschrittes zu gewinnen. Dieses ist wohl die Motivation solcher Symposien, wie sie an der Züricher Eidgenössischen Technischen Hochschule abgehalten werden und wie sie zum Teil mitbestimmend waren für das Programm dieses Symposiums. Aufbauend auf dieser Bilanzierung kann man versuchen, ein statisches Modell, wie es für volkswirtschaftliche Fragen vorgeschlagen wurde, im Sinne des Input/Output-Modells von *Leontief*[8]) zu erstellen. Hierbei geht es

---

8) *W. Leontief*, Input Output Analysis, Kap. 13, In: Linear Programming and Economic Theory.

um eine Gegenüberstellung von statistischen Durchschnittswerten, Gesamtmengen oder anderen, nicht dynamischen Parametern auf der Rohstoffseite (Input) und der Produktseite (Output). Wie *Leontief* für die Volkswirtschaft gezeigt hat, ist eine solche Betrachtung, vor allem, wenn man die einzelnen Posten bewerten kann, eine Basis für die Steuerung des Produktionsprozesses. (Auf die Frage der Bewertung, hier im Leontiefschen Modell durch Nutzen und Kosten beschrieben, soll später nochmals kurz eingegangen werden.) Input-Output-Analysen ermöglichen zum erstenmal einen Überblick über die Vor- und Nachteile des technischen Fortschrittes und geben damit eine erste, wenn auch grob vereinfachte Grundlage für eine Steuerung des Produktionsprozesses.

Ergebnisse solcher Bilanzierungsversuche und statischen Analysen lassen sich in den folgenden vier Thesen zusammenfassen[9]):

These 1:

Der Zivilingenieur im klassischen Sinn hatte es sich zur Aufgabe gemacht, die Reichtümer der Natur für den Menschen nutzbar zu machen. Dabei konzentriert er seine Aufmerksamkeit ausschließlich auf die Beziehung des einen Projektes zum Menschen: Er gab sich mit punktförmiger Betrachtung zufrieden.

These 2:

Der Ingenieur von heute muß zeitliche und örtliche Konsequenzen seiner Maßnahmen mitbetrachten: Er muß eine systemgerechte Betrachtung anstreben.

---

9) *H. Hahn,* In: Schutz unseres Lebensraumes. Symposium zum Jahrestag der ETH Zürich. Zürich (1970).

Hieraus leiten sich die folgenden Sätze ab:

2a Es genügt nicht mehr, nur den einen Lebenskreislauf zu betrachten, an dem der Mensch direkt teilnimmt. Es müssen alle Lebenskreisläufe berücksichtigt werden, die auch indirekt für das menschliche Leben von Bedeutung sind.

2b Der technisch engagierte Mensch war bislang in erster Linie mit Produktion von Energie, Gebrauchsgütern, Nahrungsmitteln etc. beschäftigt. Heute muß der Produzierende auch Abbau, Ablagerung und Vernichtung des Produzierten im Anfangsstadium der Planung mitberücksichtigen.

2c Der Ingenieur muß die zukünftige Entwicklung richtig abschätzen: Einerseits Verringerungen in Qualität und Quantität der Umweltressourcen – andererseits Zunahme in Qualitäts- und Quantitätsansprüchen der Konsumenten.

These 3:

Der Ingenieur ist in Planung und Ausführung durch eine Reihe besonderer Zwangsbedingungen äußerst eingeschränkt. Diese Zwangsbedingungen ergeben sich hauptsächlich aus den folgenden Tatsachen:

3a Wissen und Verständnis unserer Umwelt sind sehr begrenzt.

3b Die zur Verfügung stehenden natürlichen Ressourcen sind stark begrenzt.

3c Das technische, wirtschaftliche und politische Potential zur Lösung der Umweltfrage ist im Verhältnis zur Aufgabe sehr gering.

These 4:

Aus den vorangehenden Thesen ergibt sich, daß der Ingenieur vornehmlich nach Optimierungskriterien arbeitet.

Diese Orientierung zur Optimierung beinhaltet vor allem die folgenden Momente:

4a Zusammenbringen von wissenschaftlichen Grundlagen aus verschiedenen Disziplinen.

4b Übertragung wissenschaftlicher Erkenntnisse in die Praxis und in eine Modellierung der Umwelt.

4c Bewertung verschiedener Lösungsmöglichkeiten und Auswahl der optimalen Lösung.

Die Wirklichkeit ist jedoch dynamisch. Die physikalische Erscheinungsform unserer Erde und damit die Lebensbedingungen auf diesem Planeten verändern sich immerfort. Jegliches Leben ändert seinen Rhythmus in direkter Antwort auf Veränderungen in der Umwelt. Dies ist ein fortschreitender Prozeß, einem dynamischen Konzept folgend. *Julian Huxley* faßt das Bild dieses sich dauernd verändernden Kosmos und der adaptiven Veränderungen aller Lebensgewohnheiten folgendermaßen zusammen: »Wirklichkeit – im Sinne jenes Kosmos, zu dem wir gehören, und in dem Grade, in dem wir ihn verstehen – Wirklichkeit ist dynamisch und diese Dynamik ist Evolution.«[10]) Mit einem statischen Modell ist demzufolge auch der Prozeß Technik nur unvollkommen erfaßt. Experimente mit einem solchen Modell werden nur grobe Vorhersagen der Auswirkungen des technischen Fortschrittes erlauben. Es gilt, dynamische Modelle der Input-Output-Beziehungen, dynamische Modelle des sogenannten »technischen Fortschrittes und seiner Folgen« zu erstellen.

Grundsätzlich ergeben sich zwei verschiedene Möglichkeiten für solche Analysen. Zunächst kann man versuchen, ein nichtspezifisches oder vielleicht auch kybernetisches Modell

---

10) *J. Huxley*, Knowledge, Morality and Destiny. Mentor Book, New York (1960).

zu formulieren auf Grund der Analyse von sogenannten Eingangs- und Ausgangssignalen. Der Komplex, der zwischen Eingangs- und Ausgangssignal liegt und diese miteinander in Beziehung setzt, wird dabei nicht näher beschrieben. Es handelt sich, vereinfacht gesagt, um eine Regression und nachfolgende Korrelation von Input- und Outputdaten zur Umschreibung des betrachteten Prozesses. (Diese Möglichkeit wird im Vortrag »Kybernetische Systemanalyse von Konsequenzen technischer Fortschritte« ausführlicher untersucht.) Als Beispiel für die Benutzung dieses Modells sei der projektierte Bau einer Flußkorrektur oder -begradigung genannt. Das nichtspezifische Modell gibt den Abfluß im Flußbett in Abhängigkeit vom Niederschlag und etwaigen Nebenbedingungen wieder, ohne jedoch die physikalischen Vorgänge im Flußbett und im weiteren Einzugsgebiet im einzelnen zu erforschen.

Eine andere Möglichkeit der Modellformulierung ist das auf wissenschaftlichem Verständnis aufbauende spezifische Modell. Dieses versucht im Gegensatz zum nichtspezifischen Modell, ins Innere des Produktionsprozesses, ins Innere der »black box« vorzudringen. Die Frage ist nicht so sehr, eine Korrelation zwischen Eingangs- und Ausgangssignalen zu finden, sondern vielmehr die im einzelnen von einem Eingangssignal hervorgerufenen Folgereaktionen im gesamten System zu untersuchen und damit sukzessive zum Ausgangssignal vorzudringen. Dies geschieht auf Grund der Kombination von Einzelreaktionen und Subsystemen. In unserem Beispiel der Flußbegradigung bedeutet dies, daß man zunächst die Veränderung der Fließgeschwindigkeiten im Flußbett, die Veränderung des Grundwasserstandes usw. erforscht. Im Falle eines Niederschlagereignisses versucht man dann im einzelnen festzustellen, wie das Regenwasser über die Landoberfläche, durch die grundwasserführende Schicht usw. zum Fluß gelangt und in diesem abfließt. (Im vorgenannten Beispiel handelt es sich um eine vereinfachte Darstellung eines technischen Eingriffes und der damit verbundenen Folgen.)

Sogenannte nichtspezifische Modelle dienen in vielen Fällen vornehmlich zur Datensimulation, zur Informationsordnung und zur Informationsgenerierung. Sie genügen damit der Informationssammlung und Informationsverdichtung, wie sie zu einer möglichen Steuerung des technischen Fortschrittes notwendig sind. Spezifische wissenschaftliche Grundlagenmodelle dienen vornehmlich zur Feststellung kausaler Mechanismen und grundlegender Zusammenhänge. Die Verifizierung klärender Theorien ist hierbei von größerer Bedeutung.

Wenn hier von Modellierung, d. h. genauer Vorhersage und damit Planung des technischen Fortschrittes und unserer Umwelt im weitesten Sinne die Rede ist, könnte der Eindruck erweckt werden, daß Kreativität und Spontaneität in der Geschichte verschwinden werden. *Georg Picht*[11]) stellt fest, »daß es das Grundgesetz der Technik ist, die in ihr implizierte Überlieferung zu reproduzieren«. Nach seiner Meinung würde in einer »total geplanten technischen Welt Geschichte nicht mehr geschehen können; sie würde umschlagen in permanente Reproduktion. Aber man braucht diesen Satz nur auszusprechen«, sagt er, »um alsbald zu bemerken, daß ein solcher Vorgang unvollziehbar ist. Er würde voraussetzen, daß die ganze Welt als ein geschlossenes, durchgängig kontrollierbares System organisiert wäre.«

Als Ingenieur oder Naturwissenschaftler stimmt man dieser Betrachtung der Planung oder Steuerung nicht unbedingt zu. Für den »Modellbauer« hängt es von den Eingangssignalen oder Regieanweisungen ab, ob man es mit reiner Reproduktion oder evtl. mit einer Evolution zu tun hat in einer

---

11) *G. Picht*, Die technische Kultur. In: *K. Tuchel*, Herausforderung der Technik. Bremen (1967), S. 159.

nach Möglichkeit geplanten und gesteuerten technischen Welt. Wenn man, um beim oben gewählten Beispiel zu bleiben, deterministische Eingangssignale für das Flußkorrektionsmodell wählt, so wird man, falls das Modell in sich kongruent ist, immer das gleiche Ausgangssignal produzieren. Wählt man jedoch sogenannte stochastische Eingangssignale, so werden auch die Ausgangssignale und damit die Planungsunterlagen einen stochastischen oder Zufallscharakter haben. Die Eintönigkeit direkter Reproduktionen ist damit unterbrochen. Ob Steuerung und Kontrolle der Technik zum Verlust von Spontaneität und zum Aufhalten der Evolution führen, hängt also zum großen Teil davon ab, wie realistisch und flexibel man die Modelle oder Abbildungen des ›Produktionsprozesses Technik‹ formuliert und programmiert. Fragen der Stabilität und des Gleichgewichts haben jedoch nichts mit unserer hier angeschnittenen Frage der sterilen Reproduktion zu tun. (Es ist für den planenden Ingenieur oder Wissenschaftler oft interessant, die Stabilität oder das Gleichgewicht des betrachteten Systems zu erforschen und zu fixieren. Dabei ist »Stabilität« ein heute viel verwendetes Schlagwort, das schwierig zu definieren ist. Man denkt häufig z. B. an die ökologische Stabilität eines natürlichen Gewässers gegenüber dem Einfluß menschlicher Verunreinigungen. Der Begriff »Gleichgewicht« ist klarer zu definieren und beschreibt die Ruhelage eines Systems oder die Richtung und Tendenz einer möglichen Systemveränderung.)

Wie im vorangegangenen Absatz bei der Erwähnung der Leontiefschen Input-Output-Analyse schon kurz angeklungen war, folgt auf die Phasen der Informationssammlung und der Formulierung von Modellen schließlich die Phase der Bewertung der verschiedenen Faktoren auf der Rohstoffsowie auf der Produktseite. Erst damit ist es möglich, den sogenannten technischen Fortschritt so zu steuern, daß nur wünschenswerte Entwicklungen zugelassen werden, d. h. Ent-

wicklungen, die in der Mehrzahl ihrer Konsequenzen positiv
zu bewerten sind, (wenn man es so global und qualitativ
ausdrücken darf). Zur Illustration sei hier die Nutzen-Ko-
sten-Analyse erwähnt, die im Bereich der Betriebswirtschaft
zur Steuerung und Kontrolle von Prozessen herangezogen
wird. Die Frage der Erstellung von Wertordnungen ist sicher
die entscheidende im Versuch der Steuerung des technischen
Fortschrittes. (Der Vortrag »Wissenschaftliche Erkenntnisse
und technische Fortschritte in metaökonomischen Wertordnungen« wird sich eingehender mit diesem Problemkreis beschäftigen.)

Zusammenfassend wäre also zu sagen, daß die Grundlage
für jeden Versuch der Steuerung der Technik ein Verständnis
des Produktionsprozesses Technik ist, wie er hier definiert
wurde. Die wichtigsten Schritte zur Erlangung dieses Verständnisses sind 1. Informationssammlung in einer Art von
Forschung des Überlebens, 2. Ordnung, Verdichtung und Ver-
knüpfung dieser Information in statischen oder dynamischen
Modellen und schließlich 3. Erstellung von Bewertungssche-
men für die verschiedensten Input- und Outputfaktoren.

Möglichkeiten zur Verwirklichung einer solchen Steuerung

Wenn man nach Möglichkeiten und Beispielen der Verwirklichung solcher Steuerung der Technik sucht, so findet
man fast allenthalben ein Gefühl des Fatalismus. Nach *Tillich* läßt sich der Durchschnittsbürger, »selbst wenn er eine
hohe Stellung in seinem Beruf einnimmt, allzuleicht dazu
verleiten, Entscheidungen, die das Leben seiner Gesellschaft
angehen, als eine Frage des Schicksals, über das er keine
Macht hat, zu betrachten«.[12])

---

12) *P. Tillich*, The Future of Religions, Cambridge, Mass. 1966.

Die schon vorhin einmal erwähnten Forscher in den Grundlagenwissenschaften stehen a priori »jenseits von Gut und Böse«. Sie suchen nach Erkenntnis um dieser selbst willen. Ist es ihre Aufgabe, die Menschheit vor den Implikationen des Neugefundenen, den neuen Möglichkeiten für die Technik zu warnen? Haben Wissenschaftler dazu eine Pflicht, ja überhaupt ein Recht oder eine Möglichkeit! Am 4. März 1969 streikten zum erstenmal Wissenschaftler und Forscher an vielen amerikanischen Universitäten und Forschungslaboratorien, um vor allem gegen die Anwendung ihrer Forschungsergebnisse für Zwecke des amerikanischen Verteidigungsministeriums zu demonstrieren. Wird *Dürrenmatts* »Streik der Physiker« zur Realität werden? Wird eine solche Entwicklung Einfluß auf die Steuerung des technischen Fortschrittes haben?

Betrachtet man die Möglichkeiten zur Verwirklichung der Planung, so erscheint es sinnvoll, zwischen Einzelaktionen und Kollektivaktionen zu unterscheiden, zwischen den Möglichkeiten des Individuums und dem Einflußbereich staatlicher oder überstaatlicher Lenkung. Beobachtet man die Reaktionen der Mehrzahl unserer Zeitgenossen auf die Frage der Umweltverschmutzung und zur Aufgabe der Umwelterhaltung, kommt man nicht umhin, eine gewisse Parallele zur Furcht vor der Atombombe in der Nachkriegszeit zu finden. Wie viele Menschen sprachen damals von den Folgen der radioaktiven Verseuchung, von dem nahenden Moment der Unbewohnbarkeit dieses Planeten? U. a. wurden Kommissionen gegründet, Untersuchungen eingeleitet und Toleranzwerte sowie Maximalemissionen festgelegt. Dann verschwand das Thema von den ersten Seiten der Tagespresse. Nun beschäftigt sich der Durchschnittsbürger mit den Fragen des Verlustes seiner bewohnbaren Welt nicht nur auf Grund radioaktiver Strahlung, sondern als Folge nahezu aller technischen Eingriffe des Menschen. Die Gefolgschaft des technischen

Fortschrittes scheint die Lebensbedingungen auf der Erde nicht zu verbessern, sondern eher zu verschlechtern.

Es ist also im Augenblick auf der Ebene des Individuums eine große Bereitschaft vorhanden, eine Kontrolle des technischen Fortschrittes zu unterstützen. Auf Grund dieser Bereitschaft gesteht man unter Umständen selbst eine gewisse Beeinträchtigung des Lebensstandards des einzelnen zu. Man kann diese Angst vor der Umweltverschmutzung als eine gewisse Mode abstempeln; dennoch sollte, um mit dem Ökologen *Margalef*[13]) zu sprechen, »jede Mode, die durch die wissenschaftliche Welt geht, zumindest etwas von Wert hinterlassen.«

Ein erster Schritt in diese Richtung ist eine Unterrichtung und Information des Individuums. Es gilt, die Begrenztheit der Ressourcen, die Grenzen unserer technischen Möglichkeiten nicht von der Technik her, sondern vom Bereich ihrer Anwendung und Manifestation her darzustellen. Weiterhin ist der Gedanke der Irreversibilität gewisser Veränderungen, die Einmaligkeit gewisser technisch möglicher Eingriffe klar hervorzuheben. Viele der Maßnahmen des technischen Fortschrittes haben unwiderruflich Tatsachen geschaffen, ob wir sie wollen oder nicht. Ein Zurück gibt es in diesen Fällen nicht. Der Einzelne, sowie das Kollektiv haben das »Machet Euch die Erde untertan . . .« jederzeit befolgt und allzu ernst genommen. Wie es in der Zusammenfassung der zweiten These anklang, gilt es heute, das »Produzieren um der Produktion willen« (wenn man das völlig unreflektierte Befolgen des »Machet . . .« einmal so nennen darf) einzuschränken.

Produktion sollte nur noch möglich sein, wo Abbau oder Inaktivierung des Geschaffenen ebenso bedacht wird. Eine bedingte Zustimmung zum technischen Fortschritt sollte nur

---

13) *R. Margalef*, Perspectives in Ecological Theory. Chicago (1969).

da gegeben werden, wo ein Verständnis der Folgen der Technik gegeben ist.

Das »Machet Euch die Erde untertan . . .« muß neu gesehen und interpretiert werden. Wie kann es wohl in Einklang mit der Idee des »zero-growth« gebracht werden? Hier liegen vor allen Dingen die Möglichkeiten einer Steuerung durch das Kollektiv. Nur der Staat oder eine überstaatliche Organisation hat die Möglichkeiten, durch langfristige Planung und legislative Maßnahmen Produktion und Reduktion des Produzierten sinnvoll miteinander zu verknüpfen und Expansion durch Stillstand und Konsolidierung des Gewonnenen abzulösen. Anders ausgedrückt, wäre ein erster Schritt in der Steuerung des technischen Fortschrittes ein Ablösen der uneingeschränkten Kreativität und Produktivität durch Kontemplation des Gegebenen und zu Schaffenden. Noch ist jedoch Kontemplation ein selten gebrauchtes Wort und ein wenig bekannter Begriff im Bereich der westlichen Kulturen.

Ein Ablösen von Produktion durch »zero-growth«, von uneingeschränktem produktivem Verhalten durch kontemplatives Verhalten, setzt Maßnahmen voraus, die von langer Hand vorbereitet werden müssen. Dies erfordert ein Umdenken, das nicht von heute auf morgen verwirklicht werden kann. Aus diesem Grunde erscheint es bei der Diskussion von Möglichkeiten zur Steuerung des technischen Fortschrittes sinnvoll, zwischen kurzfristigen Zielen und Grundsätzen langfristiger Planung zu unterscheiden. Ohne hier auf Fragen einzugehen, die den Überlegungen zu wirtschaftlichen Problemen der Planung technischer Fortschritte – etwa der Raumfahrt-Transportsysteme für die achtziger Jahre – zugrunde liegen, wird für die kurzfristige Planung vor allem der Grundsatz des Optimierens wesentlich sein. Es geht um den bestmöglichen Einsatz allen verfügbaren Potentials in einem Bereich der Möglichkeiten, der durch die heute ge-

gebene Situation abgesteckt ist. Die Grundsätze langfristiger Planung werden aber (im Gegensatz zu optimierender Steuerung) nach Meinung vieler betroffener Naturwissenschaftler mehr auf einer begrenzenden Steuerung basieren. Optimale Ausnutzung des Gegebenen ist eine Handlungsmaxime, die, auf lange Sicht gesehen, allzu leicht zu einem Aus-der-Hand-gleiten-des-technischen-Fortschrittes führen kann. Es könnten sich Veränderungen der Lebensbedingungen ergeben, die wohl aus größerem Abstand und aus dem Blickwinkel einer Größtzahl von Nutzern gesehen optimal sind, die aber menschliches Leben im Sinne einer beherrschenden Partnerschaft (die Betonung liegt auf Partnerschaft) in dieser Schöpfung unmöglich machen.

Vielleicht gelingt es, einige der in den vorangehenden Paragraphen dargestellten Ideen anhand eines Beispieles aus dem Bereich der Wassernutzung zu konkretisieren. Der Mensch hat sich des Wassers in allen möglichen Formen und zu vielen Zwecken bedient: Als Nahrungsmittel, zum Transport von Gebrauchsgütern und Abfall, zur Erzeugung von Energie und zur Erholung und Freizeitgestaltung. Die Technik dieser Wassernutzung hat er frei und nur auf seinen Nutzen bedacht, entwickelt, angewandt und ausgedehnt. Das Ergebnis ist eine beängstigende Verringerung der Qualität und sogar Quantität des uns zur Verfügung stehenden Wassers. Die Frage nach einer Steuerung der Wassernutzung oder besser der technischen Verwendung des Rohstoffes Wasser wird laut.

Hier beginnt nun der Prozeß des Erforschens der Folgen aller Eingriffe in den gesamten Umweltfaktor Wasser: »Wasser als geochemischer Umweltfaktor«, »Wasser als Bindeglied der lebenden Natur«, usw. lauten Fragestellungen und Untersuchungen, die alle ein besseres Verständnis der Folgen der menschlichen Eingriffe im Bereich natürlicher Gewässer zum Ziel haben.

Was an Information in den einzelnen Wissensgebieten (z. B. der Physik, der Chemie, Geologie, Biologie usw.) vorhanden ist, wird in Form von Übersichten, Bilanzen und Modellen komprimiert. Es existiert ein erster Versuch eines viel kritisierten, oft modifizierten und doch nützlichen Wassergütemodells.[14]) Dieses Modell beschreibt den Einfluß menschlicher Abfälle auf die Güte natürlicher Gewässer. Mit einem solchen Modell wäre es mit Einschränkungen möglich, festzustellen, wie der Bau einer weiteren Kläranlage an einem bestimmten Ort eines Flusses die Wassergüte des ganzen Flusses beeinflußt.

Darüber hinaus bemüht man sich, Anhaltspunkte zur Bewertung der einzelnen Konsequenzen des technischen Eingriffes zu finden. So benutzt man den Preis einer Kilowattstunde beispielsweise zur Bewertung des Wassers, wenn es zur Energieerzeugung herangezogen wird, oder den Preis von Grundstücken an einem zur Erholung und zum Wassersport deklarierten Reservoir sowie den Umsatz an Sport- und Fischereigeräten etc. in Verbindung mit einer solchen Erholungsmöglichkeit als Anhaltspunkt zur Bewertung des Wassers, wenn es der Freizeitgestaltung dient. – Durch eine Gesamtbetrachtung aller Konsequenzen eines solchen technischen Eingriffes und der damit verbundenen Werteverschiebungen ist es also mit Einschränkungen möglich, eine positive Entwicklung zu erkennen und zu unterstützen oder vorwiegend negative und nachteilige Eingriffe zu verhindern.

Zusammenfassend kann gesagt werden, daß sich Möglichkeiten sozial-rationaler Steuerung der Technik da abzeichnen, wo der Produktionsprozeß Technik in allen seinen Konsequenzen erfaßbar und beschreibbar ist und quantitative Wertordnungen zum Vergleich und zur Abgrenzung ver-

---

14) Streeter-Phelps-Modell; vgl. *G. M. Fair* u. a., Water Supply and Waste Water Engineering. New York (1966).

schiedener Folgen des technischen Fortschrittes vorhanden sind. Informationssammlung, Modellformulierung und Erstellung von Wertschemen zur Beschreibung des Produktionsprozesses Technik sind die wichtigsten Schritte in diesen Überlegungen. Dabei sind die Endlichkeit der Ressourcen, die Irreversibilität vieler Prozesse und vor allem die dynamische Natur des evolutionären Prozesses die wichtigsten Fixpunkte für denjenigen, der sich Gedanken über die Kontrolle des technischen Fortschrittes macht.

Die Problematik des technischen Fortschritts im Lichte der Geschichte

Von *Ossip K. Flechtheim*

Über die Problematik des technischen Fortschritts im Lichte der Geschichte werde ich hier so sprechen, daß ich im Gegensatz zu manchem Historiker – ich bin ja selbst kein Historiker – nicht mit dem gestrigen Tage abbrechen, vielmehr versuchen werde, einige Leitlinien und Probleme in die Zukunft hinein zu verlängern. Ich glaube, daß das auch insofern angebracht ist, als einige der Dinge, die ich sagen werde, sonst vielleicht von meinem sehr verehrten Kollegen und Freund *Behrendt* gesagt worden wären, der ja leider nicht kommen konnte.[1]) Ich werde auch einiges sagen, das den einen oder anderen von Ihnen schockieren wird – der eine oder andere wird vielleicht sagen, das klingt ja außerordentlich politisch. »Politisch Lied ein garstig Lied« wird dabei dem einen oder anderen durch den Kopf gehen, wobei ja die Philologen durchaus nicht einig darüber sind, ob sich *Goethe* diesen Ausspruch zu eigen machen wollte, da er ihn in den Mund eines betrunkenen Studenten gelegt hat. Ich glaube aber, daß es der Sinn einer solchen Tagung ist, Probleme und Meinungsverschiedenheiten deutlich auszuformulieren und auch unter Umständen zu Gegensätzen zuzuspitzen, die sicherlich in ziviler oder zivilisierter Art und Weise ausgetragen werden müssen, die aber überhaupt nur ausgetragen

---

1) Statt des plötzlich verhinderten *R. F. Behrendt* hat *H. H. Hahn* über »Überlegungen zur Möglichkeit sozialrationaler Steuerung der Technik« gesprochen. Anm. d. Hrsg.

werden können, wenn sie zunächst einmal sehr deutlich und scharf formuliert werden.

Wenn wir nun unter dem Gesichtspunkt gerade auch der technischen Entwicklung in die Geschichte zurückblicken, so nimmt diese sofort ganz neue Dimensionen an. Sie erscheint dann nicht mehr als das Neben- und Aufeinander von Herrscherhäusern und Kriegen, von politischen und diplomatischen Intrigen – sie erscheint eher als ein großräumiger und langfristiger Prozeß sozio-kulturellen Wandels. Neben der ewigen Wiederkehr des Gleichen durch die Jahre, Jahrzehnte oder Jahrhunderte hindurch gewinnt der sich beschleunigende Ablauf der Millennien an Gewicht. Wenn wir heute das Jahr 2000 oder vielleicht sogar hier und da das Jahr 3000 futurologisch antizipieren, so können wir zugleich den Blick zurückwenden auf das Jahr 1000, auf das Jahr 0, auf das Jahr 1000, 2000 usw. vor Christus. Damit bietet sich die Geschichte ganz anders als bisher auch als Aufeinanderfolge großer Geschichtsstadien, großer gesellschaftlicher Formationen, auch unter Einschluß der sogenannten Vorgeschichte, dar. Gerade Sie als Techniker und Technologen werden ja wissen, wie ungeheuer wichtig die Einbeziehung der technischen und kulturellen Entwicklung der sogenannten ungeschriebenen Geschichte, der *Vor*geschichte ist, über die die traditionalen Historiographen meist gar nichts oder sehr wenig zu sagen haben. Man kann nun von einer Abfolge konstitutiver Gesellschafts- und Kulturprinzipien sprechen, die man natürlich wieder verschiedenartig deuten kann und gedeutet hat als linear oder zyklisch, monistisch oder pluralistisch oder vielleicht auch als ein vielfältig komplexes Ineinander verschiedenartiger Prinzipien. Sie wissen wahrscheinlich, daß *Marx* einmal sehr linear unterschieden hat zwischen asiatischen, antiken, feudalen und modern-bürgerlichen Produktionsweisen als progressiven Epochen der ökonomischen Gesellschaftsformation, wobei natürlich die ökonomische und technische Entwicklung für diese Betrachtungsweise ganz zentral ist. An einer anderen weniger bekannten, erst vor wenigen Jahren entdeckten Stelle hat er diesen Gedankengang etwas modifiziert: er sprach damals von der klassischen alten Geschichte als »Stadtgeschichte, aber von Städten gegründet auf Eigentum und Agrikultur; die asiatische Geschichte ist eine Art indifferente Einheit von Stadt und Land (die eigentlich großen Städte sind bloß als fürstliche Lager hier zu betrachten, als Superfötation über die eigentlich ökonomische Konstruktion); das Mittelalter ›(das ja gestern hier bereits angesprochen wurde)‹ (germanische Zeit) geht vom Land als Sitz der Geschichte aus, deren Fortentwicklung dann im Gegensatz von Stadt und Land vor sich geht; die moderne Geschichte ist Verstädtischung des Landes, nicht wie bei den Antiken Verländlichung der Stadt.«[2]) Hier klingt also der Gedanke der Urbanisierung, der neuen künstlichen Natur, auf die gestern hingewiesen wurde, bereits durchaus an.

Ganz anders als *Marx* hat *Spengler* den Gang der Geschichte gedeutet. Sie erschöpft sich für ihn in der ewigen Wiederkehr voneinander unabhängiger, aber einander in der organischen Aufeinanderfolge ihrer Phasen ähnelnder, ja zum Verwechseln ähnlicher, Kulturen. Deren hat es nach *Spengler* bisher acht gegeben: wir mögen, das schrieb er nach dem ersten Weltkrieg, das Aufblühen einer neunten russischen Kultur erleben.

Komplexer als *Spengler* sehen *A. Toynbee,* dessen Begriff der Challenge oder Herausforderung hier gestern erwähnt wurde, aber auch der deutsche Soziologe *A. Weber* und der amerikanische Soziologe *MacIver* nicht nur wie *Spengler* das

---

2) *K. Marx*, Grundrisse der politischen Ökonomie. Berlin-Ost 1953, S. 382; vgl. hierzu jetzt auch: *O. K. Flechtheim*, Futurologie – Der Kampf um die Zukunft. Köln 1970, S. 75 ff.

Nacheinander dieser Hochkulturen, sondern auch deren Verknüpfungen und Zusammenhänge, wobei *Toynbee* den Fortschritt im Weiterwirken der Universalreligion, d. h. vor allem
des Christentums, *A. Weber* und *MacIver* aber in der Entfaltung der wissenschaftlich-technisch-organisatorischen Zivilisation erblickten, wobei zum mindesten bei *Alfred Weber*
und *MacIver* (wie auch bei mir!) der Ausdruck Zivilisation
gar nichts Negatives hat; wenn ich ihm den Ausdruck Kultur
entgegenstelle, so soll das einfach eine andere Seite des *einen*
menschlichen Prozesses umschreiben.

Führt man diese Gedankengänge weiter, so könnte man die
Menschheitsgeschichte von gestern und morgen vielleicht auch
als Mit- und Nacheinander anderer grundlegender Gesell-
schafts- und Kulturprinzipien sehen. Etwa einem ersten
statischen Stadium, das im Zeichen der Hegemonie des
Bodens und des Blutes, das heißt der Herrschaft der Magier
und der Priester, der Patriarchen und des Adels gestanden
hätte, wäre ein zweites gefolgt, für das die Präponderanz
des Geldes und des Kapitals typisch war, während das dritte
als das der Suprematie der Amtsherrschaft, der Bürokratie
wie der sogenannten Technokratie erscheinen könnte. Diese
beiden Stadien sind außerordentlich dynamische Phasen der
menschlichen Geschichte gewesen, wir befinden uns ja noch
inmitten von ihnen. Wir können aber durchaus, wie das
gestern angeklungen ist, darüber spekulieren, ob diesen
dynamischen Phasen, die vielleicht nicht ewig weitergehen
werden, wiederum eher ein statisches Stadium folgen wird,
das etwa im Zeichen von Planetisierung und Demokratisierung, Funktionalität und Lustprinzip stehen könnte. Das
erste – statische – Stadium ist, das möchte ich immer wieder
betonen, durch den außerordentlich geringen Fortschritt der
Technik und Produktion bei mehr oder weniger stetiger
Akkumulation der sogenannten expressiven Kultur, also
etwa der Religion, der Philosophie, der Kunst gekennzeich-

net. Das zweite dynamische Stadium wäre durch ein relatives Gleichgewicht der utilitaristischen technisch-wissenschaftlichen Zivilisation und der expressiven Kultur gekennzeichnet, das dritte, in dem wir uns befinden, durch das stets raschere Vordringen von Wissenschaft und Technik, Produktion und Organisation, so daß man heute vielfach in West und Ost von der wissenschaftlich-technischen Revolution spricht, während das vierte Stadium, das ich vorhin als in der Zukunft liegend, d. h. als möglich erwähnte, vielleicht wieder neue ungeahnte Formen mehr expressiver Kultur zeitigen wird. Im späteren Verlauf der dynamischen Phase erfaßt die sprunghafte Revolutionierung der technisch-rationalen Zivilisation erstmalig breite Massen, kommt diesen auch zumindest teilweise zugute, womit eine ganz andere Basis für eine neue planetarische Spiel- und Freizeit- und Muße-Gesellschaft der Zukunft entstehen mag (ich betone das Wort *mag*).

Daß sich die dynamische Gesellschaft des 19. Jahrhunderts von den früheren statischen Gesellschaftsformationen auch qualitativ unterscheidet, dessen waren sich *Marx* und *Engels* selber durchaus bewußt – im Gegensatz zu einigen Spätmarxisten von heute, die das mehr oder weniger vergessen haben. *Marx* und *Engels* konstatierten ja schon 1847, im berühmten »Kommunistischen Manifest«, daß die Bourgeoisie »in ihrer kaum hundertjährigen Klassenherrschaft massenhaftere und kollossalere Produktionskräfte« geschaffen habe »als alle vergangenen Generationen zusammen«. Sicherlich glaubten *Marx* und *Engels,* dennoch werde der epochale Einschnitt in der Menschengeschichte nicht zwischen der frühen statischen und der bürgerlich dynamischen Kultur liegen, sondern in der Zukunft zwischen dem dynamischen Kapitalismus und einem noch dynamischeren Sozialismus. Heute erscheint es zweifelhaft, ob der Gegensatz zwischen Spätkapitalismus und Frühkommunismus, so wenig er einfach übersehen werden sollte, wirklich so tief reicht, wie *Marx* und *Engels* das antizipiert haben. Wie groß der Unterschied von statischer und dynamischer Gesellschaft und Kultur ist (Kultur jetzt im weiteren Sinne des Wortes gebraucht einschließlich Zivilisation), soll ein Zitat von *R. F. Behrendt* verdeutlichen: »Das Syndrom menschlicher Primitivzustände« sei erstaunlich haltbar gewesen. »Es hat in vielen Hinsichten das sozialpsychologische und ideologische Gerüst abgegeben, mit dem menschliche Gesellschaftsordnungen bis vor kurzem zu leben versucht haben. Zumindest gilt das für die ersten zwei Kulturphasen der Menschheit, als die ich mit dem amerikanischen Kulturanthropologen *Ralph Linton* die primitive Kulturphase der Sammler- und Jägerwirtschaft und die der Landwirtschaft, Viehzucht und Manufaktur betrachtete. Die letztere hat etwa zehntausend Jahre gedauert und ist erst seit Beginn der sogenannten industriellen Revolution vor rund 200 Jahren zu Ende gekommen. Bis dahin haben wir es mit grundsätzlich statischen Kulturen und Gesellschaftsordnungen zu tun gehabt. Es ist die Zeit ohne systematische Naturwissenschaften, ohne entschiedenes Wachstum der Technik und der Wirtschaft, ja sogar ohne wesentlichen Wandel in ihren Methoden, ohne dauernde Bevölkerungsvermehrung, eine Zeit, in der die große Mehrheit aller Menschen im Urelend, also immer am Rande des Lebensminimums, vegetiert, in der Massensterben durch Hunger und Epidemien als normal betrachtet werden. Ich weiß, daß es für uns, deren historisches Bewußtsein von einer Geschichtsschreibung und Lehre geformt worden ist, die im allgemeinen an der Oberfläche des politischen und militärischen Geschehens schwimmt, schwer fällt, diese soziologisch bedeutsame Kontinuität und Entwicklungslosigkeit insbesondere der letzten zehn Jahrtausende seit der Herausbildung von Landwirtschaft, Viehzucht und Apparaten anzuerkennen, diese Statik, die unbeschadet allen Wechsels von Namen und Gesichtern von Herrschern, aller Wanderungen und Erobe-

rungen und Naturkatastrophen auf dem Welttheater vor-
herrschte.«[3])

War in der Tat die Geschichte in dem langen Zeitraum
von der Vollendung der ersten Stadtkulturen bis zum Beginn
der Neuzeit oder sogar bis zur industriellen Revolution des
18. Jahrhunderts stark durch eine weitgehend gleichbleibende
oder sich nur ganz langsam entfaltende Technik und Produk-
tionskraft charakterisiert, so war diese statische Epoche
freilich nicht einfach steril. So arm sie an positivem technischem Fortschritt war, so reich war sie an Erfindungen zur
Tötung und Unterdrückung des Menschen. Es wurde gestern
hier auf die Erfindung des Sattels, des Steigbügels usw. hingewiesen, die nicht so sehr der Produktion als der Kriegsführung zugute kam. Ich bin immer entsetzt und erschüttert,
wenn ich Bilder aus dem Mittelalter, aber auch noch der
beginnenden Neuzeit sehe oder von der ungeheuren technischen Vervollkommnung der Apparaturen der Folter und
Tortur lese und das mit der Rückständigkeit der Medizin
vergleiche; welch schauriger Anblick, daß die Ärzte, die das
Leben nicht erhalten konnten, selber so oft die Anwendung
dieser Torturen überwacht und mitgelenkt haben! Das ist die
eine negative Seite, die gerade diejenigen von uns, die der
modernen Technik kritisch gegenüberstehen, nicht vergessen
dürfen.

Andererseits waren jene Zeitläufte natürlich auch reich,
ungeheuer reich an bedeutsamen religiösen, philosophischen,
künstlerischen Leistungen. Diese Leistungen kamen aber,
und das vergessen wir auch sehr häufig, wenn wir romantisch
verklärt von der schönen Vergangenheit sprechen, nur einer
winzigen Minderheit zugute. Sie wurden, abgesehen von

3) R. F. Behrendt, Tugenden von gestern und für morgen. In:
Futurum 1 (1968) S. 34 f.

gewissen, meistens sehr primitiven religiösen Tröstungen, überhaupt nur von einer ganz geringen Kulturschicht zur Kenntnis genommen.

Das alles hat sich gewandelt. Seit der industriellen Revolution läuft der technische Zivilisationsprozeß immer rascher ab. Man kann also jetzt von einer wirklich neuartigen dynamischen Gesellschaft sprechen, die nun in der wissenschaftlich-technischen Revolution unserer Tage, in Atomphysik, Elektronik, Automation usw., zunächst einmal ihren Gipfelpunkt erreicht. Nun schien dieser technische Fortschritt bis in unser Jahrhundert hinein zunächst fast ganz unproblematisch zu sein. Mit Ausnahme einiger weniger Außenseiter, Romantiker, Künstler hat eigentlich kaum jemand an dem Wert, an der Bedeutung, an der positiven Funktion dieses technischen Fortschritts gezweifelt. Erst seit dem ersten Weltkrieg setzt eine Neubesinnung ein. Die Technik, die bis dahin als selbstverständliche Förderin der Lebensmöglichkeiten auch der breiten Massen von den verschiedensten politischen Strömungen positiv bewertet wurde, diese Technik selber wird nun ihrerseits in Frage gestellt. Die einen sehen in ihr eine sich selber immer stärker vorantreibende, der sozialen Kontrolle entgleitende dämonische Macht; anderen erscheint sie als ein nur allzu gefügiges Werkzeug in den Händen kleiner Machtgruppen, die mittels ihrer eigene kurzfristige partikulare Interessen, Gewinn-, Herrschafts- oder Prestigebedürfnisse, durchsetzen wollen ohne Rücksicht auf die Interessen der großen Mehrheit der Bevölkerung oder die Erfordernisse einer Welt im Wandel. Diese Art von Kritik an der Technik findet sich bei uns sehr stark im Zusammenhang mit der Kritik am Spätkapitalismus; sie findet sich aber auch zumindest im Ansatz in den kommunistischen Ländern im Zusammenhang mit einer Kritik des sogenannten Etatismus, der Bürokratisierung und der Entwicklung technokratischer Tendenzen.

Nun können wir uns in der Tat fragen, welche Rolle die Technik bei der Entstehung und Lösung der großen Herausforderungen unserer Zeit gespielt hat und spielen wird. Ich frage mich, ob es fruchtbar oder auch nur möglich ist, bei der Analyse der Herausforderungen selber das Gewicht der Technik, das ihnen bei jenen zukommt, genau abschätzen zu wollen. Dem Laien, und als solcher muß ich mich bekennen, fällt natürlich auf, daß sicherlich, wenn wir die Dinge rein quantitativ betrachten, die Technik bisher viel mehr für den Krieg getan hat als für den Frieden, daß die Waffen, das Rüstungsmaterial, die Rüstungstechnik, wie sie sich heute in riesigen Heeren, Luftflotten usw. unheimlich manifestiert, natürlich nicht zu vergleichen ist mit jenen kleinen technischen Einrichtungen, über die etwa die Beauftragten für Abrüstung oder ähnliche Stellen verfügen. Man könnte schon darüber spekulieren, ob nicht die Technik rein materiell und quantitativ bisher mehr zur Zerstörung und Verarmung der Umwelt beigetragen hat als zu ihrer Sanierung – aber das scheint mir im Augenblick nicht so entscheidend. Unbedingt sollten wir aber zunächst einmal kurz herausarbeiten, welches die vor uns stehenden entscheidenden Herausforderungen sind, und wie die Technik und vor allem die Techniker dazu beitragen können, daß diesen »challenges« (im Sinne von *Toynbee*) begegnet werden kann.

Die Hauptgefahren, die uns bedrohen, lassen sich stichwortartig wie folgt andeuten: Physische Ausrottung der Menschheit oder eines großen Teils von ihr zusammen mit der Zerstörung des menschlichen Habitats als Folge totaler globaler Kriege; Verelendung eines erheblichen Teils der sogenannten Zweidrittelwelt als Folge der Bevölkerungsexplosion und des Versagens der Entwicklungspolitik; Repression des Menschen überall in der Welt im Zusammenhang mit der Zunahme neuer Mittel der Manipulation, von Tendenzen der Oligarchisierung und ähnlichem; Zerstörung der wesentlichen Lebensgrundlagen in der natürlichen Umwelt des Menschen in Nord und Süd, Ost und West. Die optimalen Lösungen, die dagegenzustellen und anzustreben wären, könnten mit den folgenden Schlagworten umrissen werden: Institutionalisierung des Weltfriedens; »Umrüstung«, also Verlagerung der Ressourcen von der Organisierung der Zerstörung zur Realisierung des Aufbaus und der Sanierung; Planung der Weltbevölkerung sowie Sicherung eines ausreichenden Lebensstandards und Entwicklungsniveaus für jeden Menschen, vor allem auch in der Dritten Welt; Humanisierung des Staates und Demokratisierung der Gesellschaft, Schutz der Natur vor dem Raubbau des Menschen; und schließlich – das ist vielleicht das Allerschwierigste – Fortbildung des Menschen zu einem neuen kreativen Geschöpf und Schöpfer, zu dem, was ich – und ganz unabhängig von mir auch der jugoslawische Philosoph *Stojanović*[4]) – einen neuen homo humanus genannt habe. Das Versagen des Menschen bei der Lösung dieser Aufgaben hätte unterschiedliche Folgen. Das Mißlingen bei der Aufrechterhaltung des Friedens oder mindestens eines Minimums an Frieden dürfte das Ende der Menschheit, zumindest aber das Ende einer komplexen Gesellschaft und Kultur auf Jahrhunderte hinaus bedeuten. Von der Art und Weise, wie der zweite, dritte und vierte Aufgabenkreis gelöst werden, wird die Antwort auf die fünfte Frage, auf die Frage nach dem Menschen selber, weitgehend mit abhängen. Man kann daher wohl in groben Zügen von einer Rangfolge von Prioritäten sprechen: Die Lösung der ersten Frage, die Aufrechterhaltung und Institutionalisierung des Friedens, ist sicherlich das *sine qua non* für alle anderen Bemühungen. Hier genügt wahrscheinlich ein einmaliges spektakuläres Versagen, um die ganze weitere

---

4) *S. Stojanović*, Kritik und Zukunft des Sozialismus. München 1970.

Entwicklung total abzuschneiden. Die Lösungsmöglichkeiten für die Fragenkomplexe zwei bis vier sind mehr gradueller Natur; hier können wir uns vorstellen, daß wir diese Probleme mehr oder weniger lösen, mit größeren oder geringeren »Kosten«. Die »Kosten« könnten natürlich ungünstigenfalls furchtbar hoch sein, da es hier um Millionen oder gar Hunderte von Millionen von Menschenleben gehen kann. Aber immerhin wäre hier ein Versagen noch nicht unbedingt identisch mit dem Untergang aller modernen Zivilisation. Eine freilich sehr tragische Verlangsamung oder Rückbildung ließe sich vielleicht doch in absehbarer Zeit wieder aufholen. Die Lösung des fünften Problems wäre schließlich eine Art krönender Abschluß dieser Phase der Menschheitsgeschichte, zu schön als daß man, selbst wenn man sich durchaus zur Utopie bekennt, so ganz daran glauben könnte.

All diese Bedrohungen – das ist nun das Fatalste – hängen aber wiederum miteinander zusammen. Wir müssen wahrscheinlich versuchen, jede einzelne in den Griff zu bekommen, wir müssen uns aber auch bewußt sein, daß wir wohl das eine Problem nicht lösen können, wenn wir nicht die anderen Probleme mindestens der Lösung sehr viel näher bringen. So werden wir zum Beispiel den Hunger und die Not in der Dritten Welt kaum beseitigen können, wenn wir nicht gleichzeitig die Institutionalisierung des Friedens so weit vorantreiben, daß ganz erhebliche Mittel, die wir heute in die sogenannte Verteidigung stecken, für konstruktive Aufgaben frei werden. Die Bedrohungen hängen aber nicht nur aufs engste miteinander zusammen und sollten miteinander beseitigt werden – das wirklich Fatalste ist, daß wir keine unbegrenzte Zeit haben, ihnen entgegenzutreten. Insofern unterscheidet sich unsere Situation heute grundlegend von den Fragestellungen statischer Epochen. Noch im 18. Jahrhundert konnte ein Konservativer wie *Edmund Burke* sagen: Nur immer langsam, seien wir bedächtig, wir haben ja Zeit, was wir heute nicht schaffen, tun wir morgen. Diese Zeit haben wir einfach nicht mehr; wie immer wieder betont wurde, befinden wir uns in gewisser Beziehung in einem Wettlauf mit der Vernichtung, mit dem Tode. Damit stehen wir auch insofern an einem Wendepunkt menschlicher Entwicklung, als sich nun ganz anders als in der Vergangenheit die Menschheit als Ganzes zur Lösung dieser Fragen »entschließen« muß. Immer weniger lassen sie sich im überlieferten Rahmen von Privatwirtschaft und Nationalstaat lösen. Über die Kontinente und Gruppen hinweg müssen wir als Menschheit organisiert und kooperativ, einheitlich und planvoll handeln.

Paradoxerweise waren die Naturschätze früher unerschöpflich, zugleich aber dem Menschen so wenig zugänglich, daß er in einem Zeitalter des Mangels am Gängelband der Natur gehen mußte; dabei konnten die Menschen es sich leisten, gegeneinander zu kämpfen um ihren Anteil an der Natur, zu der ja auch die Masse Mensch weitgehend gezählt wurde. Jetzt im Zeitalter scheinbaren Überflusses und der Beherrschung der Natur durch den Menschen muß die Menschheit mit den noch verbleibenden Naturschätzen viel sorgsamer und sparsamer umgehen als je zuvor. In unserem Zeitalter des Reichtums kann man also weniger verschwenderisch sein als in früheren Zeiten der Armut und der Not! Die Menschheit kann die ihr überlieferten und anvertrauten Schätze, zu denen vor allem auch der Mensch gehört, nicht mehr in wachsendem Ausmaße verschwenden oder zerstören, weder direkt, noch im Kampf des Menschen gegen seinesgleichen. Die Kosten dieser Kämpfe wachsen ja sprunghaft an. Jeder Krieg vernichtet nicht nur zahllose Menschen; seine Vorbereitung verschlingt Unmassen von Naturkräften und unermeßliche Schätze an menschlicher Energie und Kenntnis, die stets dringender für die Herstellung eines neuen ökologischen Gleichgewichtes benötigt werden. Und wenn auch andere »friedliche« Konflikte innerhalb eines Staates, aber auch etwa die Raumfahrt den Menschen nicht unmittelbar bedrohen, so bewirken auch sie eine Fehlleitung vielfältiger menschlicher Ressourcen. Alle diese Sozialunkosten müßten durch eine neue Organisation und eine neue Politik der Menschheit, das heißt durch eine globale Gesellschaftspolitik, eine universale Zukunftspolitik, eine planetarische Friedenspolitik verringert werden. Der Aufbau einer Weltorganisation, die den Frieden sichert und die Entwicklung der Menschheit plant, ist so gesehen ebenso wichtig wie die Entwicklung neuer Methoden des gewaltfreien Austrags von Konflikten (die natürlich nie verschwinden werden, die aber human auszutragen sind) und wie die Verlagerung des Schwergewichts der Auseinandersetzungen von einem Gegeneinander des Kampfes auf Leben und Tod zu einem Nebeneinander der Konkurrenz und schließlich sogar zu einem Miteinander der solidarischen Kooperation.

Die Rettung des homo humanus der Zukunft erfordert also einen massiven Einsatz aller humanen Mittel, der politischen und ökonomischen, der sozialen und kulturellen, der psychologischen und persönlichsten. Im Zentrum dieser Bemühungen müßten aber auch ganz bestimmte spezifische Beiträge stehen – etwa gegen den Krieg die Friedensforschung, gegen den Hunger die globale Entwicklungsplanung, gegen die Repression die zukunftskritische Analyse der Wissenschaft und wissenschaftliche Beratung der Politiker neben der bereits erwähnten gewaltfreien Massenaktion, gegen Zivilisationsschäden Naturschutz und Umweltplanung, gegen die Verdinglichung neue Formen der Pädagogik und Psychagogik.

Wo liegen hier nun besondere Möglichkeiten, was ist die spezifische Rolle des Ingenieurs? Eröffnen sich hier nicht neue Möglichkeiten und neue Chancen gerade in dem Maß, wie alte Formen des Kampfes und der Auseinandersetzung zwar nicht verschwinden, aber sekundär werden. Der das 19. und einen Teil des 20. Jahrhunderts so stark beherrschende vertikale Klassenkampf zwischen Kapital und Arbeit ist zwar keineswegs verschwunden und wird sicherlich nicht über Nacht verschwinden, er tritt aber hinter anderen neuen Auseinandersetzungen zurück, die man auch etwa in Anknüpfung an die sogenannten horizontalen Disparitäten oder Disproportionalitäten der Frankfurter Schule als horizontale Konflikte deuten kann. Hierzu gehören Auseinandersetzungen, die quer durch die Schichten und Klassen hindurchgehen, ja die u. U. denselben Menschen in zwei Teile spalten können. Hier gewinnt das Wort von den zwei Seelen in der einen Brust eine neue aktuelle Bedeutung. Hierfür ein einfaches Beispiel: Wie viele von uns leben und arbeiten nicht in Institutionen, die direkt oder indirekt mit Krieg und Kriegsvorbereitung, mit Manipulation oder Reglementierung, mit Beeinträchtigung der Umwelt verknüpft sind? (Anwesende immer ausgeschlossen!) Wenn ich »wir« sage, so meine ich aber doch die Welt, so wie sie sich darbietet. Wenn wir aber glauben, wir seien doch nicht so schlecht, so können wir auf die Vereinigten Staaten verweisen und auf die Daten, die da über die Bedeutung etwa des Military and Industrial (and Scientific!) Complex vorliegen und auf die kein anderer als der sicherlich nicht sehr radikale alte Präsident *Eisenhower* in seiner Abschiedsbotschaft (beim Abschied wird man meistens weiser!) warnend hingewiesen hat.

Nun, jeder von uns kann allzu leicht in eine Situation geraten, in der er mit jenem ungeheueren Gehäuse von überlieferten Interessen, Traditionen, Institutionen unlösbar verknüpft wird, die bisher ja alle weitgehend auf den Kampf der Menschen gegeneinander, auf die Bereicherung des einen auf Kosten des anderen, auf die Maximierung der Macht und des Prestiges der einen Gruppe zu Lasten der anderen ausgerichtet waren. Nun würde ich an niemanden den moralischen Anspruch stellen, er möge hier unter Opferung seiner Existenz oder – was noch schwerer wiegt – seiner Familie einfach ausbrechen. Was wir aber wohl verlangen könnten und sollten, ist, daß wir uns zunächst einmal über diese Situation klar werden und sehen, ob wir nicht trotz dieser sogenannten Sachzwänge (es sind in Wahrheit keine »sachlichen«, sondern vielmehr ausgesprochen historische, soziale, kulturelle, politische Zwänge!) auf eine Neuorientierung und Herstellung von Gegengewichten hinwirken könnten. Das würde also bedeuten, daß sich gerade Gruppen und Organisationen der technischen Intelligenz mit ihrem neuen, stets wachsenden Gewicht viel stärker als bisher für die Lösung der eben von mir umrissenen Probleme einsetzen müßten, wozu natürlich zunächst die Erforschung dieser Probleme gehört. Gestern wurde angedeutet, wie langwierig, wie schwierig das sei, wie wenig wir eigentlich wissen; auch das ist ein Teil des Dilemmas, in dem wir uns befinden. Während der Woche der Wissenschaften der Recklinghausener Festspiele, wo ich mit einigen Kollegen zusammensaß und wir über Friedensforschung diskutierten, sagte plötzlich ein guter Freund von mir aus Frankreich: »Ja, wir wissen ja eigentlich über den Krieg gar nichts.« Das klang so, als ob wir vielleicht die nächsten zwanzig oder dreißig Jahre erst einmal Kriegs- oder Friedensforschung betreiben müßten, bevor wir zu irgend einem Konflikt Stellung nehmen könnten.

Nun, gerade diejenigen unter Ihnen, die die großartigen, exakten Methoden der Naturwissenschaft und Technik gewohnt sind, werden einem solchen Maßstab zustimmen. Der Ingenieur wird ja eine Brücke nur bauen, wenn er vorher sehr genau über die Tragfähigkeit dieser Brücke Bescheid weiß. In den zukunfts- und praxisorientierten Gesellschafts-, Sozial- und Humanwissenschaften sind wir aber leider nicht in der glücklichen Lage, zehn, zwanzig oder dreißig Jahre warten zu können. Wenn wir auch nur so viel Wissen besitzen, daß es uns gewisse grobe Anhaltspunkte für Ansätze und Lösungsmöglichkeiten gibt, müssen wir dieses Wissen bereits anwenden, bevor es absolut gesichert ist, wobei eine absolute Sicherung im streng naturwissenschaftlichen Sinne wahrscheinlich überhaupt nicht möglich ist, ja vielleicht noch nicht einmal im Sinne des üblichen, überlieferten Standards der Geschichtswissenschaft. Wir müssen also ins Wasser springen, selbst wenn wir noch nicht perfekt schwimmen können – etwas schwimmen müssen wir natürlich können, sonst ertrinken wir ja. Aber nachdem man hineingesprungen ist, lernt man nun (und das ist die andere, von Dialektikern mit Recht hervorgehobene Seite des Prozesses) in der Aktion, in der Praxis auch etwas über die weiteren theoretischen Zusammenhänge. Das würde also bedeuten, daß Organisationen wie die Ihrige sich diesen Problemen in ganz anderer Weise stellen müßten als bisher, selbst wenn das bruchstück-artige, ungesicherte Wissen – von den Interessen, die involviert sind, ganz zu schweigen – zu Meinungsverschieden-heiten oder gar zu Konflikten führen kann. Konflikte und Meinungsverschiedenheiten können ja durchaus positiv und befruchtend wirken, wenn sie in zivilen, gewaltfreien Formen ausgetragen werden. Hier könnten neue Formen der Organisation, auf die ich hier nicht näher eingehen will und die in den Vereinigten Staaten stets eine große Rolle gespielt haben, aber in letzter Zeit auch bei uns bekannter geworden sind, wirksam werden. Es handelt sich um die sogenannten Bürgerbewegungen oder Einpunktbewegungen, die auch mit anderen, mehr wissenschaftlichen Gruppierungen zusammen-arbeiten könnten. Ich erwähne nur die Vereinigung Deutscher Wissenschaftler oder die Gesellschaft für die Verantwortung in der Wissenschaft, die mit verschiedenen Friedensforschungs- und Zukunftsforschungsgesellschaften zusammengehen, denke aber auch an die Architekten, die sich in einer ähnlichen Lage befinden, und an andere Berufsorganisationen, die sich solchen Einpunktbewegungen anschließen könnten. Schließlich ist die Zusammenarbeit mit Kirchen und Gewerkschaften und die Erneuerung von Kontakten über Landesgrenzen hinweg naheliegend.

Im 19. und 20. Jahrhundert hat es ja einige große internationale Bewegungen in organisierter Form gegeben, die trotz allen Mißerfolgen und Niederlagen einiges zur Entwicklung der Menschheit beigetragen haben, wie die Internationalen der Arbeiterbewegung oder auch internationale Frauenorganisationen. Warum sollten sich nicht neue »Internationalen« etwa der technischen Intelligenz herausbilden, da ja, wie Sie als Ingenieure und Techniker am besten wissen, große Probleme von heute und morgen nicht an Landesgrenzen gebunden sind, vielmehr weit darüber hinaus immer mehr globale und planetarische Ausmaße annehmen. Die Hauptanstrengungen – und hier wiederhole ich nur, was ich schon gesagt habe – müßten auf Umweltforschung und Umwelt*politik*, Zukunftsforschung und Zukunfts*politik*, Friedensforschung und Friedens*politik* gerichtet sein. Wir können nicht bei der Forschung stehen bleiben; angesichts so wichtiger Erkenntnisse – und auf gewissen Gebieten besitzen wir eine ganze Menge solcher Erkenntnisse – kommt es darauf an, diese Erkenntnisse publik zu machen. Wir müssen sie an die Politiker und auch an das breitere Publikum herantragen, ja wir müssen sie als organisiertes Interesse in die politische Auseinandersetzung einbringen, weil sich in der modernen Interessengesellschaft von heute noch viel mehr als früher auch die beste Idee nur durchsetzt – insbesondere in der knappen uns zur Verfügung stehenden Zeit –, wenn sie organisiert als Interesse auftritt.

An dieser Stelle möchte ich aus einem Artikel von Herrn Dr. *Huning* aus der uns freundlicherweise zur Verfügung gestellten Ausgabe der VDI-Nachrichten zitieren, der durchaus in diese Richtung geht: »Die Beziehung zwischen Weizen und Humanität. Hoffnung auf Frieden in der Zukunft. Gedanken zur Deutschen Gesellschaft für Friedens- und Konfliktforschung«: »Mögen auch verschiedene Versuche zur Neugestaltung des Studiums der Ingenieure mit dem Bemühen um eine verbreiterte Bildungsbasis – besonders durch Philosophie, Soziologie, Recht und Literatur – inzwischen als gescheitert gelten müssen, so dürfte doch unbestritten sein, daß sich gerade bei den Naturwissenschaftlern und Ingenieuren in den letzten Jahren ein Problembewußtsein entwickelt hat, das sie die gesellschaftlichen – vor allem die wirtschaftlichen und sozialen – Auswirkungen ihrer wissenschaftlichen Tätigkeit immer mitbedenken läßt. Daß hier unter den mannigfachen Wertvorstellungen und Leitbildern auch die Zukunftshoffnung eines universalen Friedens einen bestimmenden Rang einnehmen muß, dürfte heute keine Frage mehr sein.

Wenn aber der Frieden die naturwissenschaftlich-technische Arbeit leitet, dann ist damit eine Voraussetzung dafür geschaffen, daß Wissenschaftler dieser Disziplinen in erheblichem Maße an der neu institutionalisierten Friedensforschung beteiligt werden. Es wäre schade, wenn die Hoffnungen, die sich an die »Deutsche Gesellschaft« knüpfen, sich damit bescheiden müßten, daß man neue Bücher über den Friedensbegriff in der Bibel, bei Kant oder bei L. Nelson lesen könnte, mögen solche Bücher auch noch so wertvoll sein. – Die Möglichkeiten, welche die Gesellschaft zur Verfügung stellen kann, sollten vor allem dazu beitragen, konstruktive Beiträge zur friedlich-humanen Gestaltung der einen Welt zu liefern, in der wir alle leben und weiter menschenwürdig leben wollen.«[5] Meine Damen und Herren,

5) *A. Huning*, Die Beziehung zwischen Weizen und Humanität. In: VDI-Nachrichten 24 (1970) Nr. 46, S. 33.

ich kann mich diesen Worten nur vollauf anschließen. Ich fürchte, daß, wenn wir dieser Aufgabe nicht mehr oder weniger (und mehr oder weniger heißt natürlich besser mehr als weniger) gerecht werden, wir wirklich etwas erleben könnten, was an das Ende der Kultur und Zivilisation nach der großen klassisch-antiken Periode erinnern könnte, wenn es nicht, wie ich sagte, das Ende der Menschheit bedeuten sollte. Ich bin eben mit dem Automobil von Mannheim herübergekommen und war dabei beeindruckt von den schönen Gebäuden, die hier seit dem 17. oder 18. Jahrhundert entstanden sind, jenen Schlössern und Palästen, deren Bau freilich mit ungeheurem Elend bezahlt worden ist, sind sie doch durch die Fronarbeit von Untertanen, Bauern, einfachen Menschen entstanden. Diese Menschen sind dahin, die meisten von uns gedenken ihrer nicht mehr – übrig geblieben sind die schönen, die großen Bauten. Wir bauen weiter, auch dieses Gebäude hier ist eindrucksvoll, aber wir bauen immer weniger auf dem nackten Elend der unmittelbar Beteiligten auf. Wir müssen uns heute aber fragen, ob wir nicht, indem wir im alten Stil, das heißt nicht im alten Baustil, wohl aber im alten gesellschaftlichen Stil weiter bauen, weiter leben, weiter arbeiten, die Existenz des Menschen selber aufs Spiel setzen. Wenn man über etwas dichterische Phantasie verfügt, kann man sich dann vorstellen, daß vielleicht eines Tages nur noch diese Bauten oder deren Ruinen übrig geblieben sein werden, während die Menschen, für die sie gebaut worden sind, nicht mehr am Leben wären. Ein unheimlicher Gedanke, daß vielleicht dann einmal Bewohner anderer Planeten auf diese Erde kommen und sich fragen würden: Ja, was waren das für eigenartige Geschöpfe? Sie konnten schöner bauen als wir, aber sie konnten nicht so leben und arbeiten, wie es erforderlich gewesen wäre, um sich selbst am Leben zu erhalten.

Wissenschaftliche Erkenntnisse und technische Fortschritte in metaökonomischen Wertordnungen

Von *Klaus Tuchel*

Von den zahlreichen Anlässen, sich mit der Frage zu beschäftigen, wie sich wissenschaftliche Erkenntnisse und technische Fortschritte auf metaökonomische Wertordnungen beziehen lassen, seien hier lediglich drei genannt, die mir besonders dringlich zu sein scheinen.

Der erste: die Unsicherheit der Natur- und Ingenieurwissenschaftler über die »Führungsgrößen« ihrer Arbeit ist groß – um in ihrer Sprache zu reden. Technische und ökonomische Ziele, das ist etwas, mit dem sie tagtäglich umgehen und zu deren Berücksichtigung sie erzogen und ausgebildet sind. Aber nicht erst seit heute, und auch nicht erst seit dem Aufstand der Jungen wissen sie, daß ihre wissenschaftliche und berufliche Tätigkeit von höchster gesellschaftlicher Relevanz ist. Dieses Bewußtsein hat sich, ohne daß die Öffentlichkeit es recht wahrhaben will, seit langem artikuliert, sei es in jenem ethischen Appell, den der VDI 1950 als »Bekenntnis der Ingenieure« veröffentlichte, sei es in der in den »Physikalischen Blättern« geführten Diskussion über einen möglichen »Hippokratischen Eid« der Naturwissenschaftler.[1]) Aber nicht die teilweise sehr intensiv geführten Debatten

---

1) *W. Luck*, Hippokratischer Eid für Naturwissenschaftler. In: Physikalische Blätter 18 (1962) S. 587–591, und in: Physikalische Blätter 19 (1963) S. 330–335.

dieser Gruppen, die *Karl Markus Michel*[2]) einmal als »sprachlose Intelligenz« apostrophiert hat, haben das Problem
unseres Themas in das öffentliche Bewußtsein gerückt.

Die Öffentlichkeit hat diese Diskussion kaum wahrge-
nommen, vielleicht weil sie sie nicht wahrnehmen wollte. Dies
vermochte weit mehr ein zweiter Anlaß: die teilweise skan-
dalösen Zustände einer ziel- und richtungslos verplanten und
ausgebeuteten Umwelt, denen sich die Mehrheit unserer
Mitbürger hilflos ausgeliefert sieht. Angesichts dessen, was
vielerorts in einer keinem noch so strapazierfähigen gesunden
Menschenverstand zugänglichen Weise unsinnig verforscht
und verwirtschaftet, verbaut und verschmutzt wird, hilft
keine Beschwichtigung mehr, sondern nur noch politische
Aktion. Was wir gerne verharmlosend die unbeabsichtigten
Nebenwirkungen der Technisierung nennen, hat die öffentlich zu diskutierende Frage nach den Zielen und Werten,
nach dem Sinn nicht nur der Nebenwirkungen, sondern auch
der Wirkungen selbst auf den Plan gebracht.

Diese Frage spitzt sich noch zu, wenn wir an einen dritten
Anlaß denken, der mit dem eben erwähnten gemeinsam hat,
daß er zunehmend ins öffentliche Bewußtsein rückt. Ich meine
die Frage nach den Bildungswerten im technischen Zeitalter.
Mögen die Philosophen noch glauben, genügend Zeit für den
Entwurf von Werten für Gegenwart und Zukunft zu haben,
die Pädagogen haben es nicht. Der Schüler, der in diesem
Herbst 1970 zur Schule kam, wird nach etwa 14 Jahren
Schulbesuch und Berufsausbildung 1984 sein Berufsleben
beginnen und vielleicht nach weiteren 40 Jahren 2024 be-
enden. In welchen Schulen, mit welchen Lehrplänen und
Lehrmitteln, vor allem aber: auf welche Ziele und Werte

---

2) *K. M. Michel*, Die sprachlose Intelligenz, Teil 1. In: Kursbuch
(1965) Nr. 1, S. 73–115; Teil 2. In: Kursbuch (1966) Nr. 4,
S. 161–212.

hin sollen wir die Schüler und Lehrlinge heute ausbilden? »Die Bildungswerte«, sagte *Hartmut von Hentig* kürzlich, »dürfen nicht bleiben, wie sie waren, und weiterherrschen; sie dürfen auch nicht abdanken. Sie müssen beides: sich ändern und sich einmischen, sich geltend machen. Keines von beidem scheinen sie zu tun«.[3])

I. Die Problematik der Begründung von Wertordnungen

Dieser Satz ist um so deprimierender, als er ziemlich genau die Situation beschreibt, in der sich auch Werte in einem allgemeineren Sinn gegenwärtig befinden. Zugleich macht er uns auf einige der Schwierigkeiten aufmerksam, in die wir heute geraten, wenn wir von Werten oder gar von Wertordnungen sprechen. Wert, so können wir vorläufig formulieren, ist für uns die Vorstellung von einem als allgemein anzusehenden Guten, dem ein verpflichtender, fordernder Charakter innewohnt oder doch innewohnen kann. Wie aber können wir uns der *Allgemeinheit* eines Wertes vergewissern außer dadurch, daß jemand sagt, der Wert existiere und er existiere für *alle*? Wie können wir die beanspruchende, fordernde Verbindlichkeit eines Wertes erkennen und anerkennen außer dadurch, daß jemand in Richtung auf dessen Verwirklichung handelt und uns dadurch selbst zum analog gerichteten Handeln herausfordert? Sind Werte überhaupt in der Lage, wie es in der zitierten Formulierung *Hartmut von Hentigs* hieß, »sich durchzusetzen«, so als ob sie eine magische Kraft als Durchsetzungsvermögen

---

3) *H. von Hentig*, Der Einfluß des technischen Fortschritts auf die Bildungswerte. Referat beim Kolloquium »Technik und Gesellschaft« anläßlich der 100-Jahr-Feier der Rheinisch-Westfälischen Technischen Hochschule Aachen, 13. bis 16. 10. 1970.

besitzen? Entsteht nicht durch dieses Bedenken die Frage, ob es denn überhaupt sinnvoll sein könne, von Werten zu sprechen, ohne zugleich vom Handeln des Menschen und vom Menschen als einem Handelnden zu reden?

Diese Fragen, die hier für viele weitere stehen, sollen einen Hinweis auf die *Problematik der Begründung* von Werten geben, ohne daß hier die Stelle wäre, diesen Problemen insgesamt weiter nachzugehen. Unser Thema geht offensichtlich von einigen Voraussetzungen aus, die es nachzuprüfen gilt in der Hoffnung, im Verlaufe unserer Überlegungen Näheres über Begründung und Charakterzüge von Werten zu erfahren.

Die erste Voraussetzung besteht darin, daß es wissenschaftliche Erkenntnisse und technische Fortschritte gibt. Eine Trivialität wäre diese Voraussetzung nur dann, wenn uns die Art und Weise unseres Erkennens, insbesondere seiner Begründung völlig durchsichtig wäre und wenn wir andererseits einigermaßen genau zu sagen wüßten, worin technische Fortschritte bestehen oder anders: was sie als Fortschritte kenntlich macht.[4] Was »metaökonomisch« heißt, bedarf der besonderen Erläuterung. Ähnlich wie wir unter »metatheoretisch« einen Gedankenentwurf verstehen, der vorhandene Theorien berücksichtigt und in seinen Gedankengang einbezieht, aber doch zusammenfassend und in bestimmter Richtung darüber hinausgeht, können wir auch »metaökonomisch« interpretieren. Gemeint sind hier also solche Wertordnungen, die nicht parallel oder in Konkurrenz zu den bestehenden ökonomischen Wertordnungen existieren, sondern die jenseits der ökonomischen noch andere, umfassendere Wertordnungen darstellen. Zu ihnen können (in

---

4) *J. E. Heyde*, Technischer Fortschritt – menschliche Verantwortung. In: Verhandlungen der Deutschen Gesellschaft für Arbeitsschutz, Bd. 7. Darmstadt 1961, S. 1–29.

einem weiten Sinn) soziale, gesellschaftspolitische oder auch philosophische Wertordnungen gehören, und mit diesen letzteren haben wir uns hier in der Hauptsache zu beschäftigen.

Den bereits angedeuteten Bemerkungen können wir hier noch hinzufügen, daß dem Begriff der Wertordnung noch zumindest zwei weitere Züge eignen: Werte sind immer etwas Dauerndes, Beharrendes, Bleibendes, so daß man sie gelegentlich als eine Art gesunkenes Kulturgut, als Sediment eines dahinfließenden Kulturprozesses gekennzeichnet hat. Ferner stehen sie nach unserem Vorbegriff in einem Verhältnis der Ordnung zueinander, also in einer Art von aufeinander gerichtetem Zusammenhang, in geordneten, wenngleich nicht notwendigerweise systematischen oder widerspruchsfreien Beziehungen.

Eine dritte Voraussetzung unseres Themas besagt schließlich, wissenschaftliche Erkenntnisse und technische Fortschritte existieren – ganz oder teilweise, das sei dahingestellt – *in* metaökonomischen Wertordnungen. Der vorgängigen Betrachtung dieses Problems erscheint die damit gemeinte Behauptung ungesichert, müßten doch erst die beiden Teile unseres Themas deutlicher konturiert sein, bevor wir irgend etwas über ihr Verhältnis zueinander aussagen können. Formulieren wir unsere Hauptfrage also vorsichtiger als das Thema sie vorzugeben scheint, fragen wir einfach: was können wir über mögliche und tatsächliche Beziehungen, Einflüsse, wechselseitige Abhängigkeiten zwischen wissenschaftlichen Erkenntnissen und technischen Fortschritten einerseits und Wertordnungen andererseits überhaupt ausmachen?

Analysieren wir zunächst die erste unserer Voraussetzungen. Sie enthält Begriffe, die in sehr enger Verwandtschaft zu Werten zu stehen scheinen oder häufig als Werte eigener Art angesehen werden. Das Erkennen, zumal in seiner wissenschaftlichen Form, hat es mit Wahrheit zu tun, ist zumindest auf Wahrheit gerichtet, was immer Wahrheit letzten Endes sein oder bedeuten mag. *Max Scheler,* einer der letzten großen deutschen Wertphilosophen, hat die Erkenntnisakte als Aktwerte zu den »wesenhaften Trägern von Werten« gerechnet und dadurch (abgekürzt ausgedrückt) dem Erkennen einen Selbstwert zugebilligt, der unabhängig von und vor aller Erfahrung da ist. Nach ihm ist das Streben nach reiner Erkenntnis ein Vorgang, der seinen Wert in sich selbst hat und in der Rangordnung der Werte an höherer Stelle als beispielsweise der Nützlichkeitswert oder der Werkzeugwert steht. Für ihn ist das Nützliche »ein Konsekutivwert in bezug auf den Selbstwert des Angenehmen«.[5]

II. Friedrich Dessauers Analyse technischen Schaffens

Ich erwähne *Max Scheler* hier nicht, um etwa seine Begründung eines Reichs objektiver, apriorischer Werte darzustellen und zu kritisieren, sondern weil einer der großen Darsteller und Analytiker der Technik, *Friedrich Dessauer,* an dieser Stelle *Scheler* mißverstanden hat und wir heute möglicherweise aus diesem Mißverständnis etwas lernen können. *Scheler* hatte *Kant* kritisiert, weil dieser in der Ethik letztlich formalistisch geblieben war und er im kategorischen Imperativ keine inhaltlichen Angaben über Werte gemacht hatte. Analog dazu hat *Dessauer* an *Kant* kritisiert, daß das Erfinden als ein Übergang aus dem intelligiblen Reich der Dinge an sich in die Erfahrung nicht mit Hilfe Kantscher formaler Kategorien zu begreifen, sondern eher von einem besonderen Reich »prästabilierter Ideen« aus zu verstehen sei. An *Schelers* Wertethik, so wie er sie versteht, hat

---

5) *M. Scheler,* Der Formalismus in der Ethik und die materiale Wertethik. Halle ²1921, insbesondere S. 98–103.

Dessauer nichts Grundsätzliches auszusetzen, sondern lediglich die geringere Einstufung des Nützlichen in der Rangordnung der Werte und ferner das Fehlen eines Selbstwertes
für die Technik oder den Akt technischen Schaffens. Den
letzteren nun versucht er dadurch einzuführen, daß er von
einem »Dienstwert« technischer Gegenstände spricht, den er
auf die Angemessenheit einer Zweckerfüllung, also das optimale Funktionieren im Sinne eines möglichst hohen Wirkungsgrades, bezieht und so vom ökonomischen »Tauschwert« abhebt. Daß diese Unterscheidung der Marxschen
Distinktion von Gebrauchswert und Tauschwert nahesteht,
liegt auf der Hand. Eine höhere Einstufung der Technik in
der Rangordnung der Werte glaubt *Dessauer* dadurch bewirken zu können, daß er behauptet: »Die gesamte Technik als
Umweltaufbau der Menschheit ist materiale Schaffung, Erhaltung, Zugänglichmachung der Zivilisation als Realgrund-
lage der Kultur. Darin besteht ihr einheitlicher Wert, und er
ist von hohem Rang«.[6])

Auf der einen Seite sehen wir also den Versuch, technisches
Schaffen schlechthin als einen Aktwert aufzufassen, um
dadurch allem Technischen einen Selbstwert anstelle des
*Scheler*schen Konsekutivwerts beizulegen (oder anders: einen
solchen Wert in Technischem vorzufinden). Andererseits ist
der Dienstwert jedes Gerätes oder Verfahrens jeweils auf
den Einzelzweck bezogen und damit auf ein Optimum im
technischen Sinne des möglichst hohen Wirkungsgrades. Eine
Vermittlung zwischen diesen beiden Seiten findet nicht statt.
Sie kann es nicht, weil *Dessauer* in seiner Konzeption eines
»Dienstwertes« diese Werthaftigkeit auf Einzeldinge, auf
verdinglichte Güter bezieht und damit *Scheler* gründlich miß-

6) *F. Dessauer*, Streit um die Technik. Frankfurt 1956, insbesondere S. 179–184. Ähnlich hatte *Dessauer* bereits argumentiert
in: Philosophie der Technik. Das Problem der Realisierung. Bonn
1927.

versteht. Ein durch das technische Optimum charakterisierter Wert hat mit der *Scheler*schen Ursprünglichkeit der Werterkenntnis, mit einem apriorischen Wertreich nichts zu tun.

III. Wissenschaft und Technik sind nicht wertneutral

An diesem Ausflug in die jüngste Vergangenheit läßt sich zumindest zweierlei lernen. Erstens: Es erscheint möglich, technisches Schaffen im einzelnen oder insgesamt in ein Reich der Werte einzubeziehen, sofern man – wie *Friedrich Dessauer* – das technische Schaffen platonisch-christlich, also im Modell des Offenbarungsdenkens begründet.[7]) Zweitens: Es erscheint unmöglich, technisches Schaffen in seiner Vereinzelung als werthaft so zu verstehen, daß eine Art Wertqualität an den Dingen selbst haftet. Dieser Versuch ist nicht nur bei *Dessauer* gescheitert, sondern ebenso bei allen denen, die uns mit der Auskunft zufriedenstellen wollen, technische Fortschritte seien nun einmal neutral in bezug auf Werte oder Wertungen. Auch *Carl-Friedrich von Weizsäcker* spricht von der »irrationalen Zivilisationsdynamik des industriellen Zeitalters« und folgert daraus eine Behauptung, die ein Referat des Schlusses von *Heideggers* »Die Frage nach der Technik«[8]) sein könnte: »Wer aber die Tatsache der Ambivalenz sieht, der hat den ersten Schritt aus ihr herausgetan; er verläßt den Irrtum, der ihn zum Häretiker gemacht hat. Wer hingegen die Zweideutigkeit nicht sieht, ist ihr hoffnungslos verfallen«.[9]) Solche und ähnliche Theologumena könnten wir als

---

7) Zur Kritik an diesem Ansatz vgl. *S. Moser*, Metaphysik einst und jetzt. Berlin 1958, insbesondere S. 231 ff; und *K. Tuchel*, Die Philosophie der Technik bei Friedrich Dessauer. Frankfurt 1964, insbesondere S. 93–123.

8) *M. Heidegger*, Die Technik und die Kehre. Pfullingen 1962.

9) *C. F. von Weizsäcker*, Die Tragweite der Wissenschaft, Bd. 1. Stuttgart 1964, insbesondere S. 194–200.

unerheblich übergehen, hätten sie nicht zugleich einen schädlichen Effekt. Sie halten – zumindest nach außen hin, für das unaufgeklärte öffentliche Bewußtsein – das Feld besetzt, auf dem die Erfindungsgabe der Philosophierenden in unserem Lande sich mit der größten Intensität und Kreativität bewegen müßte. Wertneutralität – damit ist scheinbar alles gesagt, doch in Wirklichkeit nichts in Ordnung gebracht. Schlimmer noch, solche Scheinlösungen verhindern oder behindern die Suche nach besseren, fruchtbareren Antworten, nach Möglichkeiten, wie wir in Unordnung Geratenes in Ordnung bringen könnten. Wertneutralität – so heißt das Stichwort, unter dem ein arbeitsloser Geist sich mit einer geistlosen Arbeit scheinbar verständigen kann.[10])

IV. Konstruieren als entwerfende Rationalität

Wenn wir die eben skizzierte Deutung von Naturwissenschaft und Technik als ambivalent oder als wertneutral ablehnen, sehen wir uns vor die schwierige Aufgabe gestellt, unsererseits ein anderes Verhältnis von Erkenntnissen, Technik und Wert oder Werten zu entwerfen. »In der technischen Welt«, hat *Max Bense* bereits 1949 einmal bemerkt, »... kann man nicht ohne Intellekt, ohne äußerste Rationalität beheimatet sein. Und dieser Intellekt, diese äußerste Rationalität können nicht in Mythos, nicht in Kunst bestehen – sie werden Theorie, reine Theorie sein müssen. ... Die Theorie ist gewissermaßen als Lebenselement an Stelle von Zeremonie und Konvention getreten«.[11]) Nicht zufällig also hat die Denkweise, die wir unter dem Begriff des »kritischen Rationalis-

---

10) *E. Fink,* Technische Bildung als Selbsterkenntnis. In: VDI-Z 104 (1962) Nr. 15, S. 678–683.

11) *M. Bense,* Technische Existenz. Stuttgart 1949, insbesondere S. 194–199.

mus« zusammenfassen und zu der vor allem *Karl Popper*[12]) und *Hans Albert*[13]) zu rechnen sind, in den letzten Jahren an Bedeutung gewonnen. Diese Denkart wendet das Prinzip der entwerfenden Rationalität, aus dem unsere gegenwärtige Kultur weithin entstanden ist, zur geistigen Reflexion, Steuerung und Lenkung eben dieser Kultur an. Wir müssen uns jedoch darüber klar sein, daß damit zwar eine Methode zur Verfügung steht, die Scheinprobleme als solche entlarvt und eliminiert, die ferner eine rationale Diskussion verschiedener Zielsetzungen und ihnen zugrundeliegender Erkenntnisse ermöglicht und die ferner auch die rationale Konstruktion von Ziel- und Wertsystemen ermöglicht; all dieses ist schon sehr viel. Aber auch wenn einige Prinzipien genannt werden, die eine rationale Diskussion ethischer Aussagen möglich machen, werden uns doch diese ethischen, normativen Sätze dadurch noch nicht gegeben. Wir müssen vielmehr Werte und/oder Wertordnungen zuallererst konstruieren oder als Konstrukte auffassen, um sie dann anhand der gegebenen Prinzipien überprüfen zu können.[14]) In einem weiteren Schritt wären dann die Beziehungen zwischen Wertordnungen auf der einen, Erkenntnissen und technischen Fortschritten auf der anderen Seite festzustellen. Obgleich ich mir dessen bewußt bin, wie ungeschützt und daher mißverständlich hier nur davon die Rede sein kann, will ich einige Andeutungen zu geben versuchen, und zwar insbesondere zur Frage, ob und wie man etwa von technischem Handeln eine Beziehung zu Werten herstellen kann.

Zur Vorverständigung scheint mir eine Bemerkung darüber nützlich, was unter Konstruieren im technischen Sinne verstanden werden kann. Im Anschluß an eine von Ingenieuren

---

12) *K. Popper*, Logik der Forschung. Tübingen ³1969.
13) *H. Albert*, Traktat über kritische Vernunft. Tübingen ²1969.
14) *H. Albert*, Traktat über kritische Vernunft. Tübingen ²1969, insbesondere S. 47–54 und S. 73–79.

vorgeschlagene Begriffsvereinbarung[15]) läßt sich sagen: Konstruieren ist eine von Erkenntnissen aus Wissenschaft und Erfahrung getragene Tätigkeit, die das Vorausdenken komplexer Zusammenhänge auf bestimmte Zwecke hin und das Schaffen eines Prototyps umfaßt, der sich dann durch Funktionieren zu bewähren hat. Konstruktive Merkmale scheinen mir also zu sein:

a) das Verwenden von Erkenntnissen (nicht einfach ihre Anwendung),

b) das Vorausdenken – die Vorbildlosigkeit, das Schöpferische, die Kreativität, Intuition oder wie immer man diesen unauflösbaren Rest nennen mag,

c) der bestimmte Zweck, der aus einem Bedürfnis des Menschen entsteht oder zumindest darauf bezogen ist und sich daher im Verlaufe der Zeit ändern kann, d. h. eine geschichtlich-kontingente Größe ist,

d) der Prototyp, der sich durch Funktionieren zu bewähren hat.

Die beiden ersten Merkmale lassen sich analog zur Konstruktion wissenschaftlicher Theorien auffassen und bieten insofern keine Sonderprobleme.[16]) Wir sind wohl auch in der Lage, diese Kriterien bei dem Entwurf von ethischen oder Wertsystemen anzuwenden: die tradierten Werte und die mit ihnen gemachten Erfahrungen gehen in unseren Entwurf als Erkenntnisse mit ein, und wir werden ferner bemüht sein, unsere Werte auf Zukunft hin zu denken.

Schwierigkeiten ergeben sich jedoch mit den beiden anderen Merkmalen. Bei der technischen Konstruktion können

---

15) Empfehlungen für Begriffe und Benennungen im Konstruktionsbereich. In: Konstruktion 18 (1966) Nr. 9, S. 390 f.

16) *H. Feigl,* Das hypothetisch-konstruktive Denken. Zur Methodologie der Naturwissenschaften. In: Die Philosophie und die Wissenschaften. Simon Moser zum 65. Geburtstag. Meisenheim 1967, S. 39–51.

wir dabei stehen bleiben, den Zweck des zu entwerfenden
Geräts oder Systems auf ein dem Konstrukteur vorgegebenes
Einzelbedürfnis zu beziehen. Dabei können Zusammenhänge
etwa folgender Art entstehen: ein hochtemperaturbeständiger
Werkstoff dient der Herstellung einer Turbine, die Turbine
der Herstellung eines Generators, der Generator der Herstellung eines Kraftwerkes, das Kraftwerk der Stromversorgung. In solchen und ähnlichen Fällen pflegen wir von
»übergeordneten Zwecken« zu sprechen; der begrenztere
Zweck wird in den umfassenderen aufgehoben.[17]) Wie weit
können wir diesen Gedankengang vorantreiben? Wir dürfen
wohl noch sagen: die Stromversorgung ist ein Teil der allgemeinen technischen Versorgungssysteme, jenes Netzes von
Vorhalteleistungen, in das wir alle hineinverflochten sind.
Spätestens an dieser Stelle wird der Verfechter eines technischen Instrumentalismus stehenbleiben und sagen: wie und
wozu nun der Einzelne oder Kollektive den bereitgestellten
Strom verwenden, ist ihre Sache. Das technische System selbst
ist wertneutral.

Diese Auskunft ist so lange, aber auch *nur* so lange zutreffend, als ich von der Freiheit des Individuums aus denke,
Freiheit hier als Wahlmöglichkeit, als individueller Spielraum verstanden. Der Einzelne soll mit dem Strom machen
dürfen, was er will: beleuchten, kochen, heizen, ein Fernseh-
gerät betreiben oder was auch immer. In diesem Zusammenhang wird technischer Fortschritt um so »wertvoller«, je
mehr er dem Individuum an solchen Wahlmöglichkeiten
oder Gestaltungsmöglichkeiten bietet. Unter dem Gesichtspunkt des Wertes individueller Freiheit kann der technische
Fortschritt, in diesem Beispiel die Stromversorgung, als eine
Verstärkung der Chance zur Selbstverwirklichung des Einzel-

---

17) *K. Tuchel*, Herausforderung der Technik. Gesellschaftliche
Voraussetzungen und Wirkungen der technischen Entwicklung.
Bremen 1967, insbesondere S. 29 f.

nen gesehen werden, wobei wir hier die unrealistische An-
nahme einer gleichen ökonomischen Möglichkeit aller machen.

V. Versorgung wird nur durch Leistung ermöglicht

Derselbe technische Fortschritt hat nun aber noch einen
anderen Aspekt, der sich mit dem eben erörterten nicht ohne
weiteres in Einklang bringen läßt. Das in den fortgeschrittenen Industrienationen entstandene große Versorgungspoten-
tial spitzt die Frage nach der Verwirklichung sozialer Gleichheit in einer vorher nicht gekannten Weise zu. Der Wert
»Gerechtigkeit«, früher nicht nur, aber vor allem als Gleichheit aller vor dem Gesetz verstanden, wird heute zunehmend
unter dem Gesichtspunkt der Gleichheit sozialer Chancen
gesehen, und er wird nicht nur so gesehen, sondern auch
gefordert. Die Rechtsgleichheit und die soziale Gleichheit
stehen so lange nur auf dem Papier, als nicht alle Mitbürger
die Chance gleicher Versorgung haben: Versorgung mit
Energie und Nachrichten, Nahrung und Wohnung, mit Verkehrsmitteln, Bildung, Arbeit, Freizeit, usw. Diese Aufzählung stellt nur scheinbar inkommensurable Größen nebeneinander. Eine differenziertere Analyse könnte zeigen, daß
jedes Gebiet, in dem der technische Fortschritt größere Poten-
tiale der Bedürfnisbefriedigung schafft, mehr und mehr unter
diesem Gesichtspunkt sozialer Gleichheit als zu verwirk-
lichender Gerechtigkeit gesehen wird. Wir dürfen festhalten:
nicht der einzelne technische Fortschritt, wohl aber die sich
zu den Großsystemen der Versorgung summierenden vielen
technischen Fortschritte haben zu einer Veränderung unseres
Verständnisses des Begriffs, des Wertes »Gerechtigkeit« geführt. In umgekehrter Richtung ergibt sich daraus, daß alles,
was heute und in Zukunft innerhalb dieser Bereiche auch als
Einzelentwicklung neu geschaffen wird, an dem so veränderten Begriff sozialer Gerechtigkeit gemessen wird. Die vorhin

erwähnten Anlässe, die Mißstände gerade in vielen Bereichen der Versorgung und Umweltgestaltung, machen das Pathos verständlich, mit dem der Ruf nach sozialer Gerechtigkeit in Form verwirklichter Chancengleichheit heute erklingt. Technische Fortschritte haben zudem Kommunikationsmöglichkeiten geschaffen, durch die die Spannungen zwischen Nord und Süd erst bewußt geworden sind: die Spannung zwischen dem, was möglich und dem, was wirklich ist.

Die komplexen Großsysteme technischer Versorgung können nur durch ein großes Maß an menschlicher Leistung erhalten, ausgebaut und optimiert werden. Ich habe nicht den Eindruck, daß diese Einsicht den eifrigsten Verfechtern sozialer Gerechtigkeit immer bewußt ist. Wie dem auch sei, Leistung ist zu einem hohen Wert geworden, und durch die Wirkungen technischer Fortschritte wurde sie dies entschiedener, deutlicher als je zuvor. Dabei darf jedoch zweierlei nicht übersehen werden:

1. eine der Voraussetzungen dieser Leistung ist die Kreativität, Konstruktivität ihrer Schöpfer. Diese Erkenntnis ist von hoher Bedeutung für Ausbildung und Bildung – ohne daß dies hier im einzelnen ausgeführt zu werden brauchte.

2. Leistung darf *nicht als Prinzip* verstanden werden, Prinzip in einem alle Bereiche des Lebens beherrschenden oder durchdringenden Sinn. Hier haben unsere Schulen (und Universitäten) manchmal eine unglückliche Rolle gespielt, indem sie nicht ihrer Intention nach, aber faktisch Leistung um der Leistung willen verlangten oder zu verlangen schienen, Stoff um des Stoffes willen und nicht um der Ziele willen, die damit zu erreichen sind. Leistung kann nur dann mit solchen Zielen vereinbart und auf sie hin ausgerichtet werden, wenn sie nicht als Prinzip, sondern als relativ angesehen wird, in Relation sowohl zu diesen Zielen als auch zu Kreativität und schöpferischem Verhalten des Einzelnen.

VI. Zur Konstruierbarkeit von Wertordnungen

Der bisher erörterte Gedankengang hat uns wohl bestätigt, daß nicht jeder Erkenntnisfortschritt oder jeder technische Fortschritt *unmittelbar* eine Veränderung in Wertordnungen hervorruft und daher besser auch nicht von technischen Fortschritten, sondern vom Fortschreiten oder von Entwicklung zu reden ist. Andererseits haben wir gesehen, daß umfassendere und langfristigere Entwicklungen zu Veränderungen in den Werten oder dem Verständnis von Werten führen, die der Analyse zugänglich sind. Wenn diese Beobachtung stimmt, können wir mit einiger Zuversicht an die Konstruktion von Ziel- und Wertordnungen herangehen. Wir haben vorausgesetzt, daß es sich bei Werten nicht um etwas Absolutes oder Objektives oder schlechthin Bleibendes und Beharrendes handelt, sondern um etwas Veränderbares. Es bedeutet gegenüber tradierten Wertphilosophien sehr viel, wenn wir Werte als veränderbar oder als konstruierbar auffassen. Die tradierten Werte sollten wir, sofern sie sich bewährt haben, auf die Veränderungen untersuchen, die ihr Verständnis in den letzten Jahren bei uns erfahren hat. Damit wäre der »Rohstoff« für die Konstruktion oder Veränderung von Wertsystemen bereitgestellt.

Eines der wichtigsten Probleme scheint mir in dem Abstand zu bestehen, den Wertordnungen von der empirisch erfahrbaren Wirklichkeit haben können. Um den Abstand von Soll-Sätzen und Sachaussagen zu überbrücken, hat *Hans Albert* sog. Brückenprinzipien vorgeschlagen. Eines von ihnen heißt: Sollen impliziert Können oder in der kontrapositiven Form: Nicht-Können impliziert Nicht-Sollen.[18]) Hierzu sei

---

18) *H. Albert*, Traktat über kritische Vernunft, Tübingen ²1969, insbesondere S. 73–79. Die Rolle dieser Prinzipien wird kritisch reflektiert von *H. Lenk*, Philosophie im technologischen Zeitalter. Stuttgart 1971, insbesondere S. 14–19.

die Frage erlaubt, ob oder inwieweit sich das Können des Menschen als fixierte oder fixierbare Größe beschreiben läßt und ob nicht Werte als Soll-Sätze gerade den Sinn haben, den Menschen über sein bisher erfahrenes und geübtes Können hinauszubewegen. Ein anderes Brückenprinzip ist das sog. Kongruenz-Postulat, »das eine Kritik an normativen Behauptungen ermöglichen würde, die, um sinnvoll zu sein, die Existenz von Faktoren oder Zusammenhängen involvieren müßten, die für die Erkenntnis nicht in Betracht kommen«. Damit ist nicht gesagt, daß wir uns bei der Konstruktion oder Überprüfung von Wertordnungen lediglich an den Verhaltensweisen zu orientieren hätten, die historisch bereits verwirklicht worden sind. Wohl aber müssen wir bei der Begründung von Werten oder Wertordnungen solche Behauptungen ausschließen, die aufgrund ihres Wesens der rationalen Diskussion von vornherein nicht zugänglich sind.

VII. Zusammenfassende Thesen

Die hier erörterten grundsätzlichen Schwierigkeiten zeigen, daß es nicht möglich ist, in dem begrenzten Rahmen dieses Beitrags eine neue Wertordnung darzustellen und zu entwickeln, in der wissenschaftliche Erkenntnisse und technische Fortschritte angemessener berücksichtigt werden, als dies in den bisherigen ethischen Systemen der Fall war. Wir sind jedoch zu bestimmten Einsichten gelangt, die sich thesenartig zusammenfassen lassen. Die ersten beiden Thesen stellen Arbeitshypothesen dar, die der Konstruktion und dem Verständnis von Wertordnungen zugrundeliegen können. Die beiden anderen Thesen sollen dagegen Aufgaben kennzeichnen, die sich als Folgerungen aus dem bisher Gesagten ergeben und auf zukünftige Aufgaben hinweisen. Die Thesenform soll hervorheben, wie sehr wir uns der Unvollständigkeit und Vorläufigkeit dieser Andeutungen bewußt sind.

1. Metaökonomische Wertordnungen sind nicht analog zu offenbarten Wahrheiten aufzufassen, sondern können als geschichtlich entstandene und überlieferte Konstruktionen von Individuen oder Gruppen aufgefaßt werden. Wenn sie so verstanden werden, sind sie dem Zweifel und der Kritik grundsätzlich geöffnet und fordern, wie andere wissenschaftliche Theorien, zur Überprüfung, zur Ergänzung oder zur Ablösung durch neue, adäquatere Wertordnungen heraus. Die Begründung neuer Wertordnungen muß prinzipiell der rationalen Argumentation und Kritik zugänglich sein.

2. Wertordnungen verändern sich zumeist aufgrund langfristiger Tendenzen der wissenschaftlichen Erkenntnisse und technischen Fortschritte in dem Maße, wie diese in die Lebens- und Bewußtseinswirklichkeit der Menschen eingehen. Diesen Veränderungen ist dadurch nachzugehen, daß man diejenigen Begriffsentwicklungen untersucht, an denen der Wandel des Bewußtseins der modernen Industriegesellschaften abzulesen ist. Zwischen den obersten Werten, wie Frieden, Freiheit, Gerechtigkeit usw., und den konkreten Handlungsentwürfen gibt es eine Anzahl von »Zwischenbegriffen«, wie Spezialisierung, Kooperation, Mobilität, Dauer, Sicherheit, Rationalität, Kreativität usw., in denen sich solche Veränderungen widerspiegeln. Diesem Wandel ist nachzugehen, um neue Auffassungen bestehender, allgemein oder doch weithin als gültig angesehener Werte zu begreifen. Darüber hinaus muß man versuchen, den Wandel durch Konstruktion von Wertordnungen oder durch »Erfindung moralischer Ideen« (*Albert*) zu antizipieren. Der Bestand tradierter ethischer Systeme kann dabei nicht übersprungen, sondern muß eingearbeitet oder kritisch reflektierend überwunden werden.

3. Zu den Aufgaben der Naturwissenschaftler und Ingenieurwissenschaftler wird es in Zukunft gehören, ihre eigenen wissenschaftlichen und technischen Zielsetzungen auf metaökonomische Wertordnungen zu beziehen. Obgleich die genannten Zielsetzungen keineswegs homogen oder einheitlich sind,[19]) läßt sich nur durch diese Versuche die Wertbezogenheit wissenschaftlichen und technischen Schaffens konkretisieren. Auf dem Weg zu metaökonomischen Wertordnungen sind auch die expliziten oder impliziten ökonomischen Zielsetzungen und Wertordnungen angemessen zu berücksichtigen.

4. Zur Aufgabe dessen, der über Wissenschaft und Technik reflektiert, muß in Zukunft weit mehr als bisher die Einbeziehung wissenschaftlicher Erkenntnisse und technischer Fortschritte in bestehende oder zu konstruierende Wertordnungen gehören. Diese Aufgabe läßt sich nur aufgrund genauer Kenntnis natur- und ingenieurwissenschaftlicher Forschungsergebnisse, Denkweisen und Methoden verwirklichen und erfordert daher die intensive und langfristige Kooperation mit Vertretern der betreffenden Wissenschaftsdisziplinen. Das Nachdenken über die Wertordnungen muß geschehen im Bewußtsein der Offenheit der vom Menschen geschaffenen Welt. Diese Offenheit existiert nicht aus sich selbst. Die technische Welt, in der so vieles auf Leistung, Sicherheit und Verfestigung angewiesen ist, muß daher durch Zweifel und Kritik immer wieder zu einer offenen Welt gemacht werden, in der die Zukunft des Menschen als Verwirklichung seiner Freiheit möglich ist.

---

19) *K. Tuchel,* Über die Divergenz technischer, wirtschaftlicher und sozialer Zielsetzungen. Referat beim Kolloquium »Technik und Gesellschaft« anläßlich der 100-Jahr-Feier der Rheinisch-Westfälischen Technischen Hochschule Aachen, 13. bis 16. 10. 1970.

Wissenschaft, Technologie und Politik

Zur Problematik des Verhältnisses von Erkenntnis und Handeln

Von *Hans Albert*

I. Theorie und Praxis: Die neomarxistische Herausforderung

Das Problem des Verhältnisses von Theorie und Praxis, von Erkenntnis und Handeln, ist ein altes Thema des philosophischen Denkens. Wenn heute mitunter der Eindruck entsteht, es handele sich dabei um eine vollkommen neuartige Frage, die man leider bisher sträflich vernachlässigt habe, dann geht das darauf zurück, daß unter dem Einfluß einer politisch sehr wirksamen neomarxistischen Strömung in der Sozialphilosophie[1]) alle bisher für brauchbar gehaltenen Lösungen dieses Problems radikal in Frage gestellt und als im Grunde genommen irrational denunziert wurden. In der dieser Kritik zugrundeliegenden Auffassung ist eine Deutung der positiven Wissenschaft enthalten, die für unser Thema von einigem Interesse sein dürfte, eine Deutung nämlich, die

---

1) Dabei ist vor allem zu denken an die durch *Max Horkheimer, Theodor W. Adorno, Herbert Marcuse* und *Jürgen Habermas* repräsentierte »Frankfurter Schule«, deren Einfluß auf die Studentenbewegung allerdings im Abnehmen begriffen zu sein scheint. Die besonders aktiven Gruppen der sogenannten »Neuen Linken« scheinen in eine Form des orthodoxen Marxismus zurückgefallen zu sein, die sich als Instrument des politischen Kampfes und als ideologische Grundlage effizienter Organisation besser eignet als die teils für liberale, teils für anarchistische oder gar existenzialistische Ideen anfälligen Konzeptionen der oben genannten Denker.

geeignet ist, die Idee unvoreingenommener Wahrheitssuche zu unterminieren, die bisher mit der wissenschaftlichen Erkenntnis und mit dem Erkenntnisfortschritt unlösbar verbunden war. Eine Wissenschaft, die sich wie die positive, durch den naturwissenschaftlichen Denkstil geprägte Wissenschaft, den Anschein der Wertfreiheit gebe, habe, so wird behauptet, de facto den Charakter der Ideologie, des falschen Bewußtseins. Sie sei sich ihrer sozialen Einbettung nicht bewußt, lehne die Verantwortung für die Konsequenzen ihrer Forschungen ab, gebe sich zu technischer Verwertung im Dienste beliebiger Zielsetzungen her und trage letzten Endes dazu bei, die gegebenen sozialen Zustände, das gegenwärtige System, aufrechtzuerhalten, an dessen fundamentaler Irrationalität sie somit Anteil habe. In dieser Sicht der Dinge erscheint bewußte Parteilichkeit des Denkens dann letzten Endes als eine Tugend, zumindest dann, wenn man sich dabei auf der richtigen Seite befindet, nämlich auf der Seite derjenigen, die den Sinn des geschichtlichen Geschehens durchschaut haben, wie das die Verfechter der betreffenden Geschichtsphilosophie für sich selbst in Anspruch nehmen. Eine wichtige Konsequenz dieser Auffassung besteht dann darin, daß es berechtigt erscheint, die Wissenschaft gänzlich und unmittelbar in den Dienst der Politik zu stellen.[2] Bewußte

---

2) Aus einer derartigen Sicht der Dinge ist der Versuch von bestimmten Gruppen der »Neuen Linken«, die Universität zum Instrument des Klassenkampfes umzufunktionieren, durchaus verständlich. Allerdings sollte man nicht vergessen, daß wir schon einmal in unserer Geschichte eine Politisierung der Wissenschaft erlebt haben, wenn auch unter anderen Vorzeichen; vgl. dazu z. B. *E. Topitsch*, Die reaktionäre Ideologie der »studentischen Revolution«. In: Club Voltaire. Jahrbuch für kritische Aufklärung IV, Reinbek 1970. Zur Struktur des Denkens, das solchen Bewegungen zugrunde liegt, vgl. meinen Beitrag im gleichen Band: Politische Theologie im Gewande der Wissenschaft. Zur Kritik der neuen deutschen Ideologie.

Steuerung unter ideologischen Gesichtspunkten, wie wir sie in verschiedenen Formen aus der Geschichte kennen, wird hier zum integrierenden Bestandteil einer Wissenschaftslehre, die sich im übrigen selbst als ideologiekritisch verstanden wissen möchte.

Ein wesentliches Element der Wissenschaftsauffassung, die in dieser philosophisch-politischen Strömung dominiert, ist die instrumentalistische Deutung der dem naturwissenschaftlichen Denkstil verpflichteten reinen Wissenschaft, eine Deutung, die die technische Verwertbarkeit wissenschaftlicher Theorien zur Grundlage ihrer Beurteilung macht und ihre Bedeutung für die Gestaltung unseres Weltbildes systematisch herunterspielt. Der Realismus, der für die wissenschaftliche Forschung eine mehr oder weniger adäquate Erfassung wirklicher Zusammenhänge in Anspruch nimmt, wird von Verfechtern solcher Auffassungen als naiv hingestellt, obwohl sie selbst bei Bedarf auf Thesen zurückgreifen, für die kaum eine andere Interpretation in Betracht kommt, wenn sie nicht ihre Relevanz einbüßen sollen.[3] Mit dieser instrumentalistischen Deutung ist im allgemeinen ein ontologischer und methodologischer Anti-Naturalismus verbunden, der – im Einklang mit gewissen, vor allem im deutschen Sprachraum verwurzelten Denktraditionen – bestimmte Bereiche der realen Welt, nämlich die, die zur geschichtlich-gesellschaftlichen Wirklichkeit gehören, der Forschung nach naturwissenschaftlicher Methode entziehen und damit einen

---

3) Zu diesem Naivitätsvorwurf vgl. u. a. *N. Lobkowicz*, Interesse und Objektivität. In: Philosophische Rundschau, Dez. 1969. Der Vorwurf mangelnder kritischer Selbstreflexion der eigenen Basis, den die Verfechter solcher Auffassungen ihren Gegnern permanent entgegenzuhalten pflegen, fällt, wie die gründliche Analyse *W. Beckers* in seinem Buch: Idealistische und materialistische Dialektik. Stuttgart/Berlin/Köln/Mainz 1970, zeigt, auf sie selbst zurück.

Autonomieanspruch für das geisteswissenschaftliche Denken legitimieren möchte. Im ganzen zielt die Argumentation dieser Richtung darauf ab, dem naturwissenschaftlichen Denken durch instrumentalistische Umdeutung und Abwertung einen relativ untergeordneten Stellenwert im Rahmen einer Gesamtauffassung zuzuweisen, die von einer quasi-theologischen Geschichtsphilosophie mit absolutem Geltungsanspruch und normativer Funktion beherrscht wird, einer Geschichtsphilosophie, deren Fragwürdigkeit von ihren Verfechtern trotz der heute vorliegenden Kritik nicht bemerkt wird.[4] Mit dieser Herausforderung sind wir heute konfrontiert. Wir sind genötigt, uns damit auseinanderzusetzen, auch wenn wir angesichts der Grobheit und Kurzschlüssigkeit mancher Thesen und Argumente, mit denen da operiert wird, keinen besonderen Geschmack daran gewinnen mögen.

II. Die reine Wissenschaft und das Problem des Erkenntnisfortschritts

Was ist zu dieser an marxistischen Ideen orientierten neuen Wissenschaftslehre zu sagen? Auf der Basis einer kriti-

---

4) In den Sozialwissenschaften hat diese Auffassung schon an vielen Stellen eine breite Anhängerschaft gewonnen. Auch Nicht-Marxisten greifen oft bereitwillig auf Argumente zurück, denen sie zugrundeliegt. In der deutschen Psychologie beginnt sie sich gerade eben bemerkbar zu machen; vgl. dazu K. Holzkamp, Wissenschaftstheoretische Voraussetzungen kritisch-emanzipatorischer Psychologie. In: Zeitschrift für Sozialpsychologie, Band 1, 1970, Heft 1 u. 2. Holzkamp stellt seine Eliminierung des Realismus und der Wahrheitsidee als selbstverständliche Konsequenz der wissenschaftstheoretischen Entwicklung dar und landet bei einer marxistisch unterbauten Wissenschaftsauffassung, in der einer Kombination von ideologischer Steuerung und technologischer Reduktion das Wort geredet wird. Vgl. dazu meine Kritik in: Konstruktivismus oder Realismus? Klaus Holzkamps dialektische Überwindung der »bürgerlichen« Psychologie. In: Zeitschrift für Sozialpsychologie, Band 2, Heft 1.

schen Durchleuchtung dieser Auffassung muß zunächst einmal – allen gegenteiligen Behauptungen zum Trotz – festgestellt werden, daß die Idee einer reinen, die Erkenntnis der Wirklichkeit anstrebenden und daher dem Wahrheitsideal verpflichteten Wissenschaft keineswegs obsolet geworden ist, wie man uns glauben machen möchte.[5] Ohne Rückgriff auf die Idee einer Approximation an die Wahrheit dürfte es schwierig sein, dem Sinn der wissenschaftlichen Forschung überhaupt gerecht zu werden[6]), auch nicht, soweit ihre Ergebnisse technisch verwertbar sind. Die Vorstellung, man könne der technischen Bedeutung dieser Ergebnisse nur dadurch Rechnung tragen, daß man ein gegenstandskonstitutives rein technisches Erkenntnisinteresse dahinter postuliert, durch das der schon erwähnte Instrumentalismus noch eine transzendentale Weihe erhält, ist ein typisches Hirngespinst deutschen idealistischen Philosophierens, das sich etwas darauf zugute hält, den naturwissenschaftlichen Denkstil »hinterfragt« zu haben, obwohl dabei kein einziges stichhaltiges Argument gegen einen kritischen Realismus und eine ihm entsprechende Deutung von Wissenschaft, Technologie und Technik zum Vorschein gekommen ist. Die relativ einfache These, daß die mehr oder weniger adäquate Er-

---

5) Vgl. dazu z. B. meine Kritik an der Habermas-Apelschen Lehre in: Hermeneutik und Realwissenschaft. In: Sozialwissenschaft und soziale Praxis. Festschrift für Eduard Baumgarten. Meisenheim 1970; sowie meine Marcuse-Kritik in: Wissenschaft und Verantwortung. Max Webers Idee rationaler Praxis und die totale Vernunft der politischen Theologie. In: Mens en Maatschappij, 45. Jg., Nr. 5, 1970.

6) Vgl. dazu etwa: *K. Popper*, Truth, Rationality, and the Growth of Scientific Knowledge. In: *K. Popper*, Conjectures and Refutations. London 1963, und andere Arbeiten in diesem Band. Vgl. auch *K. Popper*, A Realist View of Logic, Physics and History. In: *Yourgran/Breck* (eds), Physics, Logic and History. New York/London 1970.

fassung realer Zusammenhänge konstitutiv sei für Technologie und Technik und daß ein tieferes Eindringen in die Struktur der Wirklichkeit auf dem Wege objektiver Erkenntnis auch Verbesserungen im technischen Bereich erlaube, die These vom Primat der Erkenntnis im Sinne des Realismus, ist von dieser Seite in keiner Weise zu Fall gebracht worden. Die Schwäche der einschlägigen Argumentation von seiten neomarxistischer Theoretiker kann durch ein Ausweichen in weitschweifige, aber systematisch belanglose geistesgeschichtliche Untersuchungen bestenfalls kaschiert werden.[7] Im übrigen ist es einigermaßen überraschend, daß im Rahmen einer Auffassung, die sich uns als aufklärerisch zu präsentieren pflegt, eine Wissenschaftslehre Platz findet, die geeignet ist, die Resultate der naturwissenschaftlichen Forschung für den Aufbau unseres Weltbildes zu sterilisieren.[8] Verständlich wird diese Tatsache allerdings dann, wenn man sich die Abstammung dieser Auffassung aus der Philosophie des deutschen Idealismus vor Augen führt, einer Philosophie, die man mit einigem Recht einmal als »Fortsetzung der Theologie mit anderen Mitteln« gekennzeichnet hat.[9]

Wir können also – im Gegensatz zu solchen Auffassungen – ohne weiteres davon ausgehen, daß die Ergebnisse des Er-

---

7) Für das Buch von *J. Habermas,* Erkenntnis und Interesse. Frankfurt 1968, das dessen diesbezügl. Thesen untermauern sollte, hat das *N. Lobkowicz* in seiner schon erwähnten ausführlichen Rezension: Interesse und Objektivität (vgl. Anm. 3) mit wünschenswerter Deutlichkeit festgestellt.

8) Man darf daran erinnern, daß die theologischen Kritiker der neuzeitlichen Wissenschaft im 16. und 17. Jahrhundert sich ähnlicher Mittel bedienten, um den Glauben gegen die neuen Erkenntnisse zu immunisieren; vgl. dazu z. B. *B. Nelson,* The Early Modern Revolution in Science and Philosophy. Fictionalism, Probabilism, Fideism and Catholic ›Prophetism‹. Boston Studies in the Philosophy of Science, Vol. III, ed. by *R. S. Cohen* and *M. W. Wartofsky.* Dordrecht/Holland 1967.

kenntnisfortschritts in den Wissenschaften, gerade auch in den nach naturwissenschaftlicher Methode verfahrenden theoretischen Realwissenschaften, in erster Linie kritisch und konstruktiv zur Verbesserung unseres Weltbildes verwendet werden können, wie das auch tatsächlich seit der Entstehung der Wissenschaften immer geschehen ist, oft gegen den Widerstand von Mächten, die ein Interesse an der Aufrechterhaltung überholter Auffassungen hatten und diesem Interesse mit politischen und institutionellen Mitteln Geltung zu verschaffen suchten. Die Wissenschaft selbst als sozialer Tatbestand kann ja als ein institutionell einigermaßen – wenn auch nicht sehr genau – abgrenzbarer Bereich der modernen Gesellschaft angesehen werden, der großenteils gerade auf diesen Erkenntnisfortschritt hin organisiert ist, in dem also neue Ideen, neue Problemlösungen, aber auch neue Problemstellungen, soweit sie eine Aussicht auf einen solchen Fortschritt eröffnen, prämiiert werden. Dabei hat sich das naturwissenschaftliche Paradigma, in dem die Idee der theoretischen Erklärung auf nomologischer Grundlage, auf der Basis von Gesetzmäßigkeiten, eine hervorragende Rolle spielt, auf Grund der großen Erfolge in dieser Hinsicht, die mit ihm verbunden waren, in immer stärkerem Maße durchgesetzt, auch in Disziplinen, die früher methodische Autonomie beansprucht hatten, zum Beispiel in den Kultur- und Sozialwissenschaften.

Wenn die Leistung der theoretischen Realwissenschaften

---

9) Vgl. dazu z. B. *K. Löwith*, Weltgeschichte und Heilsgeschehen. Die theologischen Voraussetzungen der Geschichtsphilosophie. Stuttgart 1953; *K. Löwith*, Gott, Mensch und Welt in der Metaphysik von Descartes bis Nietzsche. Göttingen 1967; *E. Topitsch*, Marxismus und Gnosis, und: Entfremdung und Ideologie. Zur Entmythologisierung des Marxismus, beides in seinem Aufsatzband: Sozialphilosophie zwischen Ideologie und Wissenschaft. Neuwied/Berlin ²1966.

darin besteht, immer tiefer in die strukturelle Beschaffenheit der Realität einzudringen durch Versuche der Erklärung auf nomologischer Grundlage, dann bedeutet das unter anderem, daß die Erfindung, Entwicklung, Anwendung und Beurteilung erklärungskräftiger und damit gehaltvoller Theorien von zentraler Bedeutung für ihre Erkenntnispraxis ist. Die Gesichtspunkte, die für eine solche Tätigkeit maßgebend sind, scheinen mir durch die wissenschaftstheoretische und wissenschaftshistorische Forschung der letzten Zeit einigermaßen geklärt worden zu sein[10]), soweit jedenfalls, daß sich daraus eine eindeutige Antwort auf moderne Versuche ergibt, durch Hochspielen der politischen Relevanzproblematik die relative Autonomie der wissenschaftlichen Forschung zu unterminieren.

Eines der wichtigsten Ziele der neomarxistisch inspirierten Kritik an der üblichen Wissenschaftsauffassung, die diese Autonomie betont, ist das seinerzeit durch *Max Weber* formulierte Wertfreiheitsprinzip, demzufolge eine der Erkenntnis gewidmete Wissenschaft auf Werturteile in ihrem Aussagenzusammenhang verzichten kann und muß.[11]) »Eine empirische Wissenschaft«, sagt *Weber* an einer Stelle, »vermag niemanden zu lehren, was er *soll*, sondern nur, was er *kann* und – unter Umständen – was er *will*.« Dieses Prinzip ist auf die verschiedenste Weise mißverstanden worden, und man kann wohl sagen, daß fast alle Kritiker *Max Webers* in dieser Hinsicht in ihrer Kritik von solchen Mißverständ-

---

10) Vgl. dazu etwa: *K. Popper,* Die Zielsetzung der Erfahrungswissenschaft. In: *H. Albert* (Hrsg.), Theorie und Realität. Tübingen 1964.

11) Vgl. dazu *M. Weber,* Die »Objektivität« sozialwissenschaftlicher und sozialpolitischer Erkenntnis. In: Gesammelte Aufsätze zur Wissenschaftslehre, herausgegeben von *J. Winckelmann.* Tübingen ³1968.

nissen ausgegangen sind.[12]) *Weber* hat in seiner Lösung der komplexen Wertproblematik keineswegs geleugnet, daß normative Orientierungen und Wertgesichtspunkte für die Wissenschaft erhebliche Bedeutung haben, er wollte auch nicht, wie *Marcuse* behauptet hat, durch seine Lehre die Wissenschaft frei machen für exogene Wertungen, »für die Akzeptierung von verbindlichen Wertsetzungen«, die ihr »von außen ... aufgetragen werden«[13]); er wollte vielmehr gerade ihre endogenen Wertungen, die mit der Zielsetzung der unvoreingenommenen Wahrheitssuche zusammenhängen, deutlich herausstellen und sie von exogenen Wertungen, zum Beispiel denen des politischen Tageskampfes, so unabhängig wie möglich machen, um ihre freie Entfaltung zu sichern. Wie die Wissenschaftsgeschichte zeigt, ist der Versuch, die wissenschaftliche Forschung einer Steuerung unter politischen Gesichtspunkten auszusetzen, für den Fortschritt der Erkenntnis nur von negativer Bedeutung. Das gilt nicht nur für die Suche nach adäquaten Problemlösungen, sondern auch schon für die Wahl der Probleme selbst. Es ist eine Illusion, wenn man glaubt, man könne durch Geltendmachen praktisch-technischer oder gar moralisch-politischer Gesichtspunkte die Theoriebildung und den Erkenntnisfortschritt fördern und in eine bestimmte Richtung lenken. Wer das annimmt, verkennt die Bedeutung umfassender und von der Begrenzung auf spezielle Probleme der unmittelbaren Alltagspraxis los-

12) Vgl. dazu meinen Beitrag zur Moser-Festschrift: Theorie und Praxis. Max Weber und das Problem der Wertfreiheit und der Rationalität, in: Die Philosophie und die Wissenschaften, herausgegeben von *E. Oldemeyer*, Meisenheim 1967, sowie meine Kritik an *Marcuse*, dessen Kritik an *Weber* den Stempel besonderer Fahrlässigkeit trägt, in meinem Aufsatz: Wissenschaft und Verantwortung (vgl. Anm. 5).

13) Vgl. *H. Marcuse*, Industrialisierung und Kapitalismus, in: *O. Stammer* (Hrsg.), Max Weber und die Soziologie heute. Tübingen 1965, S. 161.

gelöster Theorien für die Entwicklung der Erkenntnis.[14]) Gerade solche Theorien haben sich später immer wieder als ungeheuer bedeutsam auch für die Lösung praktisch-technischer Probleme erwiesen, ohne daß man die vielseitigen Möglichkeiten praktischer Verwertung hätte vorhersehen können. Das hängt u. a. damit zusammen, daß die Menge der Folgerungen aus solchen Theorien unübersehbar ist. Die Folgerungsmenge jeder solchen Theorie ist an sich schon unendlich groß, aber je allgemeiner und gehaltvoller eine Theorie ist, desto umfassender ist ihre Folgerungsmenge. Nicht einmal, wenn die betreffende Theorie ausgearbeitet vorliegt, sind daher alle Konsequenzen zu übersehen. Der Glaube, man könne die praktische Relevanz einer Theorie schon vorher, etwa auf Grund eines von praktischen Gesichtspunkten her gewählten Ausgangsproblems, beurteilen, ist in höchstem Grade naiv, ganz abgesehen von der Fragwürdigkeit der Vorstellung, daß der Ausgang von einem solchen Problem zu einer relevanten Theorie führe.

Damit sind aber auch gleichzeitig die sozialen Wirkungen solcher Theorien nicht im voraus bestimmbar, zumal sie zusätzlich noch von gesellschaftlichen Konstellationen und von den Einstellungen derjenigen Menschen abhängen, die Kenntnis von ihnen erlangen und diese Kenntnis verwerten, also keineswegs von der moralisch-politischen Haltung der sie

---

14) Vgl. dazu etwa *A. Koyré*. Études Galiléennes. Paris 1966; *A. Koyré*, Newtonian Studies. London 1965; *A. Koyré*, Metaphysics and Measurement. Essays in Scientific Revolution. London 1968, und andere wissenschaftshistorische Arbeiten, die dem marxistischen Mythos des unmittelbaren Praxisbezugs der Wissenschaft den Garaus gemacht haben dürften.

15) Darauf hat *F. H. Tenbruck* in seinem Aufsatz: Die Funktionen der Wissenschaft, in: Was wird aus der Universität?, herausgegeben von *G. Schulz*, Tübingen 1969, mit Nachdruck hingewiesen. Vgl. auch den instruktiven Aufsatz von *H. Mohr*, Information und Utopie. Die Zukunft des Menschen aus der Sicht des

produzierenden Wissenschaftler, von der heute so viel Aufhebens gemacht wird.[15]) Es ist also durchaus möglich, daß konservativ eingestellte Forscher Theorien produzieren, deren Wirkungen letzten Endes revolutionären Charakter haben.[16]) Andererseits kann eine revolutionäre Einstellung mit einer ausgesprochen exegetisch-dogmatischen Haltung gewissen Texten gegenüber verbunden sein, die für die Theoriebildung völlig unfruchtbar bleibt.

III. Die praktische Anwendung von Erkenntnissen und die Problematik der Technologie

Für das Problem einer rationalen Praxis ist die wertfreie wissenschaftliche Erkenntnis schon insofern von großer Bedeutung, als sie einen erheblichen Beitrag zur Beantwortung der wichtigen Frage leistet: Was können wir tun? Nun gibt es allerdings Auffassungen, die zumindest hier – im Bereich der sogenannten angewandten Wissenschaft – die explizite Einführung normativer Elemente in das wissenschaftliche Denken, die Aufstellung von Wertprämissen und ihre Benutzung für das Ziehen praktisch relevanter Konsequenzen, für unerläßlich halten. Unter dem Gesichtspunkt der praktischen Brauchbarkeit wird dabei der Aufbau einer normativen

---

Naturwissenschaftlers. Freiburger Universitätsreden, Neue Folge, Heft 46, Freiburg 1969. *K. Popper* hat aus der Unvorhersagbarkeit künftigen Wissens die Folgerung gezogen, daß auch der Gang der Geschichte im Großen unvorhersagbar sei, in Gegensatz zu den Ansprüchen marxistischer und nicht-marxistischer Geschichtsphilosophen, vgl. dazu *K. Popper,* Das Elend des Historizismus. Tübingen [2]1969.

16) Vgl. *H. Blumenberg,* Die Kopernikanische Wende. Frankfurt 1965; sowie *A. Koestler,* Die Nachtwandler. Stuttgart/Zürich/Salzburg o. J.

Sozialwissenschaft gefordert, von der her politische Entscheidungen wissenschaftlich gerechtfertigt werden können.[17]
Diese Forderung beruht auf einer Kritik an ideologischen
Konzeptionen, in denen versteckte Wertungen in der Maske
erkenntnishaltiger Aussagen vorkommen, und andererseits
an der Vorstellung einer für beliebige Zwecke verwendbaren
wertfreien Technologie. Nun läßt sich zeigen, daß die Einführung von Wertprämissen auch in diesem Zusammenhang
weder notwendig noch auch förderlich für die Entwicklung
praktisch verwendbarer Aussagensysteme ist.[18] Aus Systemen mit nomologischem Gehalt, wie sie in der theoretischen
Erkenntnis der reinen Realwissenschaften vorliegen, lassen
sich nämlich ohne die Verwendung zusätzlicher Voraussetzungen auf deduktive Weise praktisch verwendbare technologische Systeme ableiten. Allerdings muß man sich darüber
klar sein, daß die Gewinnung eines solchen Systems jeweils
eine Selektion aus einer unendlichen Folgerungsmenge involviert und daß man wie immer in solchen Fällen Gesichtspunkte benötigt, die die Beurteilung der Relevanz der betreffenden Folgerungen ermöglichen, ganz abgesehen davon,
daß die Lösung dieses Selektionsproblems eine praktisch
orientierte schöpferische Phantasie voraussetzt.

Um zu bestimmen, worin die praktische Bedeutung solcher
technologischer Systeme besteht, ist es zweckmäßig, sich zu
verdeutlichen, daß die in wissenschaftlichen Theorien be-
schriebenen Gesetzmäßigkeiten den Charakter von Ein-

---

17) Für das Programm einer solchen Wissenschaft vgl. *G. Weis-
ser,* Politik als System aus normativen Urteilen, Göttingen 1951;
dazu kritisch mein Aufsatz: Wertfreiheit als methodisches Prinzip. Zur Frage der Notwendigkeit einer normativen Sozialwissenschaft. In: Probleme der normativen Ökonomik und der wirtschaftspolitischen Beratung, herausgegeben von *E. von Beckerath/
H. Giersch / H. Lampert.* Berlin 1963.

18) Vgl. dazu meinen in Anm. 17 genannten Aufsatz.

schränkungen haben, von Spielräumen gewissermaßen, innerhalb deren das tatsächliche Geschehen abläuft. In ihrer Anwendung auf praktisch relevante Situationen ergibt sich aus ihnen die Einschränkung menschlicher Wirkungsmöglichkeiten. Man kann also sagen, daß in technologischen Aussagensystemen der Spielraum menschlicher Handlungsmöglichkeiten festgelegt und damit eine jeweils situationsspezifische Antwort auf unsere Ausgangsfrage ermöglicht wird: Was können wir tun? Das geschieht dadurch, daß in ihnen das mögliche Geschehen auf mögliche Ansatzpunkte für menschliches Handeln bezogen wird.[19] Auch die Technologie braucht also keine Vorschriften zu enthalten, sondern nur informative Aussagen, nämlich solche über menschliche Handlungsmöglichkeiten. Der Informationsgehalt eines solchen Systems geht nicht über den seiner theoretischen Grundlage hinaus. Seine Bedeutung hängt nur von diesem Gehalt und seiner Relevanz für die Lösung der betreffenden praktischen Probleme ab. Im übrigen können Technologien auch dann noch nützlich sein, wenn ihre theoretische Grundlage streng genommen falsch und unter Umständen schon durch den Erkenntnisfortschritt überholt ist. Das hängt mit dem einfachen Umstand zusammen, daß aus falschen Theorien unter anderem auch wahre Konsequenzen gezogen werden können. Ein im Sinne der Logik gültiges deduktives Argument ermöglicht zwar den Transfer des positiven Wahrheitswertes – der Wahrheit – von der Prämissenmenge auf die Konklusion, aber dadurch ist nicht ausgeschlossen, daß aus einem System

---

19) Wenn *E. Mach* in einem Kapitel über Sinn und Wert der Naturgesetze – in seinem Buch: Erkenntnis und Irrtum. Skizzen zur Psychologie der Forschung, Leipzig [3]1917, S. 499 – sagt: *»Ihrem Ursprunge nach sind die ›Naturgesetze‹ Einschränkungen, die wir unter Leitung der Erfahrung unserer Erwartung vorschreiben«*, so ist in dieser These diese praktisch bedeutsame Seite des nomologischen Denkens sehr gut charakterisiert.

mit falschen Prämissen auch wahre Folgerungen gezogen werden können. Das ist sogar trivialerweise immer möglich, da zumindest logisch wahre Aussagen aus beliebigen Systemen gefolgert werden können. Der Wahrheitsgehalt einer falschen Theorie kann dazu ausreichen, die zur Lösung eines praktischen Problems notwendigen Folgerungen abzuleiten. So ergeben sich etwa aus einer Technologie für das Schießen mit Geschützen, wie sie in der klassischen Artillerie üblich waren, einer Technologie, die der ballistischen Kurve die Form der Parabel zugrundelegte, auch dann brauchbare Resultate, wenn bekannt ist, daß eine solche Kurve eigentlich die Form einer Ellipse hat. Beim Übergang zu Interkontinentalraketen allerdings dürfte eine solche Technologie nicht mehr ausreichend sein.[20]

Nun aber zurück zur Problematik der Relevanz und der eventuellen Bedeutung von Werturteilen für die Konstruktion technologischer Aussagensysteme. Wie wir gesehen haben, ist die auf Erklärung wirklicher Zusammenhänge abzielende theoretische Realwissenschaft in ihrer Entwicklung kaum ohne Schaden von exogenen politisch-moralischen Gesichtspunkten abhängig zu machen. Sie ist im übrigen in praktischer Hinsicht prinzipiell ambivalent[21], da sie eine unbegrenzte Menge technischer Verwendungen in den verschiedensten Richtungen zuläßt, von denen unter einem jeweils gegebenen Wertgesichtspunkt stets einige als akzepta-

---

20) Vgl. dazu *K. Popper*, Die Zielsetzung der Erfahrungswissenschaft (vgl. Anm. 10) S. 80 ff., wo dieses Beispiel, das von *Newton* selbst stammt, im Zusammenhang einer Diskussion der Beziehungen zwischen der Galileischen und der Newtonschen Theorie erörtert wird.

21) Das haben vor allem *F. H. Tenbruck* und *H. Mohr* in ihren in Anm. 15 genannten Arbeiten mit wünschenswerter Deutlichkeit herausgestellt.

bel, andere dagegen als fragwürdig erscheinen werden. Was für ihre theoretische Grundlage gilt, ist aber in einem gewissen Ausmaß sogar für die technologischen Systeme selbst gültig. Auch sie sind in praktischer Hinsicht weitgehend ambivalent, da sie Anwendungen zu den verschiedensten Zwecken zulassen. Das gilt selbst für Systeme der Sozialtechnologie, über die nicht selten so argumentiert wird, als ob hier eindeutige politisch-moralische Beurteilungen selbstverständlich möglich seien. Um einen Extremfall zu nehmen: Selbst eine Technologie der Revolution ist schon deshalb praktisch ambivalent, weil je nach spezieller Situation auch unter dem gleichen Wertgesichtspunkt eine Revolution einmal als wünschenswert, ein anderes Mal aber als unerwünscht angesehen werden kann. Davon abgesehen werden sogar die Gegner von Revolutionen aus der Kenntnis einer solchen Technologie Nutzen ziehen können.

Wer also bestimmte technologische Systeme wegen ihrer Relevanz für die Lösung bestimmter Probleme positiv beurteilt, braucht sich damit noch lange nicht für eine bestimmte Verwendung und damit für eine bestimmte Politik auszusprechen. Es ist daher zweckmäßig, zwischen der Konstruktion eines solchen Aussagensystems und seiner Anwendung in bestimmten konkreten Situationen zu unterscheiden, was zum Beispiel die Verfechter einer normativen Sozialwissenschaft nicht immer in ausreichendem Maße getan haben, also einen Unterschied zwischen Technologie und Technik, zwischen Sozialtechnologie und Politik zu machen. Bei der Anwendung wissenschaftlicher – auch technologischer – Aussagen in konkreten Situationen spielen natürlich Wertungen aller Art, auch solche politischen und moralischen Charakters, eine erhebliche Rolle. Das ist, soweit ich sehe, von niemandem geleugnet worden, sicherlich nicht von den Verfechtern des schon erwähnten Wertfreiheitsprinzips. Was allerdings geleugnet werden kann, ist die Zweckmäßigkeit von Konzeptionen, in denen versucht wird, die für konkrete Situationen in Betracht kommenden Wertungen durch Einführung expliziter Wertprämissen in die betreffenden Systeme vorwegzunehmen.[22]) Ein großer Teil unserer heutigen Alltagspraxis ist technologisch – auch schon sozialtechnologisch – geprägt und damit von der Anwendung wissenschaftlicher Erkenntnis abhängig. Es wäre ein utopisches Unterfangen, der Vielfalt der in Betracht kommenden Zielsetzungen und Wertungen durch den Versuch einer solchen abstrakten Vorwegnahme Rechnung zu tragen.

Es ist vielleicht zweckmäßig, in diesem Zusammenhang noch auf ein Mißverständnis der Leistungen des technologischen Denkens einzugehen, das man nicht selten auch bei Wissenschaftlern findet. Dieses Mißverständnis kommt in der These zum Ausdruck, die Wissenschaft könne nur etwas über die Mittel, nicht aber über die Ziele oder Zwecke menschlichen Handelns sagen. Diese These entspringt, wenn man sie in bestimmter Weise deutet, dem sehr problematischen Glauben an die Neutralisierbarkeit eines Teiles der praktischen Problematik, der letzten Endes auf das Vorurteil hinausläuft, daß der Zweck die Mittel heiligt. Dieses Zweck-Mittel-Denken[23]) involviert ein normatives Mißverständnis der Technologie, die de facto nur über Handlungsmöglichkeiten – also über *mögliche* Zwecksetzungen und *mögliche* Mittelverwendungen – informieren, aber keine der

---

22) Vgl. dazu meine Kritik in: Sozialwissenschaft und politische Praxis. Archiv für Rechts- und Sozialphilosophie, Vol. LIV, 1968.

23) Für eine durchgreifende Kritik vgl. *G. Myrdal*, Das Zweck-Mittel-Denken in der Nationalökonomie (1933), abgedruckt in seinem Aufsatzband: Das Wertproblem in den Sozialwissenschaften, Hannover 1964, der auch problematischere Beiträge enthält.

analysierten Alternativen vorschreiben und damit dem Handelnden weder die Entscheidung über Zwecke noch die über Mittel abnehmen kann.

IV. Wissenschaft, Politik und Gesellschaft

Aus dem Bisherigen geht hervor, daß auch eine an der Idee der Wahrheitssuche und am Ziel des Erkenntnisfortschritts orientierte Wissenschaftsauffassung, die das Webersche Wertfreiheitsprinzip akzeptiert, die soziale Einbettung der Wissenschaft – die Tatsache, daß sie von sozialen Bedingungen abhängt und soziale Wirkungen entfaltet – nicht zu leugnen braucht. In der entwickelten industriellen Gesellschaft gehören die Wissenschaft und die auf ihrer Basis entwickelte Technik, wie jedermann weiß, zu den unentbehrlichen Grundlagen des täglichen Lebens. Ohne ihre Ergebnisse und Methoden wäre die heutige Zivilisation nicht aufrechtzuerhalten. Das bedeutet zunächst vor allem eines, nämlich: Daß in jeder Gesellschaft dieses Entwicklungsstandes ganz unabhängig von der jeweiligen sozialen Ordnung und der Gestaltung des politischen Lebens ein starkes Interesse daran besteht, die Leistungsfähigkeit dieses sozialen Bereichs aufrechtzuerhalten und seine Entwicklung zu fördern, damit alle Bereiche in den Genuß der Leistungen kommen können, die in ihm produzierbar und für ihr Funktionieren erforderlich sind. Dieses Interesse ist, so tief es auch an vielen Stellen eingewurzelt und institutionell verankert sein mag, doch nur eine von vielen Komponenten der jeweiligen sozialen Interessenkonstellation, die nicht selten mit anderen in Konflikt gerät und auf Kompromisse mit ihnen angewiesen ist.

Aus dieser Tatsache und aus dem Umstand, daß viele und starke gesellschaftliche Kräfte an der Wissenschaft nur insoweit interessiert sind, als ihre unmittelbare technische Verwertbarkeit in Frage kommt, ergibt sich die Konsequenz, daß man nicht ohne weiteres die Herstellung erkenntnisoptimaler Bedingungen in diesem Bereich des sozialen Lebens erwarten kann, ganz abgesehen davon, daß unsere Kenntnis über die Beschaffenheit solcher Bedingungen noch nicht sehr entwickelt ist. Wir müssen durchaus damit rechnen, daß auch in neuzeitlichen Industriegesellschaften, die für ihre Existenz auf eine am Erkenntnisfortschritt orientierte Wissenschaft angewiesen sind, soziale Kräftekonstellationen entstehen, die auch ohne bewußte Absicht dafür sorgen, daß die sozialen Bedingungen für die Funktionsfähigkeit einer solchen Wissenschaft mehr oder weniger stark beeinträchtigt werden. Das kann nicht nur dadurch geschehen, daß ein totalitäres Regime dramatische Eingriffe in das wissenschaftliche Leben auf sich nimmt, um sein Interpretationsmonopol für die herrschende Ideologie aufrechtzuerhalten und diese Ideologie gegen die schleichende Erosion zu schützen, die mit der Verbreitung bestimmter wissenschaftlicher Erkenntnis oft verbunden zu sein pflegt. Es kann sich auch um weit weniger auffallende Entwicklungen handeln, durch die etwa die Rekrutierung der für die Forschung notwendigen Kräfte, deren Ausbildung, die Alimentierung der Forschungen selbst und andere Funktionsbedingungen wissenschaftlicher Aktivitäten geschwächt und die sozialen Fundamente des Erkenntnisfortschritts unterminiert werden, Entwicklungen, die auf lange Sicht wirksam werden, auch wenn ihre kurzfristigen Wirkungen kaum zu bemerken sind.

Die Wissenschaft läßt sich keineswegs in einem sozialen Vakuum reproduzieren. Sie beruht auf jahrhundertealten Traditionen, deren Abbruch soziale Katastrophen ungeheuren Ausmaßes hervorrufen müßte. Insofern ist die Wissenschaft, auch die der naturwissenschaftlichen Methode verpflichtete wertfreie Wissenschaft, natürlich ein Politikum ersten Ranges, aber das bedeutet keineswegs, daß man sie hinsichtlich ihrer Problemstellungen und Problemlösungen einer politischen Steuerung irgendwelcher Art unterwerfen müßte. Ideologien, die eine solche Steuerung in einem angeblich dazu verpflichtenden Gesamtinteresse rechtfertigen möchten, sind schon deshalb fragwürdig, weil sie dazu genötigt sind, außerwissenschaftlichen Instanzen ein Erkenntnisprivileg und darüber hinaus Kompetenzen zuzuerkennen, deren sinnvolle Handhabung weiterreichende Kenntnisse voraussetzen würde, als sie innerhalb des Bereichs der wissenschaftlichen Forschung vorhanden sind, wo gerade in wichtigen Fragen konkurrierende theoretische Auffassungen an der Tagesordnung sind. Die reine Wissenschaft, soweit sie in ihrer Forschungspraxis auf den Erkenntnisfortschritt abzielt, bedarf weder einer exogenen Lenkung, noch kann sie eine solche ohne negative Folgen für ihre Leistungsfähigkeit vertragen. Sie bedarf allerdings der Förderung mit geeigneten Mitteln: nicht nur durch Bereitstellung von Personal und Ausbildungs- und Forschungseinrichtungen, sondern auch durch institutionelle Vorkehrungen, die die Freiheit des Denkens und des Gedankenaustauschs, den Schutz der Forschung gegen Eingriffe und Störungen durch Inkompetente, die Entlastung der Forschenden von anderen – zum Beispiel von administrativen – Aufgaben und andere wichtige Vorbedingungen fruchtbarer Erkenntnispraxis sicherstellen. Reformen, die dazu führen, daß mit Aufgaben im Bereich der Erkenntnis betrautes Personal einen großen Teil seiner Arbeitszeit damit verbringen muß, in endlosen Sitzungen relativ triviale Entscheidungen administrativen Charakters zu treffen, sind nicht zu den institutionellen Mitteln einer solchen Förderung zu rechnen, auch wenn sie ideologisch legitimiert erscheinen. Wer bei der Umorganisation eines sozialen Gebildes die Frage des Zeitaufwandes vernachlässigt, handelt irrational. Nicht politische Lenkung oder gar ideologische Steuerung, sondern institutionelle Stützung ist hier also am Platze, wenn man den Fortschritt der Erkenntnis nicht gefährden will.

Natürlich ist die Situation eine vollkommen andere, soweit es um die technische Verwertung wissenschaftlicher Erkenntnisse geht. Zwar ist der Erkenntnisfortschritt die unentbehrliche Grundlage des technischen Fortschritts – wenn dieser auch über die Vervollkommnung des Forschungsinstrumentariums, zum Beispiel der Meßinstrumente, auf jenen zurückwirkt –, aber für ihn haben die Erfordernisse des Alltags eine andere Bedeutung als für die reine Grundlagenforschung. Der technische Fortschritt unterliegt weitgehend politisch relevanten Richtungsentscheidungen, die sich auch auf die Formulierung der zu lösenden praktischen Probleme beziehen, und läßt sich daher kaum sinnvollerweise dem steuernden Einfluß politischer Instanzen entziehen. Die technologische Forschung ist ja unmittelbar auf praktische Zielsetzungen bezogen, sie ist ohnehin bis zu einem gewissen Grade exogen gesteuert und kann insoweit auch dem Einfluß der politischen Urteilsbildung kaum entzogen werden. Das bedeutet keineswegs, daß sich etwa der Staat laufend in den großen Bereich technologischer Forschung einschalten müßte, der in einer Gesellschaft mit großen marktwirtschaftlich organisierten Sektoren durch die autonomen Entscheidungen der Unternehmungen gesteuert wird. Die Zulassung solcher Marktbereiche entspringt selbst ordnungspolitischen Entscheidungen, aus denen sich eine solche Kompetenzregelung ergeben kann. Andererseits sind die zentralen politischen Instanzen einer modernen Industriegesellschaft genötigt, bestimmte Aufgaben, auch solche, die für ihre adäquate Erfüllung technologische Forschungen und technische Entwicklungen voraussetzen, selbst in Angriff zu nehmen und teilweise auch die Vorbedingungen für ihre Erfüllung selbst zu schaffen, man denke nur an die Probleme der Raum- und Verkehrsplanung, der Umweltverschmutzung, des Gesundheitsschutzes, der Ausbildung usw., kurz an Probleme, deren Lösung nicht ohne weiteres an autonome Marktinstanzen delegiert werden kann. Die Anwendung wissenschaftlicher Erkenntnisse in der Praxis des sozialen Lebens unterliegt, wie schon erwähnt, konkreten Wertungen aller Art, die mit den jeweiligen praktischen, unter anderen auch den politischen, Zielsetzungen zusammenhängen.

Mit der Frage nach der Möglichkeit und Zweckmäßigkeit politischer Steuerung oder institutioneller Förderung der wissenschaftlichen und technologischen Forschung und der praktischen Verwertung von Erkenntnissen ist aber nur ein Aspekt der Problematik der sozialen Einbettung der Wissenschaft behandelt. Ein anderer nicht weniger wichtiger Aspekt ergibt sich aus der Frage nach den möglichen Leistungen der Wissenschaft für die gesellschaftliche Praxis. Nach dem bisher Gesagten könnte es so aussehen, als ob hier im wesentlichen nur eine Art von Leistung in Betracht käme, nämlich diejenige, die sich aus der Möglichkeit technischer Verwertung ergibt. Aber das ist keineswegs der Fall. Ich habe schon zu Anfang in meiner Kritik des erkenntnistheoretischen Instrumentalismus auf die Bedeutung der wissenschaftlichen Erkenntnis für die Formung unseres Weltbildes hingewiesen. Damit ist nun nicht etwa nur eine esoterische Funktion der Wissenschaft angesprochen, die für die Alltagspraxis und damit auch für das politische Leben ohne Belang ist. Man muß vielmehr damit rechnen, daß die Fortschritte des wissenschaftlichen Denkens auch unabhängig von der Frage ihrer technischen Verwertbarkeit bis zu einem gewissen Grade ins allgemeine Bewußtsein übergehen und darin Wandlungen hervorrufen, die sich unter anderem letzten Endes auch auf politische Entscheidungen auswirken. Wenn dem nicht so wäre, dann wäre es nicht an der Tagesordnung, daß die zentralen politischen Instanzen autoritär oder totalitär organisierter Herrschaftsverbände bestrebt sind, die Verbreitung wissenschaftlicher Entdeckungen zu verhindern, aus denen sich fatale Konsequenzen für diejenige Ideologie ergeben, der sie jeweils ihre Legitimation verdanken. Der Erkenntnisfortschritt trägt zu Bewußtseinswandlungen bei, die unabhängig von der Möglichkeit technischer Anwendung das Denken und Handeln der Mitglieder einer Gesellschaft prägen und damit auch politisch wirksam werden.

Es ist daher berechtigt, zumindest zwei Weisen der Praxisorientierung zu unterscheiden, denen wissenschaftliche Erkenntnisse zugrundeliegen. Man kann sie vielleicht am besten durch die beiden Ausdrücke »Aufklärung« und »Steuerung« umschreiben. Im einen Falle werden die Produkte der wissenschaftlichen Forschung dazu benutzt, Vorurteile zu eliminieren, ideologische Verschleierungen durchschaubar zu machen, das Wissen über tatsächliche Zusammenhänge zu verbessern und auf diese Weise das Urteil und die Urteilskraft der Mitglieder der Gesellschaft zu läutern und zu stärken. Die wissenschaftliche Erkenntnis wird hier also kritisch verwertet, zur Kritik von mehr oder weniger fest verwurzelten Überzeugungen aller Art, auch von Wertorientierungen[24] und politischen Meinungen und schließlich auch zur Sozialkritik. Institutionelle Vorkehrungen aller Art können ja, ähnlich wie etwa wissenschaftliche Theorien, als Versuche der Problemlösung aufgefaßt und unter dem Gesichtspunkt ihrer Leistung beurteilt werden, wobei wieder die in Betracht kommenden wissenschaftlichen Theorien für diese Beurteilung heranzuziehen sind. Im anderen Falle, nämlich im Falle der Steuerung, geht es um die technologische Umsetzung und

24) Die Frage der Möglichkeit der Kritik an Wertüberzeugungen mit den Mitteln einer im Sinne *M. Webers* wertfreien Wissenschaft ist ein Sonderproblem, das ich hier nicht erörtern kann; vgl. dazu mein Buch: Traktat über kritische Vernunft. Tübingen ²1969, Kap. III: Erkenntnis und Entscheidung.

die technische Verwertung wissenschaftlicher Erkenntnisse, von denen schon öfter die Rede war, also um ihre konstruktive Verwendung.

In beiden Fällen haben wir es mit dem vom Neomarxismus ständig beschworenen Problem der Vermittlung von Theorie und Praxis zu tun, für das im Rahmen dieser philosophischen Konzeption allerdings kaum Lösungen zu finden sind. Unter Voraussetzung der hier vorgeschlagenen realistischen Interpretation der positiven Wissenschaften macht seine Lösung keine prinzipiellen Schwierigkeiten. Man muß nur davon ausgehen, daß in beiden Fällen die Erklärung der in Betracht kommenden Phänomene als grundlegend für die praktische Orientierung angesehen werden kann, ob sie nun konstruktiven oder kritischen Charakter hat. Einen Tatbestand erklären heißt unter anderem auch: zeigen, wie er prinzipiell vermieden oder hervorgerufen werden kann, natürlich unter der Voraussetzung, daß die entsprechenden Ansatzpunkte für menschliches Handeln vorhanden sind. Wer, wie das viele Verfechter einer Auffassung tun, die die Wissenschaft einer ideologischen Integration oder gar politischer Steuerung unterwerfen wollen, den Geltungsbereich der naturwissenschaftlichen Methode beschränken möchte, etwa so, daß die Sozialwissenschaften nicht in ihn einbezogen werden, der sollte sich darüber klar sein, daß er dadurch keineswegs die Rationalisierung der Politik fördert, sondern daß er vielmehr auf dem besten Wege ist, die Grundlagen einer rationalen Politik zu unterminieren. Ein wesentliches Merkmal der naturwissenschaftlichen Methode ist es nämlich, die Einschränkungen deutlich zu machen, unter denen bestimmte Probleme gelöst werden können, so daß eine nüchterne Beurteilung alternativer Problemlösungen im Lichte unseres Wissens möglich wird. Utopische Zielsetzungen und jene Art totaler Kritik, wie sie von solchen Zielsetzungen her gerechtfertigt erscheint, verfallen im Lichte dieser Methode dem Verdikt der Irrationalität. Probleme der Kompatibilität von Zielsetzungen und Mittelverwendungen und Probleme der Realisierbarkeit erhalten das Gewicht, das ihnen für eine rationale Gestaltung der Politik zukommt.[25])

V. Wissenschaft und Verantwortung

Damit sind wir beim letzten der hier zu behandelnden Probleme angelangt, das man etwa in die folgenden Worte kleiden kann: Hat die Wissenschaft oder vielleicht besser: haben die Wissenschaftler eine besondere moralisch-politische Verantwortung? Darf man von ihnen in dieser Hinsicht mehr erwarten als von anderen Mitgliedern der Gesellschaft? Mir scheint, eine pauschale Antwort auf diese Frage, wie man sie heute allenthalben zu hören gewohnt ist, läßt sich kaum vertreten.

Zunächst einmal ist festzustellen, daß mehr oder weniger wissenschaftlich, und das heißt natürlich: in einer oder in mehreren Spezialdisziplinen ausgebildete Personen sich in den verschiedensten Berufsrollen einer modernen Industriegesellschaft finden, in Rollen mit ganz verschiedenen Informationsvoraussetzungen und Entscheidungskompetenzen, und daß kaum etwas anderes möglich ist, als ihre Verantwortung jeweils im Einklang mit diesen verschiedenen Bedingungen auch verschieden zu bemessen. Es gibt heute eine ungeheuere Zahl von Vermittlungsberufen, Berufen, deren Träger die Aufgabe übernommen haben, durch Verwertung

---

25) Vgl. dazu meinen Aufsatz: Wissenschaft und Politik. Zum Problem der Anwendbarkeit einer wertfreien Sozialwissenschaft. In: Probleme der Wissenschaftstheorie. Festschrift für Victor Kraft, herausgegeben von *E. Topitsch*, Wien 1960, S. 223 ff., sowie das letzte Kapitel: Das Problem einer rationalen Politik, meines in Anm. 24 genannten Buches.

wissenschaftlicher Resultate und Methoden zwischen reiner Wissenschaft und Alltagspraxis zu vermitteln, wobei eine mehr oder weniger schöpferische Nutzung technischer Möglichkeiten nicht selten ist. Dazu gehören zum Beispiel die verschiedenen Berufsrollen des Ingenieurs und des Arztes. Es gibt außerdem eine Fülle von Beraterrollen zum Teil nebenamtlichen Charakters, die ebenfalls einer solchen Vermittlung dienen, vom Steuerberater oder Sachverständigen für Brückenbau oder für Ernährungsfragen bis zum außen- oder wirtschaftspolitischen Berater einer Regierung. Daß man die Verantwortung solcher Rollenträger nicht über einen Leisten schlagen kann, dürfte ziemlich offenkundig sein.

Vielfach scheint sich aber die Vorstellung von einer besonderen moralisch-politischen Verantwortung der Wissenschaft auf diejenigen zu beziehen, die im Bereich der reinen Wissenschaft, in der Grundlagenforschung also, tätig sind, die sich mithin berufsmäßig damit beschäftigen, unsere Erkenntnis zu verbessern und voranzutreiben. Läßt sich für diese Leute ohne weiteres etwa ganz allgemein eine größere Verantwortung in politischen Fragen konstruieren als für die anderen Mitglieder der Gesellschaft? Mir scheint, eine solche Idee würde der grundlegenden Bedeutung der Arbeitsteilung für das Funktionieren moderner Gesellschaften nicht gerecht werden. Vor allem der Tatbestand wäre in ihr zu wenig berücksichtigt, daß der Erwerb einer Spezialkompetenz auf der Grundlage einer wissenschaftlichen Fachdisziplin noch keine hinreichende Bedingung dafür impliziert, daß die betreffende Person für soziale, politische oder moralische Fragen mehr Zuständigkeit besitzt als andere Mitglieder der Gesellschaft. Es wäre meines Erachtens ziemlich absurd anzunehmen, daß zum Beispiel ein in der Grundlagenforschung arbeitender Biochemiker ohne weiteres kompetenter für die Beurteilung politischer Fragen sein müsse als vielleicht ein

Kaufmann oder ein Journalist.[26]) Auch hier gibt es Kompatibilitätsprobleme, die nicht übersehen werden dürfen. Es dürfte im allgemeinen kaum jemandem möglich sein, sich intensiv mit Erkenntnisproblemen zu befassen und gleichzeitig mit ausreichender Information im konkreten politischen Tagesgeschäft mitzuwirken. Daß es hier gewisse Ausnahmen geben mag, zum Beispiel dann, wenn eine enge Beziehung zwischen diesen Tätigkeiten vorhanden ist, wie etwa im Falle der Politologie oder der Nationalökonomie, soll nicht geleugnet werden, aber auch hier scheinen mir Kompromisse nicht selten zu Lasten der Erkenntnispraxis zu gehen. Ein gewisses Maß politischer Abstinenz wird man bei Forschern ebenso wie zum Beispiel bei Künstlern unter Umständen tolerieren müssen. Das klingt in einer Zeit, in der die Politisierung von Universitäten von vielen für selbstverständlich gehalten wird, vielleicht ein wenig absurd. Aber ich möchte annehmen, daß es genügend Beispiele für sterile Aufgeregtheit in Verbindung mit politischem Dilettantismus gibt, auch abgesehen von gewissen auf Abwege geratenen Lyrikern, als daß man es nötig hätte, die Bedeutung der Kompetenz auch für die Behandlung politischer Fragen einmal herauszustellen. Nur wer die Politik nicht ernst nimmt, wird sich einem solchen Argument gänzlich verschließen können.

Im übrigen muß im Zusammenhang mit unserem Problem wieder auf die Bedeutung des Erkenntnisfortschritts für die gesellschaftliche Entwicklung verwiesen werden, die der Tätigkeit des Forschers eine, wenn auch mittelbare, politische Bedeutung verschafft, die seine unmittelbare politische Betätigung kaum jemals erreichen dürfte. Nicht nur ist die

---

26) Daß er allerdings unter Umständen auf Grund seiner wissenschaftlichen Kompetenz Veranlassung hat, auf Gefahren hinzuweisen, die mit bestimmten Anwendungen seiner Resultate verbunden sind, soll damit nicht bestritten werden.

Erkenntnispraxis der Wissenschaften paradigmatisch für rationales Problemlösungsverhalten überhaupt und schon daher von größter Bedeutung auch für die übrigen Bereiche der Gesellschaft, sondern ihre Produkte sind die Grundlage für eine Verbesserung der Praxis in diesen Bereichen und damit auch für die Rationalisierung der Politik.

Kybernetische Systemanalyse von Konsequenzen technischer Fortschritte

Von *Gert v. Kortzfleisch*

Zwei Vorbemerkungen

a) Dieser Vortrag ist verfahrensorientiert, nicht ergebnisorientiert. Es kommt in allen vier Abschnitten darauf an, die Technik und die Leistungsfähigkeit eines Verfahrens zu schildern, das nach meiner Kenntnis am besten geeignet ist, Konsequenzen technischer Entwicklungen deutlich vor Augen zu führen. Ein solches Vorhaben ist m. E. gerechtfertigt, weil die zu schildernde Analysetechnik bisher in Deutschland kaum bekannt zu sein scheint; jedenfalls wird damit – soviel ich weiß – außerhalb des Industrieseminars der Universität Mannheim bisher in der Bundesrepublik Deutschland nicht gearbeitet. Ich hoffe, das ändert sich bald.

b) Das Verfahren zur kybernetischen Systemanalyse, das im Mittelpunkt meiner Ausführungen steht, ist nicht von mir entwickelt worden. Es stammt von *Jay W. Forrester,* von Hause Elektroingenieur, jetzt Professor für Management am MIT, mit dem wir seit einigen Jahren eng zusammenarbeiten. Im Industrieseminar der Universität Mannheim ist das Forrester-Verfahren lediglich modifiziert, d. h. in erster Linie unseren Computerkapazitäten angepaßt worden.[1]

---

1) *J. W. Forrester,* Industrial Dynamics. Cambridge, Mass. 1961; *J. W. Forrester,* Urban Dynamics. Cambridge, Mass. 1969; *J. W. Forrester,* Principles of Systems. Cambridge, Mass. 1968 (erscheint demnächst in deutscher Übersetzung).

1. Charakteristik kybernetischer Systemanalysen

Die uns umgebenden komplexen Erscheinungen des Daseins werden in vielen Wissenschaften heute zunehmend als dynamische Systeme aufgefaßt. Das Abwenden von einer Schau auf die Details hin zu einem gedanklichen Durchdringen der Systemstrukturen und der Kräfte, von denen die Systemelemente zusammengehalten und im Zeitablauf verändert werden, ist keine wissenschaftliche Modeerscheinung. Das Denken in Systemen ist in unseren Tagen zwingend *nötig* geworden, weil anders die phänomenalen Zusammenhänge, die uns heute Probleme aufgeben, einfach nicht mehr zu erfassen sind. Das Analysieren solcher Systeme ist uns aber auch *möglich* geworden, weil in den leistungsfähigen Rechenanlagen ein Hilfsmittel verfügbar ist, das die Fähigkeit des menschlichen Gehirns zum systematischen, operationalen Denken in gleicher Weise unterstützt wie ein Teleskop oder ein Mikroskop die Sehfähigkeit des menschlichen Auges.

1.1. Zweck der Analysen in dem für unsere Betrachtungen wichtigen Bereich der sozio-ökonomischen Systeme ist das Auffinden von Regeln für Entscheidungen. Solche Entscheidungen können die Beziehungen der Systemelemente zueinander oder die einzelner Elemente oder die eines ganzen Systems zu seiner Umwelt betreffen. Es geht hier aber nicht darum, einzelne Entschlüsse richtig oder optimal zu fassen, sondern es sollen der Rahmen und die Leitlinien für viele Einzelentscheidungen gefunden werden. Am Beispiel eines Wirtschaftsunternehmens als Teilsystem einer Volkswirtschaft verdeutlicht, heißt das: Zweck einer Systemanalyse kann etwa sein, eine generelle Regel für den Typenwechsel bei langlebigen Konsumgütern aufzustellen. Das ist ein Problem der Marktpolitik und der Forschungspolitik, und diese gelten ja als Bereiche, die der quantitativen Analyse oder überhaupt der Rationalität trotz aller Fortschritte der Unternehmensforschung noch nahezu ganz verschlossen sind.

Im anglo-amerikanischen Sprachraum wird zwischen Decisionmaking und Policymaking schärfer unterschieden als bei uns zwischen Einzelentscheidungen und Rahmenentscheidungen. Nahezu alle Operations-Research-Methoden, die lineare Programmierung mit ihren Varianten, die Netzwerkanalyse, die Warteschlangentheorie usw. dienen dem Decisionmaking; die umfassenderen Systemanalysen dienen dem Policymaking.

1.2. Der Inhalt jeder Systemanalyse ist zunächst, eine Einsicht in die Systemstruktur zu vermitteln, also festzustellen, wie die Elemente eines Phänomens zueinander angeordnet sind und welche wechselseitigen direkten und indirekten Beziehungen zwischen den Elementen bestehen. Das erste Ergebnis ist eine Zustandsdarstellung in einem irgendwie gearteten ikonischen oder mathematischen Modell. Über diese statische Systemanalyse hinaus geht die dynamische Systemanalyse, bei der die Veränderungen des Systems in Zeit und Raum zunächst erforscht und dann modellhaft dargestellt werden. Noch einen Schritt weiter geht die kybernetische Systemanalyse, indem sie zu den Veränderungen des Systems auch noch die Kräfte und Steuervorgänge erfaßt und in das Modell einbezieht, die diese Veränderungen bewirken. So kommt zur Analyse der Struktur, darauf aufbauend, noch eine Analyse des Systemverhaltens, und das mit dem Zweck, richtige Policies für das künftige Verhalten des Systems zu suchen und zu finden.

1.3. Eine Analysemethode, die sich der Erkenntnisse der Kybernetik bedient, um die Regel- und Steuervorgänge in einem System zu begreifen, muß ein Modell schaffen, das so aus miteinander vermaschten Regelkreisen zusammengesetzt ist, wie sich in der Realität die Aktionen und Reaktionen mit allen ihren Fern- und Rückwirkungen einander bedingen. Zu derartigen Regelkreisen werden die das System durchziehenden Ströme verknüpft. Das sind bei den sozio-ökonomischen Systemen, zu denen die Unternehmen und Volkswirtschaften gehören, der Materialfluß, die Personalbewegungen, die Finanzströme und der Strom der Kapitalgüter. Wichtig für das Systemverhalten sind in erster Linie die Bestände oder Zustände in diesen Feedback-Loops, also etwa die Lager im Materialfluß, und in zweiter Linie die solche Bestände bedingenden Zu- und Abflußraten. Diese Zu- und Abflußraten ihrerseits sind Resultanten aus den je nach Policy gewünschten Beständen, den beobachteten tatsächlichen Beständen und den Abweichungen zwischen diesen beiden Größen; das sind auch die Systemelemente, die durch Informationsströme miteinander verflochten werden.

1.4. Die sinnvolle Anwendung der kybernetischen Grunderkenntnisse gestattet die Analyse eigentlich aller vorkommenden Systeme. Außer bei der Analyse natürlicher und technischer Systeme hat das hier in Rede stehende Verfahren besonders bei der Analyse ökonomischer und soziologisch interessanter Probleme mehr geleistet als jedes andere Vorgehen. Mit seiner Hilfe wurde z. B. das Sozialsystem Großstadt mit Vororten und Einzugsgebieten untersucht, um die beste Gewerbe-, Verkehrs- und Siedlungspolitik zu erkennen. Ein anderes Sozialproblem sind die Rauschgiftsüchtigen; auch dafür werden z. Zt. die besten Maßnahmen mit Hilfe einer kybernetischen Systemanalyse erforscht. Drei Mannheimer Studenten nehmen mit großem Eifer eine kybernetische Systemanalyse der Deutschen Universität vor mit dem Ziel, die beste Expansionspolitik für dieses sozio-ökonomische System zu finden.[2])

---

2) Literaturzusammenstellungen finden sich in dem jährlich veröffentlichten: The Industrial Dynamics Newsletter, ed. by W. W. *Schroeder*. Cambridge, Mass. Letzte Ausgabe: 8th Issue, May 1970.

2. Ein Unternehmensmodell der Forschungskonsequenzen[3])

Das erste Beispiel zeigt die Anwendung kybernetischer Erkenntnisse bei der Analyse des dynamischen Systems, das wir Unternehmen nennen. Ein Unternehmen ist ja ein mehr oder weniger systematisch gegliedertes und geordnetes Sozialgebilde, in dem Menschen, Anlagen, Material, Geld und Informationen zueinander in vielfältigen Beziehungen stehen. Dieses System setzt sich aus Untersystemen zusammen, dem Absatz-, dem Produktionsbereich usw., und das System Unternehmen als ganzes ist seinerseits wieder ein Untersystem des Systems Volkswirtschaft, mit dem es auf seinen Märkten Kontakt hat (Bild 1).

2.1. Ein Modell dieses sozio-ökonomischen Systems Unternehmen kann nun nach den verschiedensten Gesichtspunkten konstruiert werden. Welcher Gesichtspunkt dabei dominiert, richtet sich nach der jeweiligen Problemstellung. Wenn es z. B. darum geht, die beste Beschaffungspolitik herauszufinden, stehen der Beschaffungsmarkt, die Einkaufslager, die Einkaufsbedingungen usw. im Zentrum des Interesses und deswegen auch an zentraler Stelle in dem Modell. Stehen dagegen – wie in unserem Beispiel – Probleme der Forschungs- und Entwicklungspolitik an, und will man etwa erkennen, welche Konsequenzen die unternehmenseigene Aktivität zur Förderung technischer Fortschritte auf die eigene Expansion hat, dann muß das Modell in der hier gezeigten Form konstruiert werden. Dabei sind in Vierecken die wichtigsten Bestandsgrößen und in Ventildarstellungen die zugehörigen Zu- und Abflüsse festgehalten. Die Kreise stehen für

---

3) *E. Zahn*, Das Wachstum industrieller Unternehmen. Versuch seiner Erklärung mit Hilfe eines komplexen, dynamischen Modells (Diss. Mannheim 1970). Wiesbaden 1971.

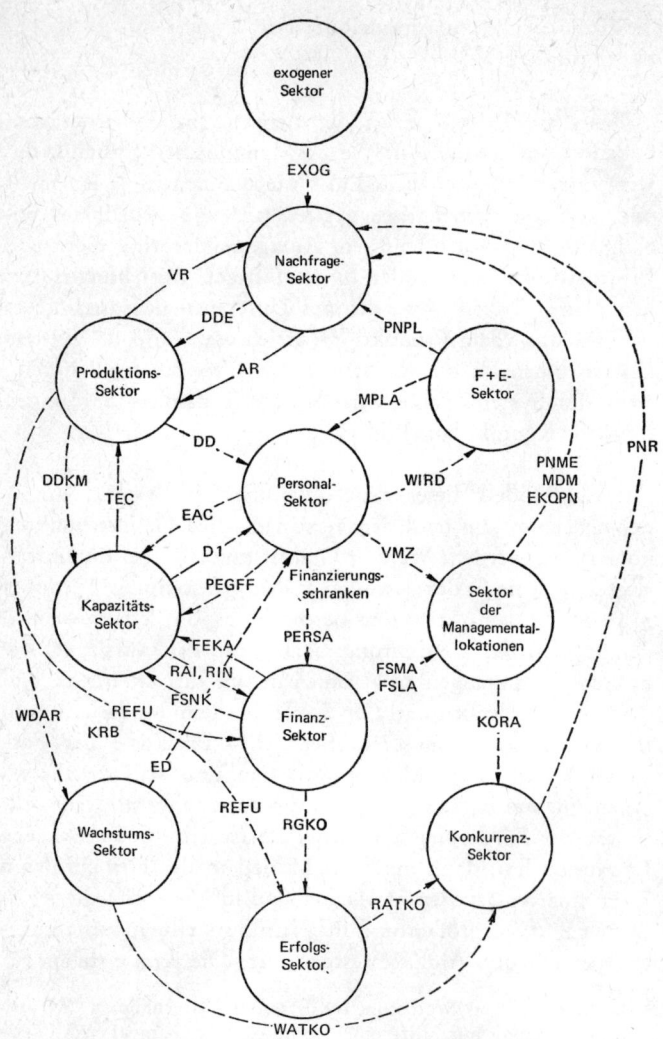

Bild 1. Basisstruktur des Systems Unternehmung.

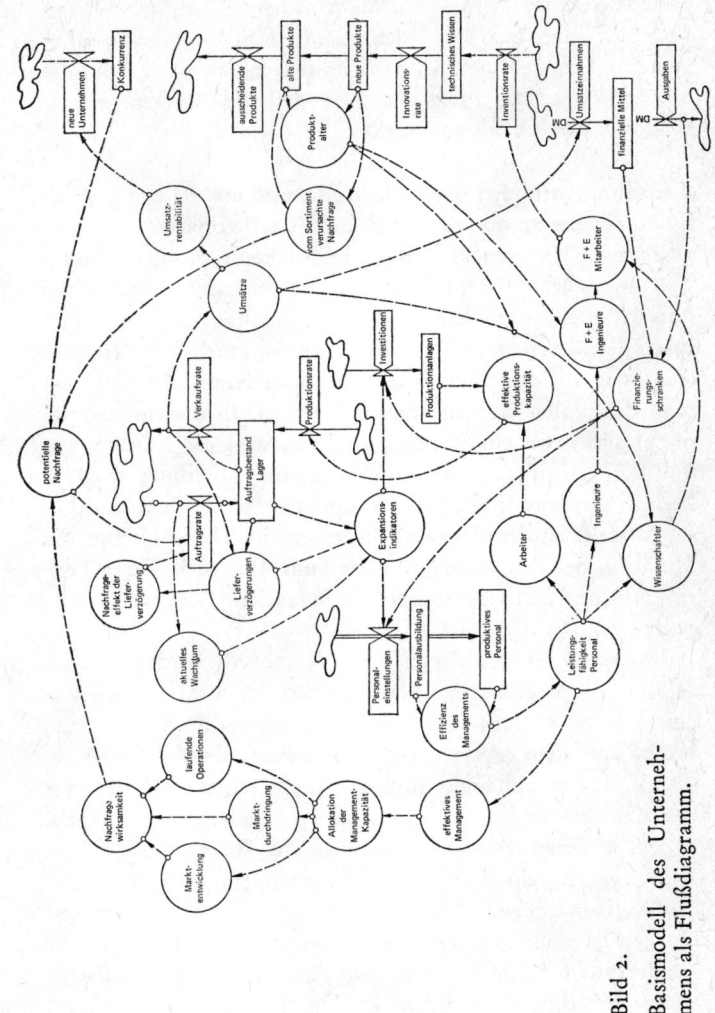

Bild 2.

Basismodell des Unternehmens als Flußdiagramm.

173

Hilfsvariable in dem Modell, also für Größen, von denen als gestrichelte Linien Informationsströme auf die Ventile vor und hinter den Beständen zulaufen. Die unregelmäßigen Figuren kennzeichnen Quellen und Senken außerhalb des Systems, also im Unternehmensmodell die Märkte, wie z. B. Absatzmärkte, Finanzmärkte usw. (Bild 2).

2.2. Zum Auffinden der Regelkreise, und um die ganze Analyse einfacher zu machen, wird das Modell zunächst problemgerecht in Sektoren aufgeteilt. Dabei heißt problemgerecht, daß für solche Bereiche, die primär mit der anstehenden unternehmenspolitischen Frage zusammenhängen, eigene Sektoren geschaffen werden. Dabei können natürlich Diskrepanzen zwischen der Modellstruktur und dem Organisationsplan des realen Unternehmens auftreten. In diesem Beispiel findet sich etwa ein Wachstumssektor, weil die Expansionspolitik angesprochen ist; eine Wachstumsabteilung wird in keinem Organisationsplan vorkommen. In das Zentrum dieses Modells ist der Personalsektor gerückt. Darin kommt die Situation der deutschen Industrie zum Ausdruck, deren Forschungs- und Entwicklungspolitik in starkem Maße Personalpolitik ist.

Zur weiteren Schilderung des Verfahrens wollen wir im relativ unkomplizierten Nachfragesektor (Bild 3) die Regelkreise aufsuchen: Die Auftragsrate im Zufluß der Aufträge aus dem Absatzmarkt bestimmt den Auftragsbestand; davon abhängig sind die Lieferzeiten und die von den Kunden zur Kenntnis genommenen Lieferverzögerungen. Je nach deren Ausmaß, gemessen in Wochen oder Monaten, werden die Kunden reagieren, indem sie weniger Bestellungen aufgeben; das kommt in dem Lieferverzögerungsquotienten zum Ausdruck, der über einen Nachfrageeffekt wieder auf die Auftragsrate, den Anfang unserer Feedback-Loop-Betrachtung, zurückwirkt. Der hier geschilderte Loop ist negativ, denn bei steigender Auftragsrate wirken die Lieferverzögerungen doch immer irgendwie bremsend bzw. auf die Produktionsmöglichkeiten hin einpendelnd. Die kleinen Figuren in diesem Bild sind Sender und Empfänger von

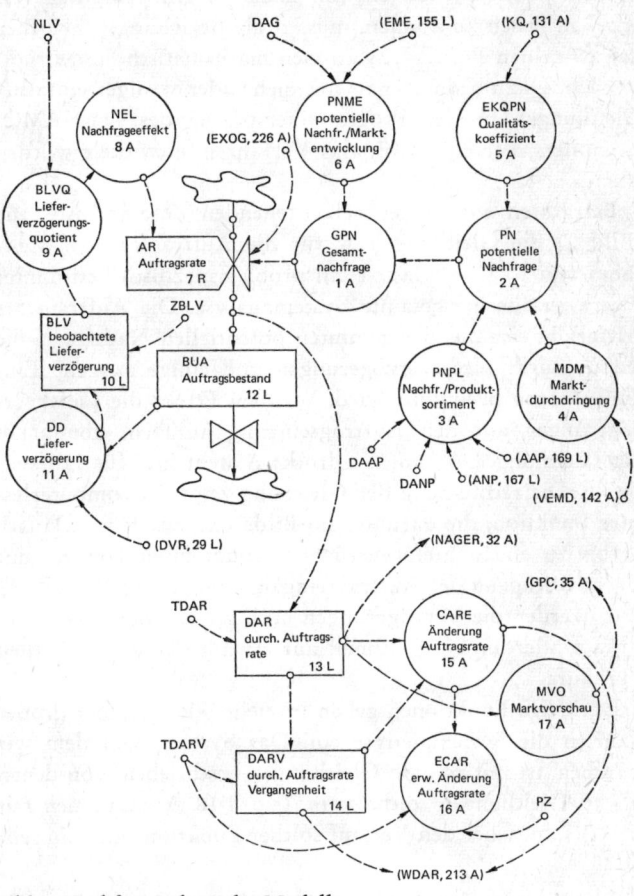

Bild 3. Nachfragesektor des Modells.

Informationen aus anderen Systemsektoren. DVR ist z. B. die Durchschnitts-Versand-Rate; Auftragsbestand und Versandrate zusammen ergeben ja erst die Lieferverzögerung.

Um das gesamte Modell mit allen seinen internen und externen Wechselwirkungen von einem Digitalcomputer verarbeiten lassen zu können, müssen die Beziehungen zwischen den einzelnen Regelkreisstationen mathematisch ausgedrückt werden. Dazu bedient man sich mehr oder weniger einfacher Gleichungen in der Programmiersprache des DYNAMO-Compilers, der eigens für das Verfahren entwickelt worden ist.[4]

Betrachten wir in der nebenstehenden Zusammenstellung (Bild 4) die Gleichung 7 R für die Auftragsrate im Zeitraum von K bis L, das ist ein problemspezifisch bestimmter Zeitraster für die gesamte Systemanalyse. Die Auftragsrate AR ergibt sich aus der gesamten potentiellen Nachfrage, die jedoch durch Lieferverzögerungen und einige exogene Einflußfaktoren beeinflußt wird. Welchen Effekt die Lieferverzögerungen auf den Auftragseingang ausüben, kommt in der Gleichung 8 A zum Ausdruck; A steht hier für Hilfsvariable. Die rechte Seite der Gleichung zeigt die computerlesbare Funktion, die darunter im Bilde dargestellt ist. Danach ist bis zu einem Lieferverzögerungsquotienten von 2,5 mit einem Rückgang der Auftragseingänge um 20–25 % zu rechnen; werden die Verzögerungen noch größer, dann sinkt der Absatz allerdings sehr schnell auf etwa 30 % der möglichen Verkäufe.

Derartige Funktionen gehen in mehr oder weniger großer Zahl in die Systemanalyse ein. Das System, von dem wir sprechen, ist mit rd. 270 Gleichungen beschrieben, von denen rd. 50 Gleichungen solche vom Typ 8 (8 A zusammen mit 8. 1C) sind. Über den Verlauf solcher Funktionen, die in sehr

---

4) *A. L. Pugh*, Dynamo User's Manual. Cambridge, Mass. 1961.

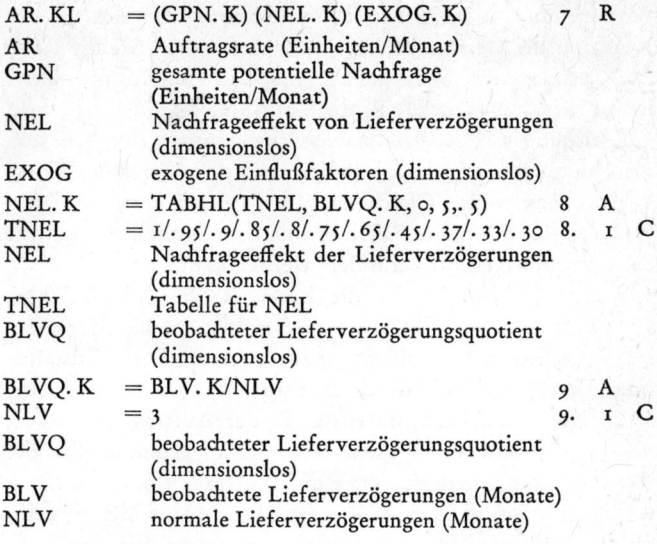

AR. KL	$= (GPN.\,K)\,(NEL.\,K)\,(EXOG.\,K)$	7	R
AR	Auftragsrate (Einheiten/Monat)		
GPN	gesamte potentielle Nachfrage (Einheiten/Monat)		
NEL	Nachfrageeffekt von Lieferverzögerungen (dimensionslos)		
EXOG	exogene Einflußfaktoren (dimensionslos)		
NEL. K	$= TABHL(TNEL,\,BLVQ.\,K,\,o,\,5,.\,5)$	8	A
TNEL	$= 1/.\,95/.\,9/.\,85/.\,8/.\,75/.\,65/.\,45/.\,37/.\,33/.\,30$	8. 1	C
NEL	Nachfrageeffekt der Lieferverzögerungen (dimensionslos)		
TNEL	Tabelle für NEL		
BLVQ	beobachteter Lieferverzögerungsquotient (dimensionslos)		
BLVQ. K	$= BLV.\,K/NLV$	9	A
NLV	$= 3$	9. 1	C
BLVQ	beobachteter Lieferverzögerungsquotient (dimensionslos)		
BLV	beobachtete Lieferverzögerungen (Monate)		
NLV	normale Lieferverzögerungen (Monate)		

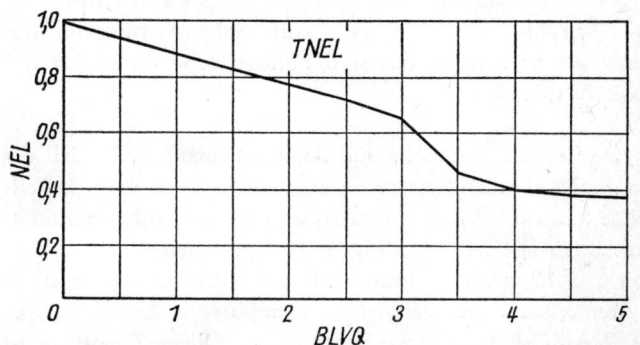

Bild 4. Beispiele für Gleichungen des mathematischen Modells und eine Tabellenfunktion.

vielen Fällen nicht empirisch entwickelt sind oder auch nicht entwickelt werden können, kann man natürlich verschiedener Ansicht sein. Variationen der Kurvenverläufe sind einfach vorzunehmen in dem Modell, und dann läßt sich an der Reaktion des Gesamtsystems schnell feststellen, welche Rolle die Gestalt einer oder mehrerer solcher Funktionen überhaupt für die anstehende Problematik spielt.

Gleichung 9 A beschreibt den Abszissenwert der Funktion als Quotienten aus der aktuellen und der normalen Lieferverzögerung, wobei Gleichung 9. 1. C eine Konstante fixiert (3 Monate), die bei der Arbeit mit dem Modell ebenso wie der Funktionsverlauf verändert werden kann.

Außer Gleichungen für die Raten R, die Hilfsvariablen A und die Konstanten C sind noch solche für die Systemzustände in jedem Augenblick zu formulieren. Diese Zustände oder Levels ergeben sich als Integrale der Differenzen zwischen Zu- und Abgangsraten; z. B. der Auftragsbestand an einem Periodenende ist gleich dem Anfangsbestand plus der Differenz aus Auftragseingang und Auftragserledigung.

Schließlich sind noch Werte für den Anstoß der Systemanalyse festzusetzen, sog. Initialwerte, etwa für den Auftragsbestand, von dem bei der Anfangsbetrachtung des Modells auszugehen ist, das sind üblicherweise die realen Systemwerte.

2.3. Wenn das ikonische und das mathematische Modell des zu analysierenden Systems in der angedeuteten Weise erstellt sind, kann die Verhaltensanalyse mit Hilfe des Computers einsetzen. Die dazu benötigten Computerzeiten sind relativ kurz, d. h. wenige Minuten für die bisher umfangreichsten Systeme, wenn der verfügbare Computer imstande ist, den DYNAMO-Compiler zu verarbeiten. Dieser Compiler ist für die IBM 360 mit 256 K geschaffen worden; eine Ausstattung, die für das hier beschriebene Unternehmensmodell im Rechenzentrum Darmstadt zur Verfügung steht.

Dieser letzte Schritt der kybernetischen Systemanalyse mit dem Computer gestattet, die Auswirkungen der verschieden-

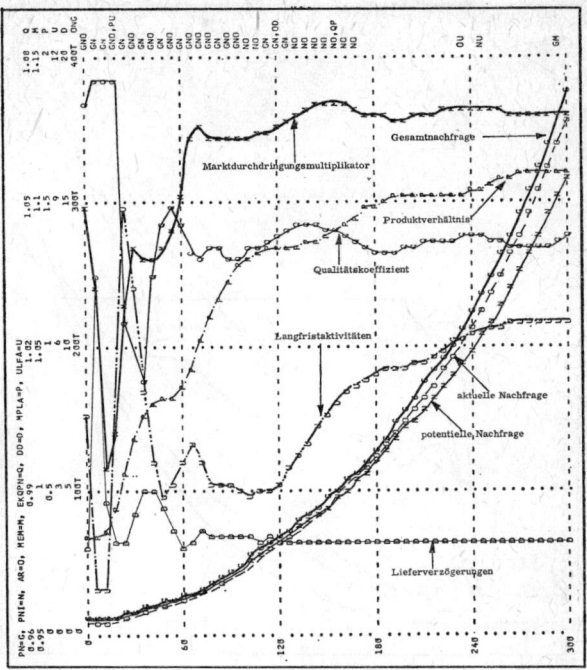

Bild 5. Computerplott vom Verhalten des Systems Unternehmen mit Kurven zur Kennzeichnung der Marktposition.

sten Policies zu simulieren, wobei die Ergebnisse am zweckmäßigsten in Kurvenzügen ausgeplottet werden. In dem Beispiel umfaßt die Analyse einen Zeitraum von 300 Monaten oder 25 Jahren; für das Ende eines jeden halben Jahres sind die interessierenden Werte im Druck festgehalten.

Dieses Bild (Bild 5) kann in mehrfacher Hinsicht mit einem Elektrokardiogramm verglichen werden. So sind zunächst nur diejenigen Ströme in den Regelkreisen abgetastet und ausgedruckt, auf die es für die Beurteilung des Systems

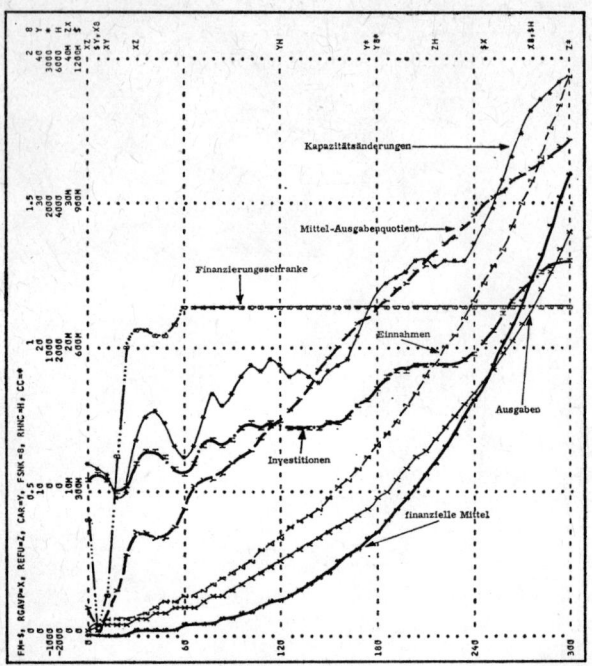

Bild 6. Computerplott vom Verhalten des Systems Unternehmen mit Kurven zur Kennzeichnung der Finanzsituation.

ankommt. Das sind bei einem privatwirtschaftlichen Unternehmen in den meisten Fällen die Gewinn- und die Rentabilitätsentwicklung. Das ganze Bild läßt schon beim ersten Hinsehen erkennen, daß bei den für das Modell gemachten Annahmen unser System Unternehmen nach etwa 5 Jahren wechselvoller Entwicklung eine relative Stabilität bei stetig steigendem Umsatz erreicht.

Bild 6 zeigt andere Kennlinien, z. B. die Investitionen und die Kapazitätsänderungen, mit jeweils eigenen Maßstäben, so wie bei einem Kardiogramm ja auch der mehr

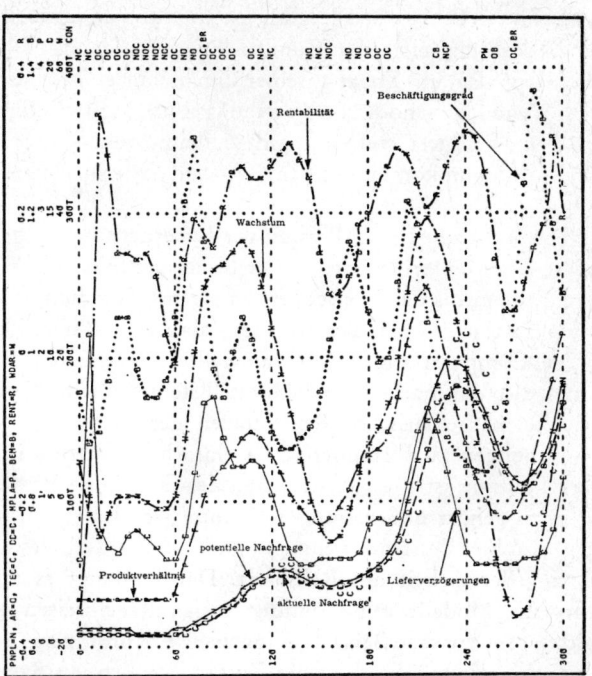

Bild 7. Computerplott vom Verhalten des Systems Unternehmen bei längeren Zahlungszielen.

herznahe Kreislauf und der Kreislauf in den Extremitäten gesondert aufgezeichnet werden, damit der Diagnostiker – auch das ist ja ein Systemanalytiker – ein vollständiges Bild von dem natürlichen System bekommt, das sein Patient ist.

Der Vergleich mit dem Kardiogramm paßt noch insoweit, als es bei der kybernetischen Systemanalyse ebenfalls möglich ist, die verschiedensten Belastungen des Systems Unternehmen zu simulieren und dann für die geänderten Bedingungen die Kennlinien aufzuzeichnen. Für den Computerrun, dessen Plotts Bild 7 wiedergibt, ist angenommen worden, daß die Zahlungsziele der Kunden länger werden, das Unternehmen also im Zugang seiner Finanzmittel beschränkt wird. Wenn dazu noch die Forschungs- und Entwicklungsvorhaben verzögert werden, weil vielleicht gerade hier gespart wird, dann kommt das ganze System nicht zur Ruhe.

2.4. Die praktische Durchführung der kybernetischen Systemanalyse eines Unternehmens in der bisher geschilderten Weise zur Erkenntnis der Konsequenzen eigener Forschungsaktivitäten mag jetzt einfacher scheinen, als sie in Wirklichkeit ist. Die Computerläufe zu bewerkstelligen, wenn das Programm, also das mathematische Modell steht, ist keine Kunst. Auch die mathematischen Beziehungen der Systemelemente in Gleichungen zu formulieren, ist einfach. Eine echte ingenieuse Leistung ist die Konstruktion des ikonischen Modells, und dazu gehört außer soliden Kenntnissen des realen Systems, also hier des Unternehmens, auch ein gut Teil Geschick wie zu jeder Arbeit am Reißbrett. Dabei kommt es nicht darauf an, Modelle mit möglichst vielen Regelkreisen und Gleichungen zu erstellen. Die ingenieuse Kunst zeigt sich hier darin, mit möglichst wenig Zustandsgrößen ein System vollständig in seinem dynamischen Verhalten zu erfassen. Dazu waren bei diesem Beispiel etwa 3 Mannjahre erforderlich.

3. Ein Modell volkswirtschaftlicher Konsequenzen[5])

Bei dem Entwurf eines Modells volkswirtschaftlicher Konsequenzen des Technischen Fortschrittes, auf das ich jetzt zu sprechen kommen will, ist der Einsatz bisher knapp ein hal-

---

5) Das Modell ist von Fräulein Dipl.-Ing. *Erika Heinrich,* Mitglied des Industrieseminars der Universität Mannheim, entwickelt worden.

bes Fraujahr; das allerdings geleistet von einer Frau, die ein sehr gutes Diplom-Ingenieur-Examen abgelegt hat. Für die Computersimulation ist vorläufig auch nicht der Großrechner in Darmstadt eingesetzt worden; der universitätseigene Rechner, eine Siemens 4004 mit 128 K, stand zur Verfügung. Damit werden auch die im Rahmen der Lehre gestellten Aufgaben zur kybernetischen Systemanalyse gelöst, und darauf läuft auch das Universitätsmodell, das vorhin erwähnt wurde. Da der DYNAMO-Compiler für unseren eigenen Rechner nicht paßt, bedienen wir uns des bekanntlich sehr universellen FORTRAN-Compilers.

3.1. Das Bestimmen eines spezifischen Problems, dessen Erforschen mit dem Hintergrund einer wirtschaftspolitischen Fragestellung für die Modellkonstruktion maßgebend sein soll, ist für eine Analyse volkswirtschaftlicher Konsequenzen des Technischen Fortschrittes nicht einfach. Die Gründe dafür sind so zahlreich und vielfältig, daß sie hier nicht genannt werden können; dazu gibt es eine umfangreiche Literatur.[6]

Eine wichtige Konsequenz des zunehmend größeren Einsatzes von menschlicher Intelligenz im Bereich der Technik ist der stetige Übergang vom arbeitsmindernden und kapitalmehrenden zum arbeitsmehrenden und kapitalmindernden Technischen Fortschritt. Die immer intelligentere oder raffiniertere Konstruktion und Nutzung von technischen Einrichtungen aller Art senkt – aufs Ganze gesehen – den notwendigen Kapitalaufwand. Aber diese intelligent-raffinierten Konstruktionen erfordern mehr menschliches Denken, sprich: hochwertige menschliche Arbeit, für ihre Entwicklung, für ihren Bau, für ihre Nutzung und für ihre Wartung. Daraus folgen m. E. drei gesamtwirtschaftliche Konsequenzen:

6) Vgl. Literaturangaben im Beitrag von *A. E. Ott*, Zur ökonomischen Theorie des technischen Fortschritts, S. 7/28.

a) Die Verlagerung der menschlichen Arbeit aus der Produktion in die Vorbereitung und Kontrolle der Prozesse verringert die Unterschiede in den geistigen und körperlichen Ansprüchen, die an den Arbeitsplätzen gestellt werden. Daraus resultiert ein Ausgleich zwischen den Einkommenshöhen; es erfolgt eine Einkommensnivellierung auf höherem Durchschnittsniveau. b) Damit der Anreiz zur Kapitalinvestition, also zum Einsatz von ständig besseren technischen Einrichtungen erhalten bleibt, muß die menschliche Arbeitskraft wertvoller, d. h. seltener und teurer werden. c) Während der deshalb umfangreicheren Freizeit sind zunehmend Konsumgüter nachgefragt, die im sog. tertiären Sektor erstellt werden. Zu diesem tertiären Sektor gehören alle Dienstleistungsbetriebe, wie Reiseunternehmen und öffentliche Verwaltungen, und vor allem das gesamte Ausbildungs- und Bildungswesen. Die Ausbildungsstätten haben die Menschen auf die Intelligenz fordernde technische Arbeitswelt vorzubereiten; die Bildungsstätten haben die viel schwerere Aufgabe, die Menschen zu einem sinnvollen Freizeitkonsum zu veranlassen.

3.2. Ein Modell zur kybernetischen Analyse volkswirtschaftlicher Konsequenzen der technischen Entwicklung (Bild 8) ist hier so konstruiert worden, daß zwei Sektoren gebildet werden: rechts der Dienstleistungssektor und links der Sektor für die Produktion. Das ganze Bild wirkt relativ streng strukturiert; so aufgeräumt und geordnet wie hier liegen die nationalökonomischen Phänomene und deren Wechselbeziehungen natürlich nicht auf der Hand; ein Zeichen für den Umfang der Vereinfachungen im gegebenen Stadium der Modellkonstruktion.

3.3. Bei der Computersimulation dieses kybernetischen Modells – wie gesagt mit FORTRAN auf der Siemens 4004 –

184

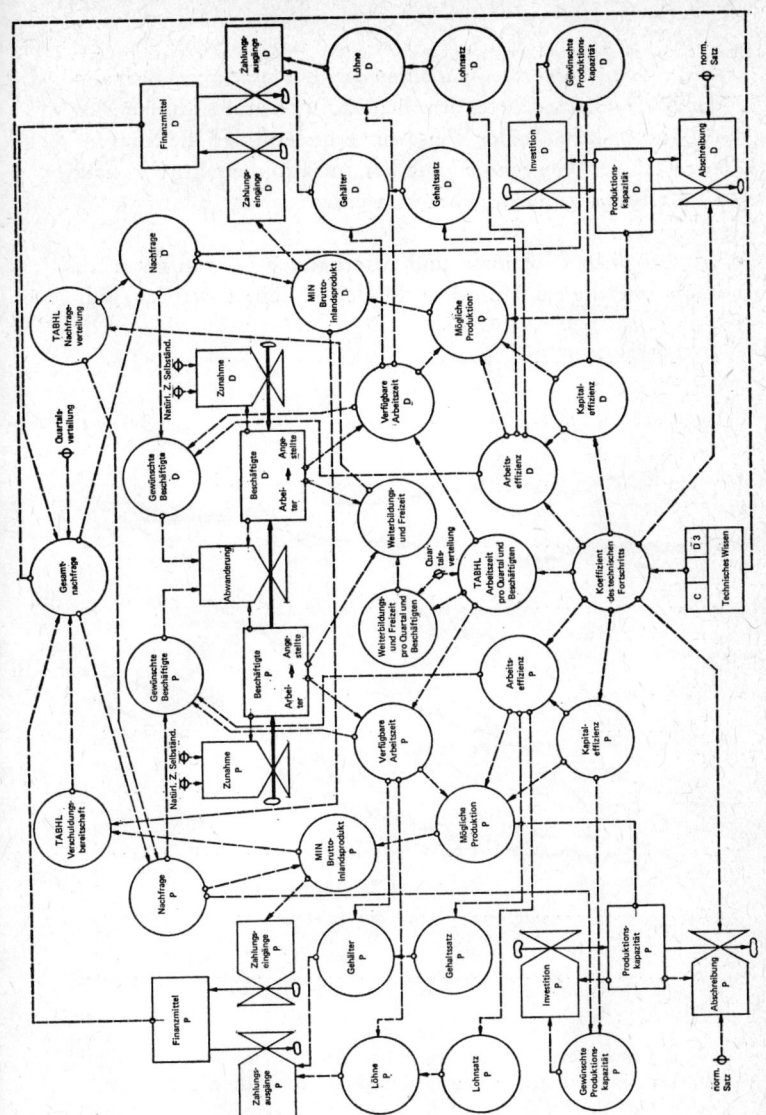

Bild 8. Zweisektoren-Modell einer Volkswirtschaft.

185

sind als Initialwerte die Zahlen aus der amtlichen Statistik der BRD eingesetzt worden. Dadurch ist es möglich, die Modellkonstruktion in der Weise zu verbessern, daß die Kurvenzüge bis zur Gegenwart mit der tatsächlichen Entwicklung zum Übereinstimmen gebracht werden.

3.4. Mögliche Prognosen und Alternativen können natürlich schon mit diesem einfachen Modell simuliert werden. Für

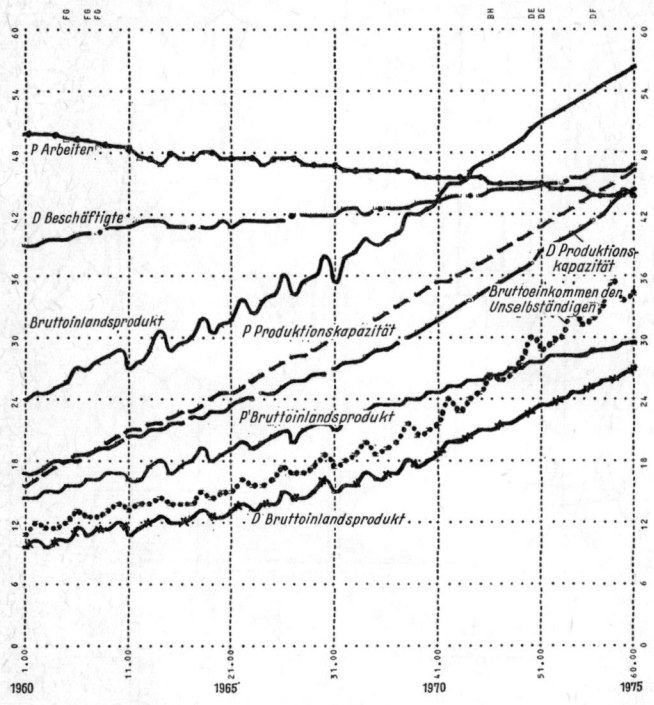

Bild 9. Computerplott vom Verhalten des Systems Volkswirtschaft mit Kennlinien u. a. für Beschäftigte im Dienstleistungsbereich und Arbeiter im Produktionsbereich.

186

uns hatte es aber nur den Zweck zu bestätigen, daß Forresters Verfahren zum Erarbeiten von wirtschaftspolitischen Konzeptionen ebenso geeignet ist wie zur kybernetischen Analyse im Dienste der Unternehmenspolitik.

Zur Modellkontrolle und zum vorsichtigen Gebrauch des Modells sind hier lediglich der Zeitraum von 1960 bis 1975, also nur 15 Jahre oder 60 Quartale zum Ausdruck gebracht

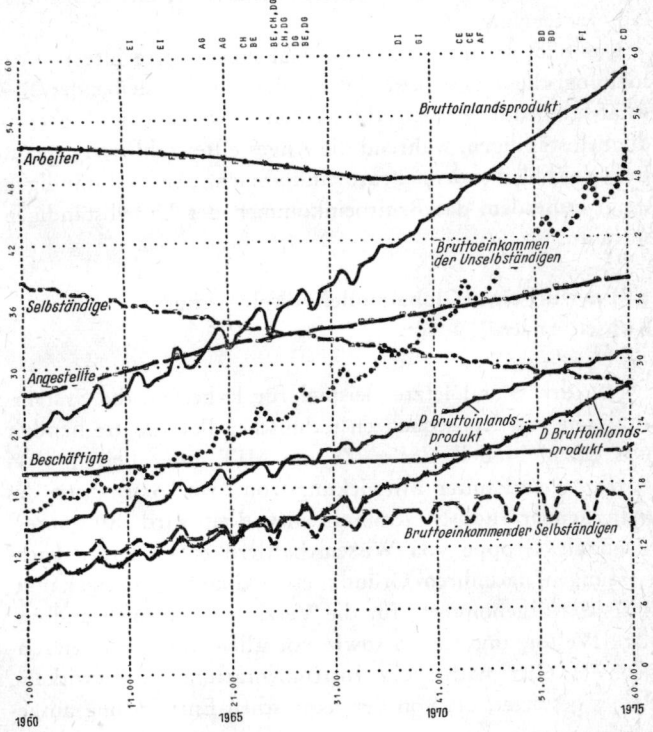

Bild 10. Computerplott vom Verhalten des Systems Volkswirtschaft mit Kennlinien u. a. für Bruttoeinkommen der Selbständigen und der Unselbständigen.

worden (Bild 9). Jede der senkrechten Linien begrenzt also einen Abschnitt von 2 1/2 Jahren.

In dem ersten Computerplott (Bild 9) überschneiden sich die Linien für die Anzahl der Arbeiter im Produktionssektor und für die Beschäftigten im Dienstleistungsbereich etwa im Jahre 1973. Die Produktionskapazität im P-Bereich liegt dennoch weit über der im D-Bereich wegen der größeren Möglichkeiten für technische Fortschritte bei der Gütererzeugung.

Das nächste Bild (Bild 10) zeigt eine andere interessante soziologische Konsequenz: Bei nahezu gleichbleibender Beschäftigtenzahl werden die Arbeiter weniger und ebenso die Selbständigen, während die Angestelltenzahl stetig steigt. Bei gleichbleibendem Bruttoeinkommen der Selbständigen steigt außerdem das Bruttoeinkommen der Unselbständigen stark an.

4. Entwurf eines Globalmodells ökologischer Konsequenzen[7])

Das dritte und letzte Beispiel für kybernetische Systemanalysen von Konsequenzen technischer Fortschritte handelt von einem Modell, das z. Zt. am MIT unter Leitung von *Forrester* und unter Mitwirkung von zwei Assistenten des Mannheimer Industrieseminars entwickelt wird. Eine internationale Gruppe von Wissenschaftlern einschlägiger Fachrichtungen, nach ihrem Gründungsort Club of Rome genannt, hat sich vorgenommen, für die Vereinten Nationen und andere Weltorganisationen sowie vor allem für die Regierungen der Großmächte ein Instrumentarium zu entwickeln, das es gestattet, die von der technischen Entwicklung ausge-

---

7) *W. Sullivan*, Probing Questions Too Tough For a Mere Brain. In: The New York Times, 6. 12. 1970. Außer diesem Hinweis gibt es hierzu noch keine Veröffentlichungen.

lösten drängendsten weltpolitischen Probleme für Entscheidungen so zu durchleuchten, daß sie für jeden rational denkenden Menschen einsichtig sind. Bei der Prüfung der dazu geeigneten Methoden bestand zunächst die Neigung, eine Input-Output-Analyse, wie sie sich bei volkswirtschaftlichen Gesamtrechnungen bewährt hat, für die Welt durchzuführen. Eine amerikanisch-japanische Expertengruppe schlug vor, die Veränderungen der Koeffizienten für wechselseitige Leistungen zwischen den Sektoren als Funktionen zu ermitteln und damit dann zu rechnen. Die Entscheidung ist im vergangenen Juli – nicht zuletzt unter dem Einfluß der deutschen Clubmitglieder – für das Forrester-Verfahren gefallen.

4.1. Bei dem Weltmodell geht es um die entscheidende Frage, ob ein unkontrolliertes, willkürliches Vermehren der Weltbevölkerung mit Schwergewicht in bestimmten Regionen und allen Folgen wie Hungerkatastrophen usw. sowie ob ein unkontrolliertes Wachsen des Sozialproduktes oder Wohlstandes in anderen Regionen mit allen Folgen wie Luft- und Wasserverschmutzungen usw. hingenommen werden muß, oder ob es möglich scheint, ein ökologisches Gleichgewicht im Weltmaßstab zu erreichen. Die Frage unbeschränktes Wachstum oder ökologisches Gleichgewicht stellt sich aber bekanntlich nicht nur für das Globalphänomen Welt oder Erde, sondern auch partiell, etwa für Kontinente oder noch kleinere Regionen. Das Modell ist so konstruiert, daß damit kybernetische Analysen von ökologischen Konsequenzen technischer Entwicklungen auch bei begrenzterem Problemzuschnitt auszuführen sind.

4.2. Die entscheidenden Bestands- oder Zustandsgrößen sind in einem ersten Modellkonzept auf 5 reduziert worden (Bild 11):

　　1. Population (P; lfd. Kennzahl 1)

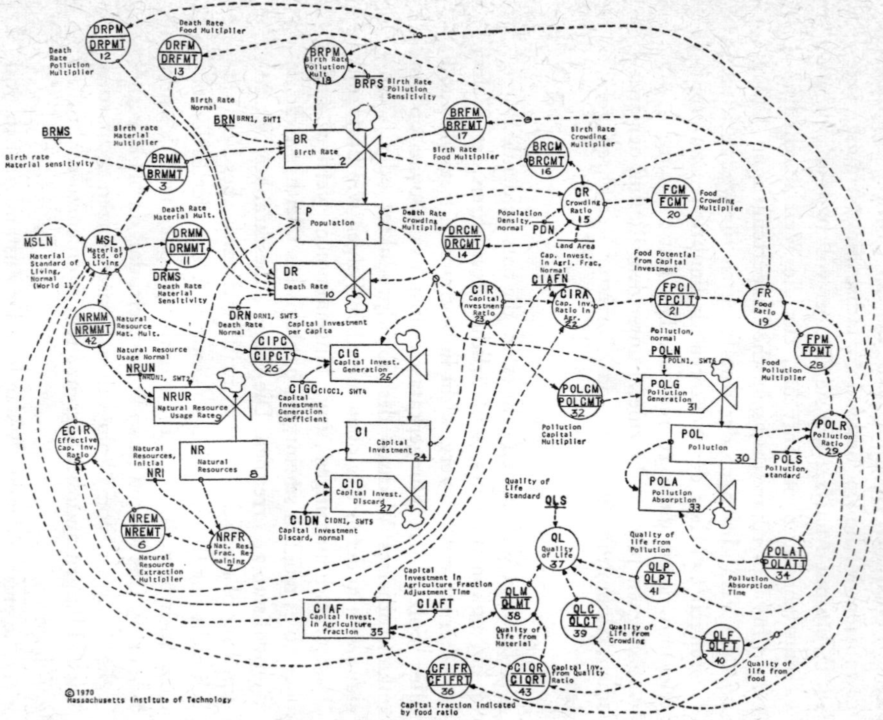

Bild 11. Gesamtmodell World 1 (Forrester).

2. Natural Resources (NR; 8)
3. Capital Investment (CI; 24)
4. Capital Investment in Agriculture Fraction (CIAF; 35)
5. Pollution (POL; 30).

Greifen wir zur Verfahrenkennzeichnung wieder als einfachstes die Bevölkerungsentwicklung heraus. Die Bevölkerungszahl wird bestimmt von der Geburtenrate und der Sterberate. In die Ventildarstellung der Geburtenrate (2) gehen insgesamt 6 gestrichelte Linien mit Pfeilspitzen ein, d. h. die Geburtenrate ist von 6 Komponenten bestimmt; das sind (im Uhrzeigersinn genannt):

1. die Bevölkerungszahl
2. der materielle Lebensstandard
3. die Normalgeburtenrate
4. die Luft- und Wasserverseuchung
5. die Ernährungslage
6. die Bevölkerungsdichte.

Der einfachste der Regelkreise verbindet hier die Bestandsgröße Bevölkerungszahl und die Flußgröße Geburtenrate; und zwar handelt es sich um einen positiven Regelkreis, denn je mehr Menschen auf der Erde leben, desto mehr Kinder werden geboren. Die übrigen Komponenten wirken z. T. erst positiv, dann negativ oder nur negativ auf die Geburtenrate. So ist z. B. angenommen, daß mit steigendem materiellen Lebensstandard die Geburtenrate zunächst wächst und dann bei weiterer Lebensstandardsteigerung sinken wird. Nur negativ auf die Geburtenrate einwirkend wurde die Umweltverseuchung angenommen, wobei folgende Thesen unterstellt sind: Die derzeitige Luft- und Wasserverschmutzung im Jahre 1970 hat noch keinen Einfluß auf die Potenz und Geburtenfähigkeit; erreicht die Umweltverseuchung aber das Sechsfache des heutigen Standes, dann sinkt die Geburtenrate auf die Hälfte. Ähnliches gilt von der Sterberate. Für sie ist angenommen, daß sie jetzt noch nicht von der Luft- und Wasserverseuchung beeinflußt wird, daß aber doppelt soviele Menschen sterben, wenn die Verseuchung 3 1/2 mal so groß ist wie im Jahre 1970. Derartige, jeweils mehr oder weniger empirisch belegte Annahmen oder – im ersten Ansatz – auch nur Unterstellungen sind in dem Modell überall dort, wo in den Kreisen zwei Abkürzungen in der Programmsprache übereinanderstehen; die untere hat als letzten Buchstaben immer ein T, womit zum Ausdruck gebracht ist, daß es sich hier um Tabellen für Funktionen von der Art handelt, wie sie im ersten Beispiel beschrieben sind.

Als eine andere, das hier geschilderte Verfahren kennzeichnende Größe, soll die Hilfsvariable Quality of Life (Mitte unten im Bild mit der Nr. 37) betrachtet sein. Diese Größe hängt von 5 Komponenten ab: 1. einem Standard als Vergleichsmaß, das einen Weltdurchschnitt im Jahre 1970 ausdrücken soll, 2. der Umweltverseuchung, 3. der Ernährungslage, 4. der Bevölkerungsdichte und 5. den materiellen Lebensbedingungen.

4.3. Im ersten Computerplott dieses Modells über 200 Jahre von 1900 bis 2100 (Bild 12) läßt sich nicht viel mehr erkennen, als daß beim ersten Entwurf eine Systemkonstruktion entstanden ist, die nicht befriedigen kann. Bis zum Jahre 1970 erscheinen die Bevölkerungsentwicklung, die Bevölkerungsdichte, hier Crowding Ratio, und andere Kennlinien einigermaßen plausibel; danach tritt aber eine offenbar tödliche Pollution Ratio auf; für die wenigen übrigbleibenden Menschen steigt die Quality of Life from Material bis zum Skalenrand, während die eigentliche Quality of Life erst um das Jahr 2040 ansteigt, wenn die Pollution Ratio wieder gesunken ist.

Das hier behandelte Modell wird in der gezeigten Rohform von rd. 90 Gleichungen beschrieben. Davon sind rd. 20 solche Gleichungen, die lediglich Konstanten festlegen,

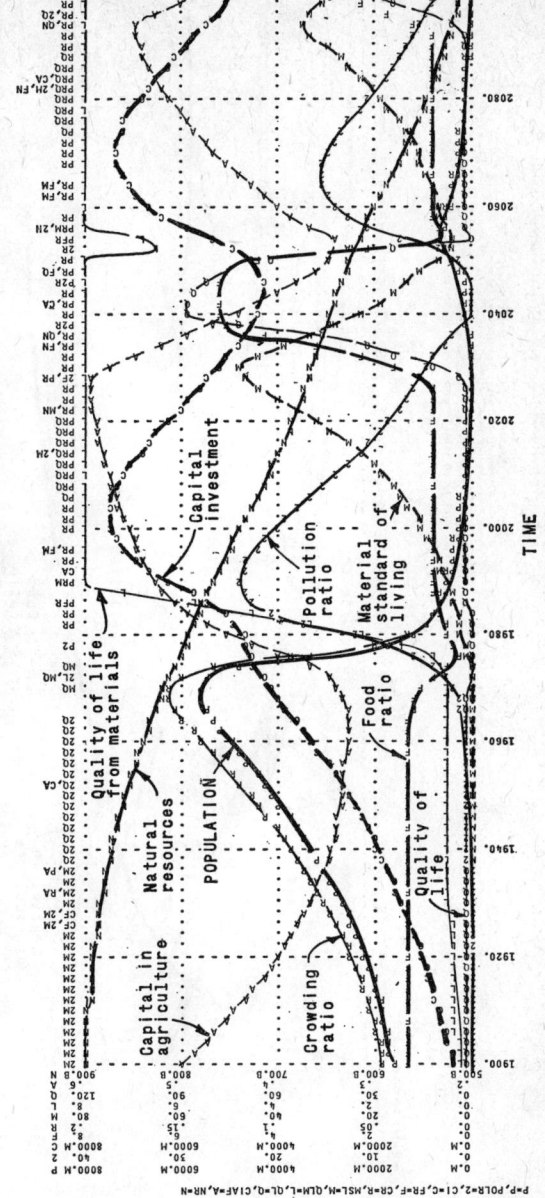

Bild 12. Erster Computerplott vom Verhalten des Systems Welt(Forrester).

CI   C   Capital investment (capital units)
CIAF X   Capital-investment-in-agriculture fraction (dimensionless)
CR   R   Crowding ratio (dimensionless)
FR   F   Food ratio (dimensionless)
MSL   M   Material standard of living (dimensionless)
NR   N   Natural resources (natural resource units)
P   P   Population (people)
POLR 2   Pollution ratio (dimensionless)
QL   Q   Quality of life (satisfaction units)
QLM   L   Quality of life from material (dimensionless)

WORLD1-STD

Quality of life from materials

Quality of life

Natural resources

POPULATION

Capital in agriculture

Crowding ratio

Capital investment

Pollution ratio

Material standard of living

Food ratio

TIME

PAGE 6   WORLD1-STD   WORLD DYNAMICS 1   07/10/70   1247.4

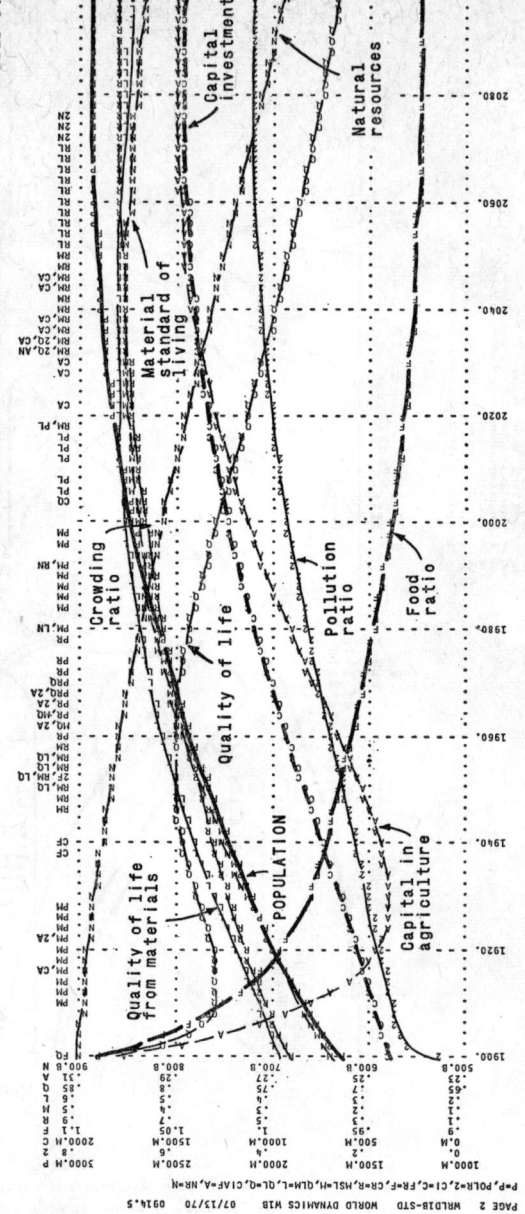

WRLD1B-STD

CI   C   Capital investment (capital units)
CIAF   A   Capital-investment-in-agriculture fraction (dimensionless)
CR   R   Crowding ratio (dimensionless)
FR   F   Food ratio (dimensionless)
MSL   M   Material standard of living (dimensionless)
NR   N   Natural resources (natural resource units)
P   P   Population (people)
POLR   2   Pollution ratio (dimensionless)
QL   Q   Quality of life (satisfaction units)
QLM   L   Quality of life from material (dimensionless)

Capital investment

Natural resources

Material standard of living

Crowding ratio

Quality of life

Pollution ratio

Food ratio

Capital in agriculture

POPULATION

Quality of life from materials

Bild 13. Zweiter Computerplott vom Verhalten des Systems Welt (Forrester).

P=P,POLR=2,CI=C,FR=F,CR=R,MSL=M,QLM=L,QL=Q,CIAF=A,NR=N

PAGE 2   WRLD1B-STD   WORLD DYNAMICS W1B   07/13/70   0914.5

und weitere rd. 20 Gleichungen beschreiben den Verlauf von Funktionen. Von diesen etwa 40 veränderbaren Systemelementen werden zur ersten Modellkorrektur in diesem Falle 17 verändert. Danach ergibt sich ein neues Bild, in dem die Kurvenzüge schon wirklichkeitsnäher erscheinen (Bild 13).

Jetzt ist es möglich, die Auswirkungen von potentiellen Einflüssen auf die Entwicklung durch politische Entscheidungen oder durch Anstrengungen im Bereich der Technik zu testen mit dem Ziel, die beste Strategie zur Lösung der großen Weltprobleme zu finden.

4.4. Auf die Interpretation einzelner, sich schon abzeichnender Zwischenergebnisse muß verzichtet werden; es kommt – wie eingangs betont – nicht darauf, sondern auf die Verfahrensdemonstration an. Dazu ist noch zu sagen, daß dieses Globalmodell im weiteren Verlauf der dynamischen Analyse nach verschiedensten Gesichtspunkten, etwa regional und nach den Hauptproblemkomplexen, aufgeteilt wird, daß eine Fülle von statistischem Material zur Unterstützung der Analyse erfaßt und aufbereitet werden muß, daß Expertenansichten – etwa über die Möglichkeiten der vermehrten Ernährung aus dem Meere usw. – einzuholen sind.

Im Sommer 1971 soll das Modell so weit fertiggestellt sein, daß erste Analyseergebnisse als Empfehlungen veröffentlicht werden können. Die damit befaßte Arbeitsgruppe wird bis dahin rd. 10 Mannjahre eingesetzt und manche Stunde im Time-sharing-Verkehr mit dem MIT-Computer – einer der größten Anlagen der Welt – gerechnet haben. Das aber ist ein äußerst geringer Aufwand angesichts der aufgegriffenen Problematik und damit ist – mehr als mit vielen Worten – die Leistungsfähigkeit des geschilderten Verfahrens zur Analyse von Konsequenzen technischer Fortschritte wenn auch nicht belegt, so doch hoffentlich in den Grundzügen plausibel gemacht.

Prognose gesellschaftlicher Konsequenzen von technischen Entwicklungen und deren wissenschaftspolitische Beeinflussung

Von *Bodo Bartocha*

1. Einleitung

Zu Beginn meines Vortrags möchte ich bemerken, daß ich vom Standpunkt der Praxis spreche und mir wohl bewußt bin, daß das Angehen der gesellschaftlichen Probleme unserer von der Technik dominierten Umwelt und die von dieser Arbeit herrührenden Resultate noch weit von einer idealen Lösung entfernt sind. Das Fehlen von prägnanten Definitionen, der Mangel eines vollkommenen Verständnisses der Sache schließen jedoch in vielen Fällen eine nutzvolle, praktische, wenn auch abtastende Arbeit auf den in den letzten Tagen angeklungenen Problemgebieten nicht aus. Wir sollten mehr Mut haben, Fehler zu machen und daraus zu lernen, als untätig zu bleiben. Es ist nicht notwendig, planlos zu probieren; das wäre eine Verschwendung der ohnehin knappen Mittel. Es ist dafür um so wichtiger, die uns bereits zur Verfügung stehenden Daten und Werkzeuge kompetent einzusetzen.

Mein Vortrag beschäftigt sich deshalb mit der Darstellung des augenblicklichen Standes unserer Erfahrungen in den Vereinigten Staaten über Untersuchungen zu den Auswirkungen von Wissenschaft und Technik auf die Gesellschaft. Ich unterstütze, das möchte ich betonen, alle Anstrengungen zu klärenden Überlegungen der Problematik des Tagungs-Themas, bin aber gleichzeitig der Meinung, daß wir den Ausgang dieser stark ethisch-philosophisch orientierten Betrachtungen nicht immer abwarten können. Vor allem nicht auf solchen Gebieten, wo Probleme klar erkannt sind und angesprochen werden können, deren Lösung bereits im Bereich der gegebenen technischen und wirtschaftlichen und hoffentlich auch politischen Möglichkeiten liegt.

2. Definition und geschichtlicher Rückblick

Die Untersuchung gesellschaftlicher Konsequenzen von technischen Entwicklungen und nicht nur gesellschaftlicher Konsequenzen, sondern auch wirtschaftlicher, physischer und ethischer Auswirkungen, faßt man in den USA unter dem Begriff »Technology Assessment« zusammen.

Wir können das mit »Einschätzung oder Veranlagung der Technik« übersetzen. Einschätzung und Veranlagung sind steuerliche Begriffe und sollen hier ähnlich verstanden werden, nämlich im Sinne einer Wertfestlegung oder Wertbestimmung. Nur muß dieser Wert nicht unbedingt in Mark und Pfennig angegeben werden, sondern wir verstehen darunter den gesellschaftlichen Wert, d. h. die Kosten oder Lasten und den Nutzen der Auswirkung einer technischen Entwicklung, ausgedrückt in Ordnungszahlen, in quantitativen subjektiven Bewertungsskalen oder qualitativen Wertbegriffen.

In die Konsequenzen beziehen wir nicht nur solche direkter Art ein, sagen wir die Wirksamkeit eines spezifischen Pflanzenschutzmittels auf gewisse Unkräuter, sondern auch indirekte, d. h. sekundäre und tertiäre Auswirkungen, die aufzuspüren es zum Teil gewissenhafter Detektivarbeit bedarf. Diese Spürarbeit eben ist unser »Technological Assessment«, das mit den Hilfsmitteln einer modernen Methodik, auf die wir im einzelnen noch zu sprechen kommen, durchgeführt wird.

Der Begriff »Technology Assessment« wurde in den sechziger Jahren geprägt und ist vor allem durch den damaligen

Abgeordneten im US Repräsentantenhaus, *Emilio Q. Daddario*, Connecticut, den Vorsitzenden des Unterausschusses für Wissenschaft, Forschung und Entwicklung, an die breitere Öffentlichkeit herangetragen worden.

Die Sache an und für sich ist nichts Neues, und wir können beliebig viele Beispiele anführen, angefangen von der Schöpfungsgeschichte über die Erbauung der Pyramiden usw. bis zu Beginn des 19. Jahrhunderts, als im Gefolge wachsender Technisierung und Demokratisierung die ersten Widerstände gegen den technischen Fortschritt auftraten und im Zusammenhang damit die Anfänge von formellen gesellschaftlichen Bewertungsvorgängen zu erkennen sind. Eine Serie von Dampfkesselexplosionen auf Schiffen, der unerwartete Bruch von Eisenbahnschienen hatten z. B. erfolgreiche Assessments zur Folge: die Ursache wurde festgestellt, Abhilfe getroffen und weitere Unglücke vermieden.

Mit dem immer schnelleren Ausbreiten der Technik zu Beginn des 20. Jahrhunderts, durch zwei große Kriege noch erheblich beschleunigt, wuchs dann hier und da auch die Sorge um die Auswirkungen auf die Umwelt und die bestehende Gesellschaftsordnung. Die Aufzeichnungen von verantwortungsbewußten Wissenschaftlern nach den beiden Weltkriegen legen Zeugnis dafür ab.

Diese Veröffentlichungen waren zumeist mehr philosophischer Art und fanden leider nicht das ihnen gebührende Echo, auch nicht in Europa, wo man mit dem Wiederaufbau so ausschließlich beschäftigt war, daß man im wesentlichen vergaß, sich über in weiter Ferne liegende Auswirkungen dieses hektischen, aber oft schlecht geplanten Wiederaufbaues irgendwelche Sorgen zu machen. In den Vereinigten Staaten war es *Rachel Carsons* Buch »Stummer Frühling«, das die Bevölkerung endlich aufrüttelte. Das Buch, in dem sie eine von Pflanzenschutzmitteln verseuchte und verschmutzte Umwelt beschreibt, war ein sofortiger Bestseller und löste Untersuchungen im Kongreß und ausgedehnte wissenschaftliche Bemühungen aus. *Ralph Naders* »Unsafe at any speed«, »Unsicher bei jeder Geschwindigkeit« tat ein übriges, der aufhorchenden Öffentlichkeit die Gefahren einer Technik klarzumachen, die aus Profitgründen das öffentliche Wohlergehen ignoriert.

Selbstverständlich gab es neben diesen ernst zu nehmenden Kritikern auch solche, die nur zu gerne eine Weltuntergangsstimmung verbreiteten. Wir nennen diese Leute, die am liebsten alle Technik verbannt sehen möchten, »Technophobiacs«, »Technophobe«.

Zu den **ernst zu nehmenden Tatsachen** gehört, um nur ein weiteres Beispiel **zu nennen,** die alarmierende Zuwachsrate von Kohlendioxyd in der Atmosphäre. In den letzten Jahren ist der CO_2-Gehalt um 0,2 % pro Jahr gestiegen. Ein projektierter Zuwachs von 18 % kann die Oberflächentemperatur der Erde um 0,5° C erhöhen, ein Verdoppeln des CO_2-Gehaltes eine Erhöhung um 2° C verursachen, was zur langfristigen Erwärmung unseres Planeten (Gewächshauseffekt) führen könnte und somit auch zu einschneidenden klimatischen Veränderungen mit globalen Folgen.

Auf der einen Seite bedienen wir uns gerne der sogenannten Segnungen des technischen Fortschrittes, der Insektizide, des Automobils, der Elektrizität, auf der anderen Seite ist schmerzlich klar geworden, daß uns nicht alle Auswirkungen zum Besten gereichen, ja, daß sie teilweise zu sehr ernsten und unvorhergesehenen Schädigungen führen können.

Zwischen den beiden Anschauungsextremen: der Betrachtung der Technik als Selbstzweck, als Prügelknabe für alle Unzulänglichkeiten unserer Gesellschaft, einer Technik, die der Menschheit nur neue Sorgen aufbürdet, anstatt sich ihrer Übel anzunehmen, die unsere persönliche Freiheit einschränkt und uns zu hilflosen Werkzeugen degradiert, und der entgegengesetzten Ansicht, daß die Technik der Ausgang alles

Guten sei, das Allheilmittel, das, wenn nur kräftig genug angewandt, globalen Wohlstand und universelles Glück verheißt, steht die Meinung derjenigen, die gewärtig sind, daß sowohl Nutzen als auch Schaden von der Technik verursacht werden. Sie haben erkannt, daß die Qualität unseres Lebens erheblich durch den technischen Fortschritt verbessert wurde und daß ein Stagnieren dieses Fortschrittes ein sofortiges drastisches Absinken dieser Qualität zur Folge haben würde; sie haben erkannt, daß es von beispielloser Verantwortungslosigkeit zeugen würde, den anderen zwei Dritteln der Erdbevölkerung diesen technischen Fortschritt vorzuenthalten, daß eine solche Aussperrung in unsagbarem Siechtum, Elend, Hunger und Tod von mehreren hundert Millionen Menschen resultieren würde. Von dieser Perspektive her gesehen, liegt die Wahl also nicht zwischen vollkommener Ablehnung der Technik oder einem wilden, unkontrollierten Anwachsen des technischen Fortschrittes, sondern vielmehr zwischen einem technischen Fortschritt, der ohne ausreichende Überlegungen um etwaige Konsequenzen vor sich geht, und einem technischen Fortschritt, der von einem starken Verantwortungsgefühl für die Wechselwirkung zwischen dem Menschen, seinen Werkzeugen und der Umgebung, in der er seine Arbeit verrichtet, getragen wird.

Mit dem Anwachsen des Verständnisses dieser Zusammenhänge und der immer schneller fortschreitenden Technisierung ist sehr bald der Wunsch laut geworden, nach Möglichkeiten zu suchen, unerwünschte Nebenerscheinungen, die teilweise die Ausmaße ökologischer Katastrophen angenommen haben, vorherzusehen und innerhalb der bestehenden Möglichkeiten oder Optionen so früh wie möglich eine Vorwahl zu treffen und Verhütungsmaßnahmen einzuleiten.

Seit Mitte der sechziger Jahre sind derartige Untersuchungen in den USA im Gange. Das Schlagwort »Technology Assessment« erschien zum erstenmal auf der Titelseite eines

Berichtes des schon erwähnten Unterausschusses über ein Seminar, das am 21. und 22. September 1967 stattfand. Inzwischen ist, wie üblich, kann man sagen – denken Sie an den Lärm um die »technische Lücke« – das Schrifttum erheblich angewachsen, Presse und Fernsehen haben sich des Problems angenommen und den Begriff popularisiert.

Mit dem Anwachsen der Assessments sind gleichzeitig Stimmen laut geworden, die vor einer »negativen Voreingenommenheit« bei technischen Veranlagungen gewarnt haben, aus Furcht, daß eine zu klare Herausstellung der möglichen Gefahren und Auswirkungen ein ernster Hemmschuh sein könnte, der weitere technische Entwicklungen und Fortschritte verlangsamen oder verhindern würde, oder aber zur Rechtfertigung eines Abbaues, einer Demontage des aufwendigen, jedoch außerordentlich wertvollen Forschungsapparates der USA dienen könnte. Aus meiner Sicht glaube ich sagen zu können, daß dies nicht der Fall sein wird.

3. Klassifizierung des Problemgebietes

Die National Science Foundation, eine Mischung von Wissenschaftsministerium und Forschungsgemeinschaft, ist innerhalb der Exekutive zum Sammelpunkt aller Assessments geworden, die von grundsätzlicher Bedeutung für die Wissenschaftspolitik des Landes und für langfristige Forschungsplanung sind. Zum besseren Verständnis möchte ich ihnen die, vielleicht sollte ich sagen vorläufige, Struktur und Methodik des Technology Assessments näher erläutern.

Wir hatten bereits den Ausdruck definiert und die Gründe für diese technischen Veranlagungen angedeutet. Versuchen wir nun eine Klassifizierung. Zunächst einmal unterscheiden wir für unsere Zwecke drei Gruppen von Assessments innerhalb der drei Zeiten: zukunfts-, gegenwarts- und vergangenheitsbezogene Bewertungen.

Assessments

Vorausschauende: (anticipatory)	Die Prognose von möglichen Auswirkungen: Supraleitung, zentrale Datenbanken, genetische Manipulationen (zukunftsbezogen)
Auf bereits wahrgenommene Probleme eingehende: (responsive)	Überschallflugzeug, Trans-Alaska Ölleitung, Kernkraftwerke, Großflugplätze
Gegenwirkende: (reactive)	bei Umwelt-, Gesellschafts- oder ökologischen Katastrophen: Londoner Nebel, Torrey Canyon, Erdbeben, Brände (gegenwartsbezogen)
Berichtigende: (corrective)	das Problem ist bekannt, die Auswirkungen allgemein fühlbar, die Ursachen werden aufgespürt, Abhilfen vorgeschlagen: Umweltverschmutzung, ländliche Armut, Verkehrschaos, organisierte Verbrechen, Energieversorgung
Rückschauende: (retrospective)	(vergangenheitsbezogen) Gründe für Aufgabe, Ablehnung oder Erfolglosigkeit eines Projektes: Mohole, bemannte Raumstation, Projekt Pflugschar

Von besonderem Interesse für uns und von größter Wichtigkeit für die wissenschaftspolitische Planung sind die vorausschauenden Veranlagungen. Wir können weiter in problem- oder technikorientierte Assessments unterteilen. Je nach der Wahl des Ausgangspunktes unserer Untersuchungen wird auch die Art der Ergebnisse verschieden sein. Bei Untersuchungen von Gegenwartsproblemen erwarten wir als Resultat sofortige Abhilfevorschläge, falls die Technik dafür vorhanden oder bekannt ist, oder aber zumindest Vorschläge für Forschung und Entwicklungsvorhaben, deren Ergebnisse zur Abhilfe des Problems beitragen. Bei den zukunftsorientierten Untersuchungen ist das Endprodukt eine wissenschaftspolitische Empfehlung, eine Entscheidungsregel, die sich dann in Budgetplanungen und Haushaltszuwendungen niederschlägt. Hier haben wir einen Vorwarnmechanismus zur Verfügung, der es uns ermöglichen kann, ökologische Gefahren oder unerwünschte Gesellschaftseinflüsse zeitig genug zu erkennen und zu verhindern oder abzuwenden. Diese Assessments sollten periodisch auf den letzten Stand gebracht werden, am besten einmal im Jahr. Diese Anforderung schränkt den Wert der rückschauenden Assessments ein, die dann auch meistens aus spezifischen Gründen, die nicht technischer Art sind, ausgeführt werden, in der Regel nur einmal.

Ich möchte darauf hinweisen, daß diese Klassifizierung willkürlich und vorläufig ist. Ich habe sie auf Grund einer Analyse von etwa 20–30 Untersuchungen aufgestellt, die zu einer Zeit stattfanden, als Erfahrungen über zukunftsorientierte Assessments noch völlig fehlten. Zum Teil überschneiden sich die einzelnen Bereiche, und andere wichtige Unterschiede der angewandten Methodik oder der zu erwartenden Endresultate sind aus dieser Aufstellung nicht klar ersichtlich. Für eine übersichtlichere Gliederung ist das Gebiet, wie wir es heute verstehen, noch zu neu und zu bruchstückhaft.

Die vom Begriff und von der Methodik her bestehenden
Probleme oder das Fehlen akzeptabler Definitionen sollten
uns jedoch auf keinen Fall davon abhalten, weitere Assessments anzugehen. Das Komitee für Wissenschaft und Politik
der Akademie der Wissenschaften hat eine andere Gliederung
vorgeschlagen, und zwar nach uns unmittelbar berührenden
Brennpunkten: Technik, Gesellschaft, Umwelt und Individuum.

Brennpunkte

1. Technik

1.1 Fortschritt:	Wetterbeeinflussung
1.2 Übertragung:	Satelliteneinsatz zur Ortung von Bodenschätzen
1.3 Zuwachs der Anwendungsrate:	Größere Tanker, Massenanwendung der Pille

2. Gesellschaft

2.1 Systeme:	Transportmittel, Wohnbau, Erziehung
2.2 Verhältnisse:	Familie, Besitz, Beruf
2.3 Anschauungsform:	Klassenstruktur, Verteilung von Ressourcen
2.4 Sammelbegriffe:	Handelsbilanz, Bruttosozialprodukt, militärische Macht

3. Umwelt

3.1 Ästhetisch:	Lärmpegel, Gerüche
3.2 Ökosysteme:	Verschiebung von Gattungshäufigkeiten, Eutrophierung von Flüssen und Seen
3.3 Biomedizinisch:	Blei in der Atmosphäre, Spurenrückstände in Pflanzen

4. Individuum

| 4.1 Auswirkungen auf das Kind: | Massenmedien, Sozialisierung, Lernprozesse |
| 4.2 Erwachsenenbeeinflussung: | Materielle Werte, geistige Gesundheit, Freizeit, menschliche Beziehungen, Unfallrisiken |

Derartige Ordnungsversuche lassen sich nach anderen Gesichtspunkten beliebig fortsetzen, je nach dem Standpunkt des Betrachters, des angestrebten Endresultats oder der Problemstellung.

4. Die Methodik

Befassen wir uns nun etwas mit der Methodik, dem »how to«, dem »wie man es macht«.

Im allgemeinen lassen sich Assessments in sechs logisch aufeinanderfolgende, den Zusammenhang darlegende Schritte zerlegen:

1. Auswahl und Beschreibung des zu bewertenden Problems
2. Identifizierung der Problemelemente
3. Aufzählung der möglichen Einflüsse und Auswirkungen
4. Bewertung oder Messung dieser Auswirkungen
5. Identifizierung korrigierender Maßnahmen oder Verbesserungsaktionen (Abwägen der Vor- und Nachteile dieser Vorschläge)
6. Empfehlung einer Methode oder anderer Wege zur Lösung des Problems.

Wenn Sie sich ein wenig mit System-Analyse befaßt haben, werden Sie mit diesem Angehen des Problems vertraut sein.

Die bisher durchgeführten Assessments – vor allem von Regierungsstellen in Auftrag gegeben – haben Schwächen aufgewiesen, die im wesentlichen wie folgt zusammengefaßt werden können:

- Die Assessments waren unvollständig und oberflächlich
- Durch Eigeninteresse beeinflußt, nicht vorurteilsfrei
- Die Folgerungen wurden nicht konsequent an die entschlußfassenden Stellen weitergegeben
- Die Empfehlungen blieben unbeachtet.

Von der Methodik her ist folgendes zu bemängeln:
- Die Fachkenntnisse des verwendeten Personals und deren Fach-Voreingenommenheit
- Nicht alle sachdienlichen Standpunkte und Interessen wurden gleichmäßig vertreten und dargestellt
- Zu große Betonung der kurzfristigen wirtschaftlichen Auswirkungen, im Gegensatz zu langfristigen gesellschaftlichen Auswirkungen
- Unzureichende Informationsbasen ohne Rückkopplung (feedback) zur Verbesserung der Datensammlungs-Systeme.

Diese Mängel auszumerzen, ist die Aufgabe der von uns unterstützten Studien, wobei gleichzeitig die Methodik verbessert werden soll und die wissenschaftlichen Fachkräfte an praktischen Beispielen geschult werden können.

Als Hilfsmittel verwenden wir dazu alle uns zur Verfügung stehenden Methoden, zum Teil von der Statistik, der Unternehmensforschung und den Gesellschaftswissenschaften entliehen.

Ich habe sie im Folgenden einmal zusammengestellt:

1. Qualitative und quantitative Bewertungsmethoden, wie sie z. B. bei der Auswahl von Forschungsvorhaben und in der Planung verwendet werden.

2. System-Analyse oder besser analytische Systematik; denn bei einer näheren Betrachtung der Auswahlkriterien für die Systemanalyse stellt sich bald heraus, daß diese nur selten oder sehr begrenzt auf komplexe Gesellschaftsprobleme anwendbar ist. Eine Systemanalyse kann nur erfolgreich sein, wenn alle Variablen auf ein gut definiertes

Ziel ausgerichtet sind, z. B. wenn als primäres Objekt die Lösung eines Problems angestrebt wird. Die besten Resultate werden bei der Anwendung auf Entwicklungsprobleme erzielt.

3. Entscheidungshilfen oder Relevanz-Netzwerke zur Erstellung von Rangordnungen und Bewertungsmatrizen.

4. Vorhersagen; wirtschaftliche, technische, gesellschaftliche und, wenn möglich, politische Prognosen (oder zumindest ein Szenarium). Zu den Vorhersagemethoden möchte ich noch einige Bemerkungen machen. Da wir, wie ich schon bei der Einführung angedeutet hatte, besonders an den zukunftsorientierten Assessments interessiert sind, kommt den Vorhersagen besondere Bedeutung zu. Mit den Worten *Nigel Calders:* »Vorhersagen und Prognosen über mittlere Zeiträume von vielleicht zehn bis fünfzig Jahren sind nicht länger zum Amüsieren da, sondern ein ernsthaftes Erfordernis, wenn wir nicht durch größere Veränderungen unserer Umwelt plötzlich in der Falle sitzen wollen und wenn andererseits die wissenschaftliche Revolution klug und weise durchgeführt werden soll.« Die Prognostik ist eine natürliche Voraussetzung für zukunftsorientierte Assessments, gewissermaßen das Kernstück unserer Betrachtungen. Dabei betrachten wir uns nicht im Sinne *Ossip K. Flechtheims* als Futurologen, wir wollen nicht die Zukunft voraussagen, sondern wir erstreben eine bessere Entscheidungsgrundlage, bei der die Ergebnisse einer sorgfältig durchgeführten Zukunftsbetrachtung, sei es mit Hilfe der Delphi-Methode, durch Extrapolation, Kurvenanpassung oder mit Hilfe einer Substitutionsmethode, lediglich einen Teil der Eingangsdaten in unserem Gedankenmodell für Assessments darstellen. Der Schwierigkeitsgrad einer Prognose steigt stark an in der Reihenfolge: Wirtschaft – Technik – Gesellschaft – Politik. In der Praxis fehlen uns für politische Vorhersagen einfach die Voraussetzungen. Wir können

eine politische Zukunft nur ganz grob im Rahmen eines Planspieles, eines Szenariums, betrachten.

5. Simulations-Methoden und Unternehmensforschungs-Methoden und Modelle. Bei den Simulations-Methoden interessieren uns vor allem zufallbedingte (stochastische) Phänomene, weniger determinierte (Bestimmungs-) Phänomene, da die einzelnen Geschehnisse und ihre genaue Reihenfolge und Anordnung nicht bekannt sind. An Modellen haben sich mathematische und metaphorische Analogien, aber auch Glücksspiel-Modelle als brauchbar bewiesen.

6. Fragebogen. Die haben wir ja alle zur Genüge ausgefüllt. Sie stellen mit der

7. Beteiligung der Öffentlichkeit, nicht nur durch Presse und Rundfunk, sondern durch Teilnahme an Versammlungen, bei denen die Bürgerschaft über schwebende und geplante Vorgänge informiert wird, die in den unmittelbaren Lebensbereich eingreifen oder ihn beeinflussen, eine weitere wichtige Methode dar. Wie weit dieser Prozeß in Europa wirksam sein kann, ist eine andere Frage. In den USA reagieren jedenfalls Politiker und Regierungsbeamte recht prompt auf Vorschläge und Kritiken der Öffentlichkeit, d. h. die Bürger können die Wirksamkeit ihres Einspruchs rasch erkennen und sind dadurch wiederum motiviert, am Entscheidungsgeschehen teilzunehmen.

8. Alle diese Methoden verlangen eine Kombination von gut fundierter Information und persönlichem Werturteil, die nicht immer deutlich oder, besser gesagt, prägnant und präzise formuliert werden können. Da ein intuitives Herangehen an Probleme manchmal nicht der schlechteste Weg ist, möchte ich nicht versäumen, auf die Wichtigkeit solcher Beiträge hinzuweisen.

Es ist wichtig, sich daran zu erinnern, daß die angeführten Methoden allgemein zur Informations-Strukturierung, zur Erlangung einer besseren Übersicht und Ideenkonzeption dienen, nicht zur automatischen Problemlösung. Sie sind Entscheidungshilfen, keine Panazeen.

Wegen der Kompliziertheit der zur Diskussion stehenden Probleme ist die Durchführung derartiger »Veranlagungen« entsprechend kostspielig. Im Durchschnitt werden benötigt:

- an Zeit: 12–18 Monate
- an Personal: 6–8 ständige Mitarbeiter (man-years)
- an Mitteln: 250 000–350 000 US-Dollar.

Der Arbeitszeit-Aufwand ist grob gesehen folgendermaßen verteilt:

$1/3$ Problemformulierung, Datensammlung
$1/3$ Analyse
$1/3$ Abfassen und Überprüfen des Berichtes.

Besonderes Gewicht sollte dabei auf ein sorgfältiges Quellenverzeichnis und eine detaillierte Beschreibung der Methodik gelegt werden. Diese Daten tragen zur Glaubwürdigkeit der Assessments bei und sind für eine zeitgemäße Wiederholung unerläßlich.

5. Zukünftige Arbeitsprobleme

Zum Abschluß der analytischen Betrachtung möchte ich noch einige Bemerkungen zu allgemeinen Problemen der Assessmentmethodik machen, die mehr begrifflicher Art sind. Ich möchte damit auf einige von uns empfundene Lücken hinweisen, die für zukünftige Arbeiten auf diesem Gebiet berücksichtigt werden sollten. Es fehlen uns:

1. Kriterien zur Problemauswahl und zur Bestimmung von Prioritäten
2. Bewertungssysteme oder Bewertungsordnungen gesellschaftlicher Art
3. Verschiedene Wege zur Kostenbetrachtung, Kosten im Gesellschaftssinn, miteinander vergleichbare Vor- und

Nachteile oder Risiken. Gemeint sind die qualitativen Aspekte unseres Lebens (quality of life).

4. Bezugsmaßstäbe, Basispunkte und Datensammlungen als Ausgangspunkt für normierte Untersuchungen. Die Bedeutung von Daten-Depots für Assessments und Prognosen, überhaupt für alle Gebiete der Planung, kann nicht oft genug betont werden. In sehr vielen Untersuchungen sind es nicht die ausführende Fachkraft oder die Methodik gewesen, die versagt haben, sondern das Nicht-Vorhandensein von zuverlässigen Daten hat die Untersuchungsergebnisse in Frage gestellt.

5. Schrittmacher, Meßgrößen, die entscheidend zur Erfassung des Fortschrittes sind. »Höher«, »schneller«, »weiter«, sind unbefriedigende Angaben. Die Parameter sollen möglichst dem Anspruch genügen, dem Analytiker wie auch dem Verbraucher verständlich zu sein. Nehmen wir zum Beispiel ein U-Boot. Einem Techniker mag die Angabe über die Zerreißfestigkeit eines Stahles, gegeben in Kilopond pro mm² vollkommen zum Verständnis der kritischen Größe genügen. Der U-Boot-Fahrer kann sich nichts darunter vorstellen. Wenn Sie ihm aber sagen: »die Hülle ihres Bootes hat eine Zerreißfestigkeit, mit der Tauchtiefen von 300 m nicht überschritten werden sollten«, versteht er das.

6. Indikatoren, d. h. Kennziffern und Verhältniszahlen. Wir haben zum Beispiel nur ungenügende Indikatoren, wie sie uns von der Volkswirtschaft her bekannt sind, in den Gesellschaftswissenschaften zur Verfügung, die uns einen Hinweis auf die Wirksamkeit sozialer Hilfs- oder Wohlfahrtsprogramme geben können. Solange diese unvollständig sind, sind wir auch nicht in der Lage, verläßliche Prognosen über den Wechsel unserer Umwelt und der Gesellschaft zu machen.

7. Dynamische Modelle, die klare Relationen von Ursache und Wirkung aufzustellen gestatten.

8. Versuchs-Assessments als Kontrollexperimente ausgeführt, um ältere, aus anderen Gebieten bekannte Methoden auf ihre Anwendbarkeit hin zu prüfen oder neue Methoden auf Brauchbarkeit zu testen.

9. Interdisziplinär ausgebildete Fachkräfte und ausreichende Mittel. Als Beispiel für eine Fachkraft im interdisziplinären Sinn möge der Patentanwalt dienen, der, sagen wir, erst Maschinenbau oder Chemie studiert hat und dann die Rechte. Wir suchen nach Ingenieuren und Naturwissenschaftlern, die außer ihrer Fachrichtung noch Volks- oder Betriebswissenschaft studiert haben oder politische Wissenschaften, Psychologie oder eine andere Gesellschaftswissenschaft.

10. Ein Informations- oder Aufklärungsprogramm für die breite Öffentlichkeit, um die Begriffe langfristiger Unternehmungen, den zu erwartenden Wertzuwachs usw. zu erläutern. Letzten Endes wird der Steuerzahler für die Kosten der Wiederherstellung unserer Umwelt aufkommen müssen, und es ist nur fair, wenn man ihm dies alles erklärt und ihn damit an wichtigen Entscheidungen teilhaben lassen kann, weil er Verständnis für das Problem selber aufbringt.

In den USA ist das Interesse am Technology Assessment inzwischen so weit gegangen, daß im Kongreß eine Gesetzesvorlage eingebracht wurde für ein »Office of Technology Assessment«, dessen Auftrag sein soll: »dem Kongreß in der Erkennung und Berücksichtigung bestehender und wahrscheinlicher Auswirkungen technologischer Anwendungen behilflich zu sein«.

Die National Science Foundation hat im letzten Jahr zum Studium gesellschaftlicher Probleme rund sechs Millionen Dollar zur Verfügung gestellt. Für das laufende Rechnungsjahr veranschlagen wir etwa 12–13 Mill. Dollar. Wir unterstützen im wesentlichen drei Arbeitsgebiete:

1. Methodik-Forschung
2. sogenannte Pilot-Assessments, bei denen alte Methoden auf Anwendbarkeit und neue auf Brauchbarkeit an einem kleineren Projekt geprüft werden
3. Bewertungen größeren Stils (regionale Wetterbeeinflussung, Energieversorgung).

Wie eine Problemauswahl vorgenommen werden kann, möchte ich an Hand einer kleinen, intern durchgeführten Studie demonstrieren. Wir sind zunächst einmal von folgenden Annahmen ausgegangen:

1. Das Problem soll größeren Ausmaßes sein, es soll von Einfluß auf einen bedeutenden Bevölkerungs- oder Gebietsanteil der Nation sein.
2. Das Problem soll bereits erkannt sein oder ohne viel Schwierigkeiten vorausgesehen werden können.
3. Das Angehen des Problems soll im Bereich der gegebenen (technischen, wirtschaftlichen und politischen) Möglichkeiten liegen.

Entsprechend diesen Annahmen wurde aus öffentlichem Quellenmaterial eine Liste von ungefähr dreißig Problemen aufgestellt, und in einer Gruppendiskussion wurden dazu die Auswahlkriterien festgelegt und bewichtet (1–5 Punkte):

Kriterium	Bewichtung
1. Erfolgreiche Beiträge zum Problem durch andere Organisationen	– 3
2. Gesamtwahrscheinlichkeit des Erfolges	5
3. Kurzfristige Erfolgschance	3
4. Öffentliche Wahrnehmbarkeit (visibility)	3
5. Nationale Bedeutung	5
6. Ausreichende technische und Verwaltungs-Kapazität im eigenen Haus	4

An Hand der Auswahlkriterien kann nun eine Ordnung der vorher gesammelten Probleme mit Hilfe einer Bewertungsskala (1–10 relative Punkte) innerhalb einer Matrize vorgenommen werden.

Der Index für Problem 1 berechnet sich dann wie folgt:

$$I_{P1} = \sum (b_{k1} \times r_{k1}^1) + (b_{k2} \times r_{k2}^1) \ldots\ldots\ldots + (b_{kn} \times r_{kn}^1)$$

b_{k1} Bewichtung des Kriteriums 1

r_{k1}^1 Relative Wichtigkeit des Kriteriums 1 für Problem 1

Nach der Auswertung ergab sich die folgende Liste:

Ordnungszahl	Problemgebiet	Index
1.	Umweltverschmutzung	148.6
2.	Erziehung und Bildung	139.0
3.	Energie (Erzeugung, Verteilung)	137.6
4.	Bevölkerung	134.3
5.	Städte- und Wohnungsbau	122.8
6.	Wirtschaftliche Entwicklung (Inland)	121.3
7.	Gruppenkonflikte, rassische Entfremdung	121.1
8.	Verbrechen und Vergehen	120.2
9.	Naturvorkommen, Bodenschätze	115.9
10.	Beförderungsmittel	114.5
11.	Internationale Beziehungen	114.4

Auf die Aufführung weiterer Probleme wurde an diesem Punkt aus finanziellen Gründen und taktischen Überlegungen verzichtet. Natürlich ist die Liste unvollständig, subjektiv und flexibel, die Prioritäten werden sicher von Jahr zu Jahr andere sein; die Liste soll hier lediglich als Demonstrationsmodell und Leitfaden für Ihre eigenen Pläne verstanden werden.

6. Vorschläge für Internationale Assessments

Unser Interesse an den möglichen Auswirkungen der Technik muß über nationale Grenzen hinausgehen. Beim Betrachten der nachfolgenden Beispiele zukunftsorientierter Assessments wird die Notwendigkeit für eine weltweite Behandlung dieser Probleme sofort klar:

1. Wetterbeherrschung
2. Zentrale Datenbanken
3. Thermonukleare Energiequellen
4. Weitverbreitete Organverpflanzungen
5. Genetische Manipulationen
6. Bewußtseinsbeeinflussende Drogen
7. Lehrmaschinen
8. Vorbestimmung des Geschlechtes von Kindern
9. Ausbeutung der Weltmeere
10. Wasserentsalzung.

Der Einfluß auf die Außen- und Wissenschaftspolitik der technisch entwickelten Länder ist offensichtlich. Nicht sofort übersehbar ist der Einfluß auf die sich entwickelnden Länder. Mit dem erleichterten Zugang zu billiger und unbegrenzter elektrischer Energie zum Beispiel kann der Aufbau von riesigen Industrie-Agrarkomplexen ermöglicht werden, deren sekundäre Auswirkung nach Anheben des örtlichen Lebensstandards die Umgruppierung politischer Machtgruppen sein könnte.

Derartige Machtverschiebungen würden mit Sicherheit zu drastischen Veränderungen in der Wirtschaftsstruktur der übrigen Länder führen. Es wäre daher sicher empfehlenswert, daß sich auch europäische Staaten mit dem Problem der Auswirkung von Wissenschaft und Technik auf die Gesellschaft intensiver als bisher beschäftigen.

Quellenverzeichnis

Technology: Processes of Assessment and Choice. Report of the National Academy of Sciences, Committee on Science and Astronautics, U. S. House of Representatives. July, 1969

A Study of Technology Assessment. Report of the Committee on Public Engineering Policy, National Academy of Engineering, Committee on Science and Astronautics, U. S. House of Representatives. July, 1969
A Technology Assessment System for the Executive Branch. Report of the National Academy of Public Administration, Committee on Science and Astronautics, U. S. House of Representatives. July, 1970

Technical Information for Congress. Report to the Subcommittee on Science, Research and Development, Committee on Science and Astronautics, U. S. House of Representatives, Ninety-First Congress, First Session. Prepared by The Science Policy Research Division, Legislative Reference Service, Library of Congress. April 25, 1969

Technology Assessment Seminar. Proceedings before the Subcommittee on Science, Research, and Development, Committee on Science and Astronautics, U. S. House of Representatives, Ninetieth Congress, First Session, September 21 and 22, 1967

Technology Assessment. Hearings before the Subcommittee on Science, Research, and Development, Committee on Science and Astronautics, U. S. House of Representatives. Ninety-First Congress, First Session, November 18, 24; December 2, 3, 4, 8, and 12, 1969

Technology Assessment – 1970. Hearings before the Subcommittee on Science, Research, and Development, Committee on Science and Astronautics, U. S. House of Representatives, Ninety-First Congress, Second Session on H. R. 17046. May 20, 21, 26, 27; June 2, and 3, 1970

Technology Assessment – 1970. Hearings before the Subcommittee on Science, Research, and Development, Committee on Science and Astronautics, U. S. House of Representatives, Ninety-First Congress, Second Session on H. R. 17046 Part II, Los Angeles, Calif., March 13 and 14, 1970, San Francisco, Calif., March 16 and 17, 1970, Webster Groves, Mo., May 28 and 29, 1970.

H. Brooks – R. Bowers, The Assessment of Technology. In: Scientific American, February 1970

D. M. Kiefer, Technology Assessment. In: Chemical and Engineering News, October 5, 1970

Man's Impact on the Global Environment. Assessment and Recommendations for Action. Report of the Study of Critical Environmental Problems. Sponsored by the Massachusetts Institute of Technology 1970

N. Calder (Hrsg.), The World in 1984. Volume 1. Pelican Book A 720. The New Scientist. Penguin Books 1964

Über die Kontrolle des technischen Fortschritts

Von *Karl Steinbuch*

I. Einleitung

Der technische Fortschritt erschien früher als eine positive Errungenschaft: Man konnte mit weniger Anstrengung mehr und bessere Produkte erzeugen. Um diese positive Seite des technischen Fortschritts zu erkennen, sollte man sich beispielsweise an die mittelalterlichen Tretmühlen und an die Kinderarbeit im neunzehnten Jahrhundert erinnern.

Neuerdings erscheint der technische Fortschritt immer mehr als etwas Gefährliches, das möglicherweise zu katastrophalen Folgen führt. Die Angst vor dem technischen Fortschritt entzündete sich beispielsweise an den Atomwaffen, welche die menschliche Kultur total zerstören können, an der Verunreinigung von Luft und Wasser, an irreversiblen Klimaveränderungen usw. Neben diesen materiellen Gefahren des technischen Fortschritts drohen aber auch psychische: So vor allem die Entfremdung des Menschen von seinem Produkt.

Auch wer keinem antitechnischen Kulturpessimismus folgt, muß eingestehen, daß die Weiterführung des technischen Fortschritts in der bisherigen Art, die manchmal an Krebswucherungen erinnert, nicht mehr weitergehen kann. Wir müssen m. E. nach Organisationsformen suchen, welche den technischen Fortschritt zu kontrollieren gestatten, so daß an die Stelle der bisherigen Wucherungen Abläufe treten, deren Verträglichkeit mit den Bedingungen der menschlichen Existenz wahrscheinlich ist. Hierüber dürfte bei der Mehrheit der Menschen unserer Zeit, vor allem in den hochentwickelten Industriegesellschaften, weitgehende Übereinstimmung bestehen.

Trotz dieser Übereinstimmung empfinden wir gemeinsam ein Gefühl der Hilflosigkeit gegenüber dieser Aufgabe.

Unsere Technostruktur – dieses ungeheuer kostspielige Gebilde, in dem Grundlagenforschung, Zweckforschung, Entwicklung, Konstruktion, Produktion und Vertrieb zusammenwirken – ist so undurchsichtig geworden, daß eine »richtige« Prioritätenliste oder eine »untadelige« Gesinnung aller Beteiligten noch lange nicht zu einem wünschenswerten Ergebnis führt. Die Technostruktur ist eher eine »black box«, bei der auch ein gut gemeinter Input zu recht unerfreulichen Folgen führen kann.

Die Kontrolle des technischen Fortschritts ist aber vor allem ein Machtproblem: Die einzelnen Glieder des Systems, also einerseits Technostruktur und andererseits Staat, bzw. Gesellschaft haben starke Eigeninteressen. Solange nur abstrakt darüber gesprochen wird, der technische Fortschritt müsse kontrolliert werden, erzielt man leicht Übereinstimmung. Diese geht aber rasch zu Ende, wenn konkrete Konsequenzen gezogen werden, wenn beispielsweise ein Betrieb geschlossen oder eine Forschung eingestellt werden soll. Dann tritt an die Stelle wohlwollender Übereinstimmung die entrüstete Frage: Weshalb soll denn gerade *mein* Betrieb, *meine* Forschung, *mein* Interesse zurücktreten? Diese Argumentation wird im Regelfall mit soviel persönlichem Einsatz, mit Lobbies, wirtschaftlichem und politischem Druck geführt, daß schließlich nichts mehr übrigbleibt, was die bestehenden Probleme löst.

Es geht also bei der Kontrolle des technischen Fortschritts weniger darum, Menschen von deren Notwendigkeit zu überzeugen, vielmehr um die Organisation von Entscheidungsmechanismen, welche die allgemein als notwendig erkannte Kontrolle gegen sehr starke Widerstände durchsetzt.

Hierauf wird später nochmals zurückgekommen, zunächst seien einige mehr vordergründige Sachverhalte betrachtet.

Meines Erachtens kann man aus der Kybernetik einiges lernen, was zur Überwindung der gegenwärtigen Hilflosigkeit beiträgt, vor allem:

1. Die Kontrolle des technischen Fortschritts setzt – wie jede wirksame Kontrolle – Informationen über den zu kontrollierenden Prozeß voraus. Hierzu gehört vor allem Kenntnis der Struktur, der quantitativen Zusammenhänge und der Dynamik.

2. Angesichts der raschen Veränderungen, welche mit dem technischen Fortschritt verbunden sind, ist eine wirksame Kontrolle unter ausschließlicher Beachtung des Ist-Zustandes nicht möglich; vielmehr setzt diese die Prognose des zukünftigen Fortschritts voraus.

3. Die Kontrolle des technischen Fortschritts erfordert vor allem Klarheit über die anzusteuernden Ziele: Was ist die Führungsgröße des technischen Fortschritts?

Über den Sachverhalt »technischer Fortschritt« liegen viele Analysen vor; besonders hervorzuheben sind die ausgezeichneten Berichtsbände des Rationalisierungs-Kuratoriums der Deutschen Wirtschaft »Wirtschaftliche und soziale Aspekte des technischen Wandels in der Bundesrepublik Deutschland« (Frankfurt 1970).

Wesentlich seltener sind glaubwürdige Prognosen, und am seltensten sind ernstzunehmende Betrachtungen der langfristigen Ziele des technischen Fortschritts.

Natürlich kann man dem technischen Fortschritt sehr viele verschiedene Ziele setzen; besonders deutlich sind aber die folgenden zwei Zielsetzungen zu unterscheiden:

Das Ziel, den technischen Fortschritt möglichst effizient zu gestalten, also mit einem Minimum an Aufwand einen möglichst großen Fortschritt zu bewirken, oder aber das Ziel, den technischen Fortschritt in eine vernünftige Bahn zu lenken – wobei natürlich zu erklären ist, was unter »vernünftig« verstanden werden soll.

In aller Entschiedenheit zu widersprechen ist folgender Erklärung des technischen Fortschritts:

»Ein technischer Fortschritt liegt ... dann vor, wenn durch technische Veränderungen eine Erhöhung der Effizienz ... erreicht wird.« (Zitierter RKW-Bericht, S. 176).

Es ist in unserer Zeit unerträglich, den technischen Fortschritt an der Effizienz zu messen; viel eher sollte man ihn an seinen Wirkungen auf den Menschen und die Gesellschaft messen. In unserer Zeit kann ein technischer Fortschritt auch in einer solchen Veränderung bestehen, welche die Effizienz verringert.

Wer diesem zustimmt, schüttet leicht das Kind mit dem Bade aus: Auch wenn die Effizienz technischen Geschehens nicht der höchste Wert ist, so müssen wir doch auf sie achten. Existenz und Wohlstand von Milliarden Menschen hängen von einer hohen Effizienz der Technostruktur ab. Wir müssen auch in Zukunft große Leistungen vollbringen, um die Probleme der Ernährung, des Verkehrs, des Städtebaus usw. zu lösen. Das Nobel-Komitee hat dies vortrefflich signalisiert, als es dem Naturwissenschaftler *Ernest Borlaug* den Friedens-Nobelpreis mit der Begründung verlieh: »Am besten für den Frieden sorgt, wer den Hunger bekämpft«.

Resumée: Wir müssen zwar auf die Effizienz des technischen Fortschritts achten, aber die Effizienz an ihren Wirkungen auf die menschliche Gesellschaft messen.

Der technische Fortschritt hat einen quantitativen und einen qualitativen Aspekt. Der quantitative Aspekt besteht in der zahlenmäßigen Vermehrung bekannter technischer Einrichtungen.

Der qualitative Aspekt besteht in der Erzeugung neuarti-

ger Verfahren, Konstruktionen, Organisationsformen oder dergleichen. Es bürgert sich ein, beim technischen Fortschritt drei Phasen zu unterscheiden:
– die Erfindung (Invention), das erstmalige Erzeugen,
– die Neuerung (Innovation), die erste praktische Anwendung,
– die Verbreitung (Diffusion), die quantitative Vermehrung.

Der qualitative technische Fortschritt geht grundsätzlich über Reproduktionsvorgänge hinaus. Er hängt stark von geistigen Leistungen ab. Die Kreativität eines Menschen oder einer Gesellschaft ist keine unveränderbare Größe, sondern kann durch soziale Einflüsse, besonders im Erziehungssystem, verändert werden.

Der Mensch lebt gegenwärtig in einer kreativen Explosion: In fortwährender Veränderung seiner Lebensformen durch wissenschaftliche, technische, soziale, wirtschaftliche und politische Innovationen.

Kreativität wird honoriert: Wirtschaftlicher Erfolg und hohes Sozialprestige winken dem Entdecker und Erfinder. Das Bildungssystem muß Kreativität erzeugen, Kapital und Arbeit sind unzureichend. Die Psychologen sollen die Blokkierungen aufheben, die uns hindern, in Zukunft kreativer zu sein als in der Vergangenheit. Mit *brainstorming* wird gemeinsam erzeugt, was einzeln nicht erzeugt werden kann. Durch Stimulantien wird die kreative Produktion angereizt.

Kommunikation stimuliert die kreative Produktion: Rundfunk und Fernsehen ermöglichen den Vergleich fremder Lebensformen mit den eigenen, sie zeigen »Lücken«, sie reizen zum Ehrgeiz und zu kreativer Produktion. So wie die Verhältnisse bei uns sind, ist ein Ende der kreativen Explosion überhaupt nicht abzusehen, vielmehr zu vermuten, daß sie in den kommenden Jahrzehnten mit steigender Geschwindigkeit weitergehen wird.

Die psychologische Forschung hat die Voraussetzungen kreativer Produktion untersucht (siehe hierzu vor allem *G. Ulmann*, Kreativität, Weinheim 1968).

Deren wichtigste sind wohl: Eine unvoreingenommene Haltung gegenüber der Umwelt, scharfe Wahrnehmung – aber kritische Bereitschaft, von vorgegebenen Normen abzuweichen und neue Normen zu setzen – und diese auch gegen Widerstände durchzusetzen: »Der Überzeugungsprozeß stellt eine durchaus bedeutsame eigenwertige Leistung dar, deren Nichterfüllung die gesellschaftliche Existenz der Innovation verhindert.« *(O. W. Haseloff)*.

Die gegenwärtig entstehende Einsicht in die Voraussetzungen kreativer Produktion beschleunigt die Explosion kreativer Produktion weiter. Kreativität kann – mit gewissen Einschränkungen – geplant und erzeugt werden, man kann die sozialen und technischen Voraussetzungen herbeischaffen. Informationsbanken können den Kreativen von belastender Nebenarbeit befreien. Der Anschluß an die Kommunikationssysteme kann den kreativen Funken vor dem Erlöschen bewahren. Besonders die *Big Science* wird hiervon Gebrauch machen.

Wenn gesagt wurde, Kreativität könne – mit gewissen Einschränkungen – geplant und erzeugt werden, so heißt dies nicht, das kreative Produkt könnte im voraus beschrieben werden. Es bedeutet vielmehr, daß – im Sinne der Statistik – die kreative Produktion einer Anzahl von Menschen größer oder kleiner sein kann, je nach den Voraussetzungen ihrer Arbeit. Hier spielen eine große Rolle: Freiheit von Angst, Ungestörtheit, Ehrgeiz, stimulierende Umgebung usw.

In dieser kreativen Explosion verändert sich auch der technische Fortschritt in einer eigentümlichen Weise: Einst war er Zufallsergebnis, heute ist er geplantes Produkt. Technische Ziele, die keinen physikalischen oder logischen Gesetzen widersprechen, können bei angemessenem Aufwand meist erreicht werden. Präsident *John F. Kennedy* proklamierte im Jahr 1961, daß innerhalb eines Jahrzehnts ein Amerikaner den Mond betreten solle: So geschah es ja dann auch.

Die gegenwärtige Rationalisierung wissenschaftlich-technischer Forschung und Entwicklung führt zu einer unerhörten Beschleunigung des technischen Fortschritts, zu einer Kettenreaktion. So wenig atomare Kettenreaktionen unkontrolliert verlaufen können, ohne das System zu zerstören, so wenig kann der technische Fortschritt unkontrolliert verlaufen.

In der Voraussicht, damit auf Widerspruch zu stoßen, möchte ich folgende Prognose aussprechen: Wir nähern uns einem Zustand, wo das menschliche Gehirn nicht mehr der begrenzende Faktor des technischen Fortschritts sein wird, vielmehr maschinelle Denksysteme die intellektuellen Leistungen des Menschen ebenso überholen werden, wie beispielsweise technische Verkehrsmittel die natürliche Bewegung des Menschen überholt haben. Dann wird die Kontrolle des technischen Fortschritts noch viel wichtiger und problematischer sein als gegenwärtig.

Solange der Mensch der Träger des technischen Fortschritts ist, sind Intelligenz und Gewissen »zusammengewachsen« – auch wenn das Gewissen manchmal etwas schwach entwickelt ist. Wenn aber erst einmal das maschinelle Denkzeug den technischen Fortschritt beherrscht, dann sind die beiden – Intelligenz und Gewissen – nicht mehr zusammengewachsen, und die Kontrolle des technischen Fortschritts wird noch viel schwieriger. Dann werden wir nicht mehr darum herumkommen, eine Ethik bewußt zu kodifizieren und dem Denkzeug einzubauen.

II. Kontrolle setzt Prognose voraus

Als sich die Technik noch relativ langsam veränderte – man denke an das Aufkommen der Dampfmaschine und des

Webstuhls –, da konnte man die Folgen der veränderten Technik mit einer gewissen Gleichgültigkeit auch nachträglich noch auffangen.

Wenn sich die Technik aber so schnell verändert, wie es jetzt und in Zukunft der Fall ist, dann gelingt die Kontrolle nicht mehr als Reaktion auf den Ist-Zustand, sie muß vielmehr die voraussehbaren Veränderungen mit in Betracht ziehen: Voraussetzung wirksamer Kontrollen sind technische Prognosen.

Nun weiß aber niemand etwas Sicheres über die zukünftige Entwicklung. Man kann aber manche Entwicklungen als mehr oder weniger wahrscheinlich voraussagen. Während die Prognose menschlichen Verhaltens schwer, wenn nicht gar unmöglich ist, sind Prognosen des technischen Fortschritts eher möglich.

So hätte man meines Erachtens nach den Versuchen von *Hahn* und *Straßmann* im Jahre 1938 die folgende Entwicklung der Atomenergie mit einer gewissen Weitsicht voraussagen können. Dies wird mancherorts bestritten, ich halte es aber für sicher, daß die zwischenzeitlich eingetretene Entwicklung mindestens als eine unter mehreren möglichen Entwicklungen hätte prognostiziert werden können. Ähnlich hätte nach der Konstruktion des ersten Computers durch *Konrad Zuse* im Jahre 1941 die Entwicklung der Informationstechnik und nach dem Start des ersten Sputnik im Jahre 1957 die weitere Entwicklung der Raumfahrt prognostiziert werden können. Meines Erachtens wurde diese mögliche Voraussicht viel weniger durch prinzipielle Schwierigkeiten verhindert, als vielmehr durch den mangelnden Willen zur Voraussicht und die noch unterentwickelten Methoden der Prognose.

Die Methodik der Prognosen macht gegenwärtig beachtliche Fortschritte. Hier hat sich besonders *E. Jantsch* verdient gemacht (Technological Forecasting in Perspective, Paris 1967).

Die technische Prognostik kann folgendes bewirken:

1. Klärung unübersichtlicher Zusammenhänge
2. Strukturierung des Denkens, so daß Verknüpfungen möglich werden
3. Förderung interdisziplinärer Kommunikation
4. Anregung zum kreativen Denken
5. Offenlegung von Annahmen und Vorurteilen.

Die bisherige Entwicklung der technischen Prognostik führte zu einer Reihe verschiedener Methoden, so vor allem

– Intuitiver Methoden (Delphi-Methode, Cross-Impact-Methode, Scenario)
– Darstellung des zeitlichen Verlaufs (Extrapolation, Multitrendextrapolation, historische Analogie)
– Analyse der Wechselwirkungen (Kontextplan, Morphologische Methode, Netzplan, Input-Output-Analyse, Simulationsmethoden)
– Bewertungsanalysen (Entscheidungsmatrix, Operations-Research, ökonomische Analysen, Relevanzbaum).

Bild 1 zeigt die bisherige Entwicklung der Additionsgeschwindigkeit von Computern. Es ist naheliegend, diese Li-

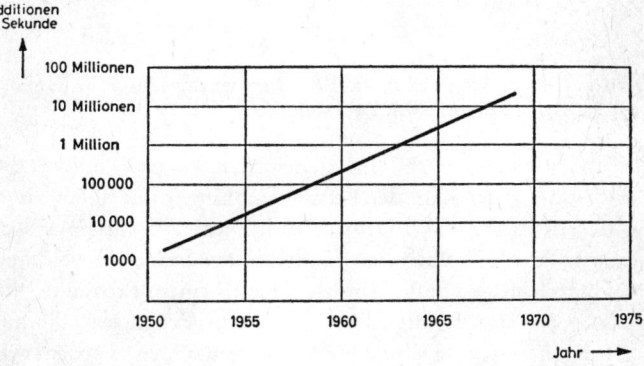

Bild 1. Entwicklung der Additionsgeschwindigkeit von Computern.

nien mit einer gewissen Vorsicht in die Zukunft hinein zu verlängern.

Derartige Extrapolationen hängen natürlich stark von technologischen Neuerungen ab. Der bisherige Trend kann schon mit den bisherigen technischen Mitteln nicht immer durchgehalten werden; mit neuen Technologien können sich jedoch beträchtliche Abweichungen ergeben.

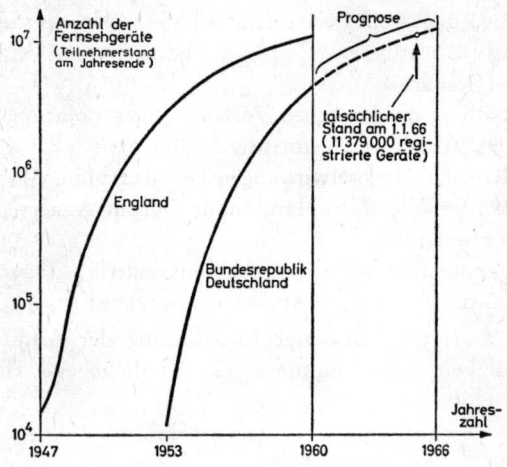

Bild 2. Entwicklung der Anzahl der Fernsehempfänger in England und in der Bundesrepublik Deutschland.

Bild 2 zeigt (nach Unterlagen der Firma Philips) die Entwicklung der Zahl der Fernsehempfänger in England und in der Bundesrepublik Deutschland. Diese Prognose aus dem Jahr 1960 ergab über sechs Jahre hinweg eine Abweichung vom tatsächlichen Stand von weniger als einem Prozent.

Olaf Helmer veröffentlichte technische Prognosen, die mit der sogenannten »Delphi-Methode« gewonnen worden waren: Einem Konsens von Experten, die ihre Prognosen und

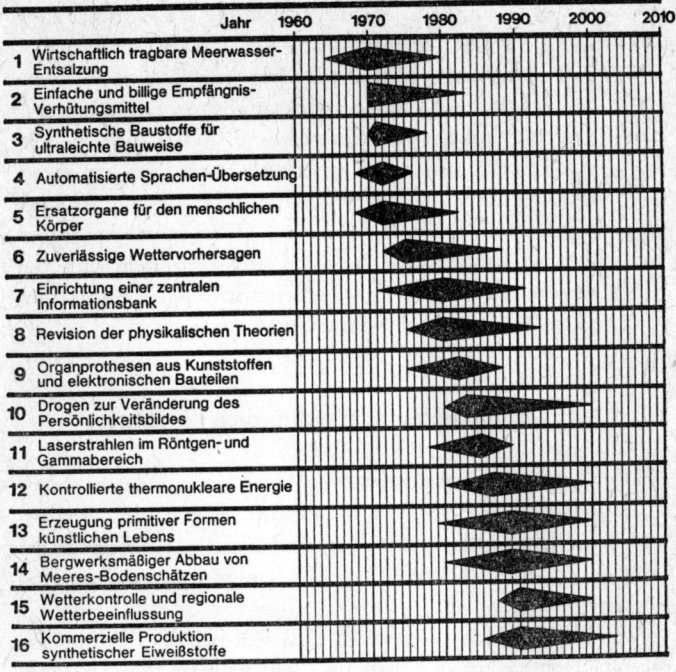

Bild 3. Prognose technischer Innovationen nach O. *Helmer*.

Begründungen diskutiert hatten. Bild 3 zeigt einen charakteristischen Ausschnitt aus Helmers Prognose (O. *Helmer*, 50 Jahre Zukunft, Hamburg 1967). Allerdings kann ich mich nicht mit jedem Detail identifizieren.

Für die Notwendigkeit der Prognose spricht auch die zukünftige Entwicklung der Informationsbanken bis hin zu den zentralen Personenregistern für Steuerzwecke, der polizeilichen Registrierung, Meinungsbefragung usw., die schließlich in einem System endet, das ich etwas simplifizierend als »Regierungsautomaten« bezeichnen möchte. Hier entstehen mehrere Gefahren, so z. B. die Verletzung der Intimsphäre, die Empfindlichkeit gegen Sabotage und die geheime Verführung in Dimensionen, die an *G. Orwells* »Großen Bruder« erinnern. Um diesen Gefahren wirksam begegnen zu können, muß man die zukünftige Entwicklung geistig vorwegnehmen und Schutzmaßnahmen gesetzlich verankern zu einem Zeitpunkt, zu dem die unerwünschten Entwicklungen noch nicht durch hohe Investitionen und Gebrauchsrecht fixiert sind. Manche Informationen lassen uns vermuten, daß der Zeitraum, zu dem derartige Fehlentwicklungen noch ohne Härten korrigiert werden können, zu Ende geht.

III. Attitüden gegenüber dem technischen Fortschritt

Der technische Fortschritt wird von verschiedenen Menschen verschieden beurteilt: Mentalität, Vorbildung, soziale und berufliche Stellung usw. begründen recht unterschiedliche Urteile. Ich möchte versuchen, hier einige Gruppen zu charakterisieren.

Vorab sei jedoch festgestellt, daß sich bei der Klage über die Verschmutzung der Luft und des Wassers, der Lärmbelästigung, der unerträglichen Verkehrsverhältnisse und der unwirtlichen Städte kaum Unterschiede zwischen den verschiedenen Gruppen zeigen. Ich betone diese Banalität deshalb, weil ich schon mehrfach bei technikfernen Schöngeistern deren Erstaunen darüber beobachten konnte, daß auch Ingenieure diese negativen Folgen der Technik beklagen. Daß man diese Banalität betonen muß, zeigt, wie tief das Mißverständnis in unserer Gesellschaft ist. Ich möchte dieser Banalität noch hinzufügen: Naturwissenschaftler und Ingenieure kennen die Gefahren des technischen Fortschritts am genauesten, sie machen sich am wenigsten Illusionen über deren Dimension.

Hinsichtlich der Beurteilung des technischen Fortschritts möchte ich mehrere Unterscheidungen erwähnen:

- Spezialisten und Generalisten,
- Konservative und Futuristen,
- Technische und literarische Intelligenz.

Zunächst »Spezialisten und Generalisten«: Die Angewiesenheit unserer Gesellschaft auf ein hohes wissenschaftlichtechnisches Niveau zwingt uns, der Spezialisierung Raum zu schaffen: Wir müssen Menschen unserer Gesellschaft das Recht zugestehen, sich mit höchster Konzentration auf ein relativ enges Feld zu beschränken. Diesen Spezialisten dürfen wir es nicht vorwerfen, wenn sie auf anderen Gebieten relativ unerfahren sind. Umgekehrt dürfen es aber die Spezialisten den Generalisten nicht vorwerfen, daß sie auf ihren Spezialgebieten nur oberflächliche Kenntnisse haben. Keine der beiden Gruppen hat einen Grund, die andere zu verachten. Allerdings muß zugestanden werden, daß unsere akademische Tradition beinahe ausschließlich Spezialisten produzierte und sich so ein beängstigender Mangel an Generalisten ergab. Man hält es vielfach für unmöglich, das Sachwissen mehrerer Fakultäten rational zusammenzufassen und überläßt übergeordnete Probleme den spontanen Aktionen von Amateuren. Die Folgen des technischen Fortschritts lassen sich aber vielfach nicht in die Abgrenzungen der Fakultäten zwingen: Gegen sie sind die Spezialisten meist recht hilflos.

»Konservative und Futuristen«: Die Konservativen verweisen gerne darauf, daß sich die Probleme des technischen Fortschritts bisher doch immer wieder von selbst gelöst hätten, man solle doch nicht dramatisieren und brauche gar nicht nach neuen Methoden suchen. Bei uns glauben die Konservativen häufig, der Marktmechanismus könnte mit den Problemen des technischen Fortschritts fertig werden, die individuelle Nutzenmaximierung führe auch zur Maximierung des gesellschaftlichen Wohlstandes, und die Produktion könne unbegrenzt Jahr um Jahr um x Prozent zunehmen. Sie schwören auf den Profit als Regulativ wirtschaftlichen Geschehens und verdächtigen andere Regulierungen als ideologisch.

Anders manche Futuristen: Sie messen die Zukunft an Idealen und hadern mit der Realität, weil diese im Vergleich mit ihren Idealen so unvollkommen ist. Sie nehmen es nicht zur Kenntnis, daß die Realisierung *immer* durch eine Vielzahl von Kompromissen möglich gemacht werden muß. Manche meinen, man könnte die Probleme des technischen Fortschritts durch ein anderes Bewußtsein und andere Besitzverhältnisse lösen; sie übersehen geflissentlich, daß dieser Versuch schon mehrfach unternommen wurde und überwiegend fehlgeschlagen ist. Sie berufen sich vielfach auf *Marx*, der sagte, man solle die Welt nicht nur interpretieren, sondern verändern, aber ihr unterentwickeltes Verhältnis zur Realität verweist sie immer wieder zurück in den Elfenbeinturm.

Die Unterscheidung von »literarischer« und »szientifischer« Intelligenz geht auf Sir *Charles P. Snow* zurück: Er schrieb: »Ich glaube, das geistige Leben der gesamten westlichen Gesellschaft spaltet sich immer mehr in zwei diametrale Gruppen auf ...: auf der einen Seite haben wir die literarisch Gebildeten, die ganz unversehens, als gerade niemand aufpaßte, die Gewohnheit annahmen, von sich selbst als von ›den Intellektuellen‹ zu sprechen, als gäbe es sonst weiter keine ... auf der anderen Seite Naturwissenschaftler, als deren repräsentativste Gruppe die Physiker gelten. Zwischen beiden eine Kluft gegenseitigen Mißverstehens, manchmal – und zwar bei der jungen Generation vor allem – Feindseligkeit und Apathie, in erster Linie aber mangelndes Verständnis.«

Snow meinte, die Naturwissenschaftler hätten die Zukunft in den Knochen; *Rabi* meinte, sie hätten die Zukunft aber nicht auf der Zungenspitze.

Snow hat richtig gesehen, daß die westlichen Gesellschaften gespalten sind, aber er hat diese Gruppen meines Erachtens nicht ganz glücklich identifiziert. Ich möchte eine von *Snow* abweichende Klassifikation vorschlagen und beziehe mich hierbei auf die kybernetische Analyse des Erwerbs von Erfahrung. Hier stößt man zwangsläufig auf zwei Quellen erworbener Erfahrung: Einerseits auf die unmittelbare, problemlösende Auseinandersetzung mit der Außenwelt und andererseits auf die Kommunikation, welche fremde Erfahrung anliefert. Typisch für das problemlösende Verhalten ist der Robinson, der ohne Kommunikation seine Probleme durch sein unmittelbares persönliches Verhalten löst. Typisch für das kommunikativ bestimmte Verhalten ist der Literat, der »homme de lettres«, der praktisch nur noch Symbole austauscht, aber keine Probleme unmittelbar löst. Natürlich findet sich bei realen Menschen stets eine Vermischung beider Verhaltensmuster, aber diese beiden Markierungen – problemlösend bzw. kommunikativ bestimmt – sind zur Beschreibung des sozialen Verhaltens vielleicht besser geeignet als *Snows* Markierungen der »literarischen« und »szientifischen« Intelligenz.

Was ich mit *Snow* beklage, ist die mangelnde Solidarität dieser beiden Gruppen: Auf der einen Seite sehen wir die Literaten mit ihren ständigen Vorwürfen gegen die angeblichen Technokraten, denen man erst einmal Verantwortung für ihr Tun beibringen müsse, und auf der anderen Seite sehen wir Naturwissenschaftler und Ingenieure, welche diese ritualisierten Vorwürfe nicht mehr hören mögen und sich verärgert auf ihr berufliches Feld zurückziehen. *H. Lenk* hat neuerdings (in seiner Arbeit »Philosophie im technologischen Zeitalter«, Stuttgart 1970) gezeigt, daß »Technokrat« nur noch als Schimpfwort und modisches Klischee verstanden werden, sein sachlicher Inhalt aber kaum noch erklärt werden kann.

Für die Feindseligkeit der literarischen Intelligenz gegen Naturwissenschaftler und Ingenieure kann man leider viele Beispiele aus neuester Zeit bringen.

IV. Grundsätze für die Kontrolle des technischen Fortschritts

Die Einsicht, daß der technische Fortschritt kontrolliert werden muß, setzt sich allmählich durch. Zugleich aber auch die Einsicht, daß hierbei unsere politische Organisation bisher nicht sehr erfolgreich war.

Im Prinzip haben es die sozialistisch organisierten Länder etwas leichter. Tatsächlich ist aber die Kontrolle auch dort nicht recht gelungen:

Erstens stehen die sozialistischen Länder manchen aktuellen Problemen, wie z. B. der Wasser- und Luftverunreinigung ähnlich hilflos gegenüber wie die kapitalistischen Länder. Wenn dort die Probleme noch nicht so gravierend wie bei uns sind, so liegt das mehr an den günstigeren Randbedingungen, als an der besseren Therapie. Zweitens gelang es auch in den sozialistischen Ländern nicht, die sozialpsychologischen Folgen der arbeitsteiligen Massenproduktion entscheidend besser zu kurieren als in den kapitalistischen Ländern. Die Entfremdung des produzierenden Menschen, wie sie *Marx* und *Engels* schon im »Kommunistischen Manifest« vor hundertzweiundzwanzig Jahren beklagten, kann auch dort heute noch beklagt werden: Die Therapie braucht offensichtlich mehr als Anklage.

Die Kontrolle des technischen Fortschritts ist marktwirtschaftlich nicht möglich: Die Marktwirtschaft setzt zwar enorme persönliche Initiativen frei und beschleunigt damit den technischen Fortschritt. Sie macht ihn aber gleichzeitig hemmungslos: Wo die Marktwirtschaft ohne Kontrolle verläuft, entwickelt sie sich in Richtungen, die gesamtgesellschaftlich oft bedenklich sind. Die privatwirtschaftliche Nutzenmaximierung fällt nicht immer mit den Interessen der Gesamtgesellschaft zusammen.

B. Fritsch schreibt in seinem Buch »Die Vierte Welt« (Stuttgart 1970):

»Wären z. B. alle volkswirtschaftlichen Schäden, die im Laufe unserer Industrialisierung durch private Unternehmer verursacht worden sind, diesen angelastet worden, und hätten sie außerdem für alle Vorteile, die ihnen z. B. eine vorgegebene Infrastruktur bot, zahlen müssen, dann wäre – so argumentieren namhafte Wirtschaftshistoriker – die industrielle Revolution ganz anders verlaufen, und wir hätten wahrscheinlich ein viel langsameres Wirtschaftswachstum, dafür aber weniger Sozialschäden gehabt.«

Eine wirkungsvolle Kontrolle des technischen Fortschritts muß sich deshalb meines Erachtens über die Ideologie des »freien Marktes« hinwegsetzen und der technischen Entwicklung Bedingungen setzen, die möglicherweise den Bedingungen des Marktes widersprechen. Vermutlich hat beispielsweise das abgas- und lärmfreie elektrische Automobil erst dann eine wirkliche Chance, wenn das effizientere Benzinautomobil verboten wird.

Mit der Feststellung, daß der technische Fortschritt mit den Methoden der Marktwirtschaft nicht kontrolliert werden kann, soll nicht eine totale Frontstellung gegen diese vorgeschlagen werden: Zwischen den Extremen gibt es zweifellos noch wirtschaftliche Organisationsformen, welche die Nachteile der Extreme vermindern: Soviel Marktwirtschaft wie möglich, soviel gesetzliche Kontrolle wie nötig.

Ich möchte hier drei Grundsätze für die Kontrolle des technischen Fortschritts vorschlagen:

1. Sie muß mit technischem Sachverstand geschehen.
2. Sie muß repressionsfrei geschehen.
3. Sie muß verantwortungsbewußt geschehen.

Ich möchte diese Grundsätze an Beispielen kurz erläutern: Die Öffentlichkeit hat das Problem der Kontrolle im letzten Jahr besonders am Beispiel des Contergan-Prozesses diskutiert. Immer wieder wurde die Forderung erhoben, man müsse jetzt durch höchste Strafen dafür sorgen, daß Pharmazeutika nur noch dann vertrieben werden, wenn schädliche Folgen absolut sicher ausgeschlossen sind. Derartige Forderungen finden leicht allgemeine Zustimmung, sie erweisen sich aber bei gründlicher Betrachtung als unbrauchbar.

Vereinfacht ist die Sache doch so: Um schädliche Folgen mit absoluter Sicherheit ausschließen zu können, braucht man eine unendlich lange Zeit und einen unbegrenzt hohen Aufwand. Die Forderung nach absoluter Sicherheit heißt praktisch, daß die Entwicklung der Pharmazie sofort beendet wird, ja sogar, daß wir vom gegenwärtigen Stand zurückgehen, denn möglicherweise werden einige gegenwärtig benutzte Präparate noch Spätfolgen zeigen.

Die bisherige Entwicklung der Pharmazie hat aber wesentlich dazu beigetragen, daß die Menschen unserer Industriegesellschaft länger leben und gesünder sind als früher lebende Menschen. Man sollte deshalb keine totalen Forderungen stellen, sondern sorgfältig abwägen: Wird die Einführung eines Präparates übers ganze mehr Nutzen oder mehr Schaden bewirken? Dieser Sachverstand muß praktische Versuche, theoretische Überlegungen und vorsichtige klinische Erprobungen benützen.

Diese Überlegung soll keinesfalls schuldhaftes Versagen rechtfertigen, soll aber vor pauschalen Verdammungen warnen, die eine Entwicklung stören können, die in unser aller Interesse liegt. Sie soll weiter darauf hinweisen, daß zur Kontrolle der pharmazeutischen Produkte noch mehr Sorgfalt und Sachverstand aufgebracht werden muß.

Wohin mangelnder Sachverstand führt, illustriert ein Vorschlag von *H. M. Enzensberger* (Kursbuch 20):

> »... die elektronische Technik kennt keinen prinzipiellen Gegensatz von Sender und Empfänger. Jedes Transistorradio ist, von seinem Bauprinzip her, zugleich auch ein potentieller Sender; es kann durch Rückkoppelung auf andere Empfänger einwirken. Die Entwicklung vom bloßen Distributions- zum Kommunikationsmedium ist kein technisches Problem. Sie wird bewußt verhindert, aus guten, schlechten politischen Gründen. Die technische Differenzierung von Sender und Empfänger spiegelt die gesellschaftliche Arbeitsteilung zwischen Produzenten und Konsumenten wider, die in der Bewußtseins-Industrie eine besondere politische Zuspitzung erfährt.«

Enzensberger hält es vermutlich für ein technokratisches Vorurteil, daß auf einer Wellenlänge nur ein einziger Sender arbeiten kann. Die Erarbeitung allerseits befriedigender Wellenpläne hält er vermutlich für unnötig.

Die Absicht dieses Vorschlages von *Enzensberger* ist durchaus unterstützenswert: man muß die spontane und unmittelbare Kommunikation mit allen Mitteln fördern. Aber der Weg, der hierzu vorgeschlagen wurde, ist nicht geeignet, dieses akzeptierte Ziel zu erreichen, er wird vielmehr beinahe das Gegenteil bewirken: Ein Chaos der Funkdienste, welches Kommunikation tatsächlich ausschließt. Um das akzeptierte Ziel zu erreichen, muß man andere Wege einschlagen, vor allem die modernsten Methoden der Nachrichtentechnik dazu benutzen, daß eine Vielzahl von Informationsübertragungen gleichzeitig möglich gemacht wird.

Enzensbergers Vorschlag hat eine negative Überzeugungskraft: Wo dem *status quo* offensichtlich unbrauchbare Alternativen gegenübergestellt werden, stabilisiert man aber den unbefriedigenden *status quo*. Wer Veränderungen vorschlägt, muß sie mit positiver Überzeugungskraft versehen, und hierzu gehört mindestens, daß sie nicht Naturgesetzen widersprechen.

Die Kontrolle des technischen Fortschritts muß repressionsfrei geschehen: Um dies verständlich zu machen, möchte ich einige reale Vorkommnisse etwas abstrahieren: Dem Entwicklungsleiter einer großen Automobilfirma wurde vorgeworfen, er produziere für unser Land Fahrzeuge, die technisch weniger sicher sind als die Fahrzeuge, welche dieselbe Firma für den Export herstellt.

Die Sachverhalte sind an sich klar und unbestritten. Die Forderung, sichere Fahrzeuge auch in unserem Lande zu haben, wird uneingeschränkt akzeptiert. Trotzdem sind diese heftig vorgebrachten Vorwürfe unvernünftig, weil wirkungslos und repressiv.

Unterstellen wir, der Entwicklungsleiter produzierte eigenmächtig für unser Land Fahrzeuge, deren Sicherheitskonstruktion über die bei uns geltenden Standards hinausgeht, dann wären diese teurer und langsamer als die Fahrzeuge der Konkurrenz. Demzufolge würde der Absatz zurückgehen, der Entwicklungsleiter gefeuert und durch einen anderen ersetzt, der konkurrenzfähige Fahrzeuge konstruiert. Der Fachmann weiß es längst: Sicherheit verkauft sich schlecht. Diese sicher eintretende Entwicklung zeigt, daß die persönliche Anklage und Diffamierung des gegenwärtigen Entwicklungsleiters wirkungslos ist und keine andere Folgen hat als persönliche Kränkung. Schließlich kann man die Produzenten nicht dafür anklagen, daß sie das produzieren, was wir, die Käufer, kaufen.

Man sollte die Kontrolle wirkungsvoll, aber repressionsfrei machen. Hierzu ist ein weniger spektakulärer Weg rat-
samer: Man setze solche Gesetze in Kraft, welche alle Produzenten auf hohe Sicherheitsstandards verpflichten. Dann
kann derselbe Entwicklungsleiter ohne Beschimpfung und
persönliche Nachteile Fahrzeuge hoher Sicherheit konstruieren.

Grundsätzlich muß doch angestrebt werden, daß die verschiedenen Gruppen der Gesellschaft und Wirtschaft die ihnen
von der Gesellschaft übertragenen Funktionen ohne gesellschaftliche Mißbilligung und Beschimpfung ausführen können. Daß dies ein ideales Ziel ist, das in der Realität nicht
immer erreicht werden kann, sollte uns nicht daran hindern,
die gesellschaftliche und wirtschaftliche Kooperation so anzu-
legen, daß ein Minimum an persönlicher Kränkung entsteht.

Die Kontrolle des technischen Fortschritts muß verantwortungsbewußt geschehen. Durch die gegenwärtige Diskussion geistert aber die Vorstellung, man solle die Kontrolle
dadurch »demokratisieren«, daß man Umfragen anstellt,
wieviele Leute welche Aufgaben für wie wichtig halten, und
die verfügbaren Mittel danach verteilen.

Daß es ganz so einfach nicht geht, hat sich schon herumge-
sprochen: Man muß erst einmal die wissenschaftlich-technischen Sachverhalte in leichtverständlicher Weise darstellen,
so daß die votierenden Bürger überhaupt wissen, worüber
abgestimmt wird. Aber wird durch diese Interpretation nicht
zugleich die Prioritätenliste manipuliert? Man kann durch
entsprechend positive oder negative Darstellung unglaubliche
Veränderungen der Prioritätenliste bewirken: Wir sollten
auch nicht vergessen, daß einst eine Mehrheit gegen Butter
und für Kanonen votiert hat. Die Einführung der Todes-
strafe würde in unserer Gesellschaft eine Mehrheit bekommen. In aller Entschiedenheit zu widersprechen ist dem

Anspruch, irgendeine Gruppe habe das »wahre Bewußtsein«, mit dessen Hilfe sie auch einer Mehrheit mit »falschem Bewußtsein« unter Umgehung demokratischer Spielregeln ihre Prioritätenliste aufzwingen dürfte.

Der entscheidende Mangel einer derartigen »Demokratisierung« der Kontrolle ist aber ihre Verantwortungslosigkeit: Wer Verantwortung trägt und bereit ist, sein Verhalten später zu rechtfertigen, der bringt in den Entscheidungsprozeß eine Dimension, welche der anonymen Versuchsperson X fremd ist, deren Meinung zu einem Zehntel Promille in das Befragungsergebnis eingeflossen ist. Die Fähigkeit, publikumswirksame Entscheidungen *nicht* zu treffen, ist eine Leistung Verantwortungsbewußter, auf die wir auch in Zukunft nicht verzichten können. (Um ortsüblichen Verdächtigungen vorzubeugen, ich begründete hier eine Mystik des autoritären Führers, möchte ich ausdrücklich feststellen: Verantwortung verändert Menschen in einer operational erklärbaren Weise.)

Noch mehr Skepsis gegen diese Art von »Demokratisierung« der Kontrolle ergibt sich aus der Art, wie sie begründet wurde. Wer nicht den Desperado spielt, sondern sich für unsere Zukunft verantwortlich fühlt, kann nicht auf Störung unserer Technostruktur ausgehen: Sie begründet die Wohlfahrt unserer Gesellschaft jetzt und in Zukunft. Der technische Fortschritt hat aber dazu geführt, daß unsere Technostruktur immer schwerer verstehbar und immer leichter sabotierbar wird. Wer dieses komplizierte System öffentlich verdächtigt, animiert potentielle Saboteure. Wir brauchen keine Demagogie, sondern gemeinsame Analyse unserer Probleme und praktikable Zukunftsentwürfe. Wer Verantwortung für die Zukunft trägt, darf nicht Maß predigen, sondern muß aufklären.

V. Die Führungsgröße des technischen Fortschritts

Die Kontrolle des technischen Fortschritts setzt vor allem Klarheit über dessen Ziele voraus. Vorläufig besteht aber wenig Klarheit darüber, wohin dieses Fortschreiten führen soll.

Welch groteske Folgen diese allgemeine Unklarheit hat, zeigt folgender Sachverhalt: Um die sozialen Folgen der Automatisierung, also die Freisetzung von Arbeitskräften, auffangen zu können, muß die Produktion Jahr für Jahr um x Prozent wachsen. Das fortgesetzte jährliche Wachstum um x Prozent ist aber ein explosiver Vorgang, der nicht unbegrenzt weitergeführt werden kann, ohne daß das System zerstört wird. Etwas überspitzt könnte man unsere gegenwärtige Situation so kennzeichnen: Um die kurzfristigen sozialen Folgen des technischen Fortschritts ausgleichen zu können, muß die industrielle Entwicklung einen Weg gehen, der langfristig schwere soziale Gefahren erzeugt.

Vorläufig wird der technische Fortschritt beinahe ausschließlich von wirtschaftlichen Überlegungen bestimmt, beispielsweise der Überlegung, wie Wachstum, Vollbeschäftigung und Stabilität erhalten werden können. Aber die Wirtschaft ist nicht Selbstzweck, sondern nur ein Werkzeug der menschlichen Existenz.

Der Schritt von der »naiven Marktwirtschaft« zur »aufgeklärten Marktwirtschaft« kann nur der erste Schritt einer Entwicklung sein, bei der schließlich die Politik überhaupt nicht mehr durch die Wirtschaft bestimmt ist, die vielmehr bei einer rationalen Politik endet, wo Wirtschaft, technischer Fortschritt und die anderen Formen gesellschaftlichen Verhaltens ihrem eigentlichen Zweck untergeordnet werden, nämlich menschliches Leben zu ermöglichen.

Zweifellos können wir es uns nicht mehr lange leisten, den technischen Fortschritt dem Wechselspiel konkurrierender wirtschaftlicher Gruppen zu überlassen. Aber was soll an deren Stelle treten?

Hier werden uns vielfach ideologische Entwürfe mit großer Lautstärke angeboten. Ich mißtraue ihnen, denn es ist offensichtlich, daß vorläufig noch niemand glaubwürdige Lösungen besitzt. Die Beherrschung des technischen Fortschritts ist bisher noch nirgends gelungen, und wir müssen gemeinsam in Versuch und Irrtum nach befriedigenden Lösungen suchen.

Der Mißerfolg zeitgenössischer Kritiker beruht darauf, daß zu der unbefriedigenden Realität keine besseren Alternativen entwickelt wurden. Es ist nicht wahr, daß die Organisation unserer Gesellschaft keine Möglichkeit für eine vernünftige Kontrolle des technischen Fortschritts bietet. Diese Kontrolle bedarf keiner Revolution, sondern praktikabler Entwürfe.

Was also – um nochmals zu fragen – ist die Führungsgröße des technischen Fortschritts? Es scheint mir ein unzulänglicher Weg zu sein, einer Gruppe von Menschen, die irgendeiner für kompetent erklärt, einen Fragenkatalog vorzulegen und um Angabe der Prioritäten zu bitten. Zweifellos muß man dieses Problem tiefer in die Gesellschaft hineintragen: Man muß Verständnis für die Probleme des technischen Fortschritts erzeugen und Einsicht in seine Folgen. Wenn ich wiederholt auf Verstärkung des naturwissenschaftlich – technischen Unterrichts in unseren Schulen hingewiesen habe, so geschah dies nicht nur deshalb (wie böswillige Kritiker mir vorwarfen), weil ich die Technik als höchsten Wert ansehe, sondern vor allem deshalb, weil die Kontrolle des Instruments Technik Einsicht in dessen Gesetzlichkeiten voraussetzt. Die bei uns dominierende dumpfe und unverständige Abscheu vor der Technik ermöglicht keine rationale Kontrolle, sie führt lediglich zu antitechnischen Ressentiments, zur Kapitulation vor »Sachzwängen« und möglicherweise zu einer neuen Maschinenstürmerei. Voraussetzung jeder wirkungsvollen Kontrolle des technischen Fortschritts ist Einsicht in die technischen Zusammenhänge; man muß sich bemühen, aus der »black box« Technostruktur ein transparentes System zu machen, bei welchem erfahrungswissenschaftliches Geschehen und menschliches Verhalten in einer durchschaubaren Weise zusammenwirken.

Ein durchschaubares System kann vorgegebenen Absichten angepaßt werden, wenn diese Absichten operational definiert werden.

Einen interessanten Vorschlag machte hierzu *Gerald Feinberg* mit seinem »Prometheus-Projekt« (Olten-Freiburg 1970). Er möchte die Beratungen über die langfristige Entwicklung zu einer Sache aller machen und intensivieren. Er hält es für untragbar, daß die bisherige archaische Motivation des Menschen über die ungeheuren Machtmittel der zukünftigen Technik verfügt. Seine Hauptgesichtspunkte sind:

1. Mit dem Menschen ist nach unserem bisherigen Wissen erstmals ein System mit Bewußtsein entstanden, das die Möglichkeit – und wohl auch die Pflicht – hat, die zukünftige Entwicklung zu gestalten und nicht dem Zufall zu überlassen.

2. Die Folgen menschlicher Entscheidungen sind in unserer Zeit angesichts der naturwissenschaftlich-technischen Fortschritte oftmals irreversibel und endgültig bestimmend für die gesamte Menschheit. Derartige Entscheidungen können nicht ohne langfristige Orientierungsmarken gefällt werden.

Auf keinen Fall darf der technische Fortschritt weiterhin den Eigengesetzlichkeiten eines nicht beherrschten Apparates gehorchen, sondern muß sich den »Bedingungen der menschlichen Existenz« unterordnen. Diese »Bedingungen der menschlichen Existenz« sind zunächst eine Leerformel, aber man könnte sie meines Erachtens mit den Erfahrungen der Physiologie, Psychologie, Soziologie, Geschichte und Theolo-

gie zu einem akzeptierbaren Kanon menschlicher Grundrech-
te machen. Hierbei ist vor allem zu denken an ausreichende
Ernährung, frische Luft und sauberes Wasser, Sonnenlicht,
Hygiene, Ruhe, Bewegungsmöglichkeit, Kommunikations-
möglichkeit, Teilnahme am kulturellen Leben, Gewaltlosig-
keit, Freiheit zur Entwicklung neuer Denk- und Verhal-
tensformen usw.

Im Zusammenhang mit dem technischen Fortschritt muß
auf einen besonderen Aspekt ausdrücklich hingewiesen werden: Auch die Geschwindigkeit, mit der sich die Lebensformen des Menschen verändern, muß kontrolliert werden.
Zwar ist es nicht wünschenswert, daß sich die menschliche
Existenz in der unendlichen Wiederholung immer gleicharti-
gen Verhaltens erschöpft, andererseits vermindert aber hek-
tische Veränderung vielfach das subjektive Wohlbefinden:
Das Glück der Konstanz ist eine wesentliche Bedingung der
menschlichen Existenz.

Ich möchte *Klaus Tuchels* Überlegungen zustimmen (Ziele
und Aufgaben einer Philosophie der Gesellschaft. In: Frankfurter Hefte, 25. Jg., Heft 5, Mai 1970, S. 319–325), wenn er
schreibt: »Es gibt eine Anzahl von Werten, über deren hohen
Rang sich fast alle Menschen einig sind oder doch einig werden können, auch wenn diese Zuversicht nicht naturrechtlich
oder im traditionellen Sinne metaphysisch zu begründen ist.
Ein solcher Wert ist das Überleben der Menschheit auf men-
schenwürdige Weise. ... Überleben heißt Frieden halten
und Vermeiden von Gewalt jeder Art, es heißt zureichende
Versorgung aller Menschen mit Nahrung, Wohnung, Klei-
dung, Arbeit, Information. Es heißt freie Entfaltung der
Fähigkeiten des Einzelnen durch gleiche Chancen für alle im
Rahmen der gesellschaftlichen Bindungen, in denen er lebt.
Menschenwürdiges Überleben bedeutet auch Toleranz, Ge-
duld, Freundschaft, Muße, Kreativität, Liebe. In einem Satz:

Menschenwürdiges Leben ist ein Leben frei von Angst im Vertrauen auf eine praktizierte allgemeine menschliche Solidarität.«

VI. Was sollte geschehen?

Bei der Kontrolle des technischen Fortschritts geht es um eine Aufgabe, deren Größe nur in einem weiten historischen Zusammenhang richtig verstanden werden kann. Möglicherweise ist sie die wichtigste und schwierigste politische Aufgabe der Zukunft.

Die bisherigen Mißerfolge rühren aus verschiedenen Ursachen; eine aber ist beherrschend: Das menschliche Bewußtsein ist außerstande, die komplexen Zusammenhänge der Technostruktur zu durchschauen; es deutet deshalb kausal verstehbare Zusammenhänge als mystische Sachzwänge und hat wenig Abwehrkraft gegen eine neue Maschinenstürmerei. Das Problem ist es, das menschliche Gehirn durch etwas zu ersetzen, das seine quantitativen Beschränkungen überwindet, also viel mehr Information verfügbar halten und verknüpfen kann.

Diese Aufgabe kann meines Erachtens in zwei oder drei Jahrzehnten ein großes Computersystem übernehmen. Die Speicherkapazitäten der Computer überholen gegenwärtig das menschliche Gedächtnis und wachsen in jedem Jahrzehnt um etwa den Faktor zehn. Wenn die Entwicklung der Technostruktur überhaupt noch einmal eingefangen und kontrolliert werden soll, dann sicher nur noch mit Computersystemen.

Die Hardware derartiger Systeme kann bereitgestellt werden, die Software setzt aber noch enorme theoretische Vorarbeiten voraus. Hier muß ja gleichzeitig folgendes geleistet werden:

Die inneren Gesetzmäßigkeiten der Technostruktur müssen transparent gemacht werden,

die Auswirkungen einer Veränderung müssen an den operational definierten Bedingungen der menschlichen Existenz gemessen werden , und

das Gesamtsystem muß resistent sein gegenüber Versuchen, partikuläre Interessen hineinzuprojizieren.

Es geht also *nicht* um eines der vielfach diskutierten automatischen Planungssysteme, vielmehr um ein Simulationssystem mit integrierter Moral technischen Handelns. Es sollte öffentlich zugänglich sein, so daß jeder Interessent Fragen stellen kann.

Hierbei ist auch die internationale Verflechtung und Kooperation im Sinne eines informationellen Verbundnetzes zu beachten.

Die eigentlichen Schwierigkeiten für den Aufbau eines solchen Systems liegen in der Software: Vor allem für die aus den Humanwissenschaften stammenden Probleme, also das, was als »Bedingungen der menschlichen Existenz« bezeichnet wurde, fehlen vorläufig fast alle Voraussetzungen. Hier muß man wohl – jedem Perfektionswahn abschwörend – eine Symbiose zwischen Automat und Mensch organisieren: Was zum jeweiligen Zeitpunkt noch nicht automatisch gelöst werden kann, das wird eben durch menschliche Zuarbeit gelöst.

Unabhängig davon sollte man die Semantik für die Humanwissenschaften weiterentwickeln, so daß schließlich das Gesamtsystem immer wirksamer wird. Hierbei muß man auch die Möglichkeiten assoziativer Speicher ausnutzen.

Ein derartiges Simulationssystem für die Technostruktur erscheint vorläufig noch höchst utopisch. Nur das außerordentliche Gewicht dieses bisher ungelösten politischen Problems rechtfertigt einen solch utopischen Entwurf. Klar gesagt sei, daß ein solches System auch in zwei oder drei Jahr-

zehnten noch einen gigantischen Aufwand darstellen wird:
Tausende wissenschaftlicher Mitarbeiter und Investitionen im
Milliardenformat.

Wenn ein derartiges Simulationssystem realisiert wäre,
dann könnte vor jeder Veränderung der Technostruktur er-
probt werden, welchen Fortschritt im hier gemeinten Sinn
sie darstellt, oder welche Nachteile für die menschliche Existenz zu erwarten sind.

Man braucht dann nicht mehr ängstlich darauf zu warten,
ob nach Jahren oder Jahrzehnten katastrophale Folgen eintreten, sondern kann weit im voraus den zukünftigen Ablauf durchspielen und dann Veränderungen akzeptieren, mo-
difizieren oder verwerfen.

Zwar ist die Realisierung eines derartigen Systems im
nächsten Jahrzehnt noch nicht möglich; man kann aber schon
jetzt eine ganze Reihe von Maßnahmen einleiten, die Vorarbeiten darstellen und schon jetzt zur Verbesserung der
Transparenz des technischen Fortschritts beitragen.

Was können wir schon jetzt tun?

1. Es ist dringend notwendig, Institute zur Erforschung der
   technischen Entwicklung zu gründen. Es kommt darauf
   an, daß sich mehrere Institute unabhängig von Wirtschafts-
   interessen in stetiger Konkurrenz stimulieren.

2. Die Methoden zur Simulation technischer Entwicklungen
   und menschlichen Verhaltens müssen intensiv gefördert
   werden, von der Grundlagenforschung bis hin zur konkreten Simulation mit all ihren Aspekten.

3. Wir brauchen eine starke öffentliche Diskussion der Prognosen des technischen Fortschritts. Hier müssen Fernsehen,
   Rundfunk und Presse Initiativen entwickeln.

4. Die technische Intelligenz, also die Hunderttausende von
   Naturwissenschaftlern, Mathematikern, Medizinern und
   Ingenieuren sollten ihre Probleme stärker als bisher in
   der Öffentlichkeit darstellen und an den Auseinanderset-

zungen über die Kontrolle von Wissenschaft und Technik teilnehmen.

5. Es müssen Wege gesucht werden, um die tiefsitzenden Mißverständnisse zwischen den Humanwissenschaften und der technischen Intelligenz auszuräumen, so daß sich eine solidarische Haltung vor den ungelösten Problemen überhaupt entwickeln kann.